다산의 후반생

글·사진 차벽

2010년 10월 4일 초판 1쇄 발행

펴낸이 한철희 ┃ 펴낸곳 돌베개 ┃ 등록 1979년 8월 25일 제406-2003-018호
주소 (413-756) 경기도 파주시 교하읍 문발리 파주출판도시 532-4
전화 (031) 955-5020 ┃ 팩스 (031) 955-5050
홈페이지 www.dolbegae.com ┃ 전자우편 book@dolbegae.co.kr

책임편집 이경아 ┃ 편집 조성웅·소은주·좌세훈·권영민·김태권·김진구·김혜영
표지디자인 민진기디자인 ┃ 본문디자인 이은정·박정영
제작·관리 윤국중·이수민 ┃ 마케팅 심찬식·고운성·조원형
인쇄·제본 한영문화사

ⓒ 차벽, 2010

ISBN 978-89-7199-411-5 (03900)

책 값은 뒤표지에 있습니다.

이 도서의 국립중앙도서관 출판시도서목록(CIP)은 e-CIP 홈페이지
(http://www.nl.go.kr/cip.php)에서 이용하실 수 있습니다.(CIP제어번호: CIP2010003377)

다산의 후반생

다산 정약용, 유배와 노년의 자취를 찾아서

글·사진 차벽

돌베개

다산茶山 정약용丁若鏞(1762~1836)은 항상 나의 지근거리에 있었다. 다산의 18년 유배지 강진 바닷가가 내 고향이고, 해배 후 18년 동안 살다 간 마재 인근에서 나는 20년을 살았다. 다산에 관심이 있어서라기보다는 인근 풍광에 반해서였다. 이런 인연에도 그냥 스쳐 지내며 나는 다산의 삶에 무관심했다. 강진의 다산초당을 거닐면서도 '어떻게 6백여 권의 책을 지을 수 있었을까? 벽지에서 고생 많았겠구나! 대단하네!' 정도의 느낌을 받은 게 전부였다.

그러던 어느 날 다산이 내 가슴을 파고들었다. 내가 절망에 빠져 양자산과 설악산, 지리산을 헤매고 다닐 때, 눈에 익은 다산초당이 달리 보였고 나뭇잎이 눈에 박히게 흔들렸다. 평범하게 보이던 다산 묘소도 별나게 다가왔고 흔들리는 소나무 가지들이 말을 걸어왔다. 그때부터 인간 다산을 찾아 헤매기 시작했다. 다산이 간 곳이라면 어디고 찾아갔다. 흔적도 없이 사라진 하담荷潭(다산의 선영이 있던 충주 인근)을 찾아가 다산이 울부짖던 외침을 듣기도 했고, 파지대면波池大面에서 아전을 꾸짖던 다산의 목소리를 듣기도 했다(「파지의 아전」波池吏). 대석문 계곡에서 친구들과 어울려 즐기던 판소리를 엿듣기도 했고(「조석루기」朝夕樓記), 해배 후의 가난과 소외감을 잊기 위해 찾은 곡운구곡과 소양정에서 함께 통곡하기도 했다(「산행일기」汕行日記). 나는 인간 다산을 알아 가면서 고맙게도 나 스스로를 찾아 갔다.

다산의 6백여 권의 저술을 본 후세 사람들은 다산이 전무후무한 기적을 만들었다고 한다. "우리 동방에서 이런 학문은 이전에도 없었고 앞으로도 없을 것이다"라고 쓴 황현의 『매천야록』 기록 말고도 여기저기서 다산을 평한 글을 쉽게 만날 수가 있다. 하지만 다산의 발자취를 뒤쫓다 보면 기적은 쉽게 말하는 사람들의 공허한 목소리일 뿐임을 느끼게 된다. 피와 땀의 결과였고 수많은 사람들이 그를 돕게끔 만든 결과였다. 기적이란 단어 자체가 있을 수 없는 말이었다.

이런 다산에게도 인간적인 고뇌와 고통이 없을 수 없었다. 공자가 '도道'를 실천하기 위해 끝까지 관직에 나아가는 것을 포기하지 않았듯이 다산 또한 포기할 수 없는 출사出仕의 뜻으로 인해 후반생 대부분을 소외와 고뇌 속에 빠져들기도 하고 실수도 했다. 그는 그것을 슬기롭게 극복했을 뿐이었다.

이런 다산의 후반기 삶 36년을 다 글로 옮길 수는 없었다. 그의 발자취를 더듬으며 그의 원대한 꿈과 이상, 인간 다산을 다 이해할 수 있는 능력을 가진 나도 아니었다. 단지 내 눈높이로 내가 볼 수 있는 것만 보았음을 밝혀 둔다. 너무 부족함이 많음을 느끼고 계속 노력할 것임도.

이 글을 쓰는 데 많은 도움을 주신 여러 분께 감사드린다. 강진군

수님과 강진문화연구소장을 비롯해서 관광과장님, 박물관장님, 다산기념사업회, 다산연구회 윤동옥 님을 비롯한 여러 분, 망호마을 분들, 정수사 주지스님 등 많은 강진 분들과 대둔사 박물관장님과 녹우당 윤 소장님, 마재의 다산유물관 여러 분, 다산학술문화재단 여러 분……, 조언을 아끼지 않았던 오시환 님과 친구들께 감사드린다. 그리고 정민 선생님, 박석무 선생님, 이덕일 선생님, 정해렴 선생님, 김상홍 선생님 등 다산에 관한 깊이 있는 연구로 좋은 책을 집필하신 연구자 분들에게 감사드린다. 특히 이 글을 읽고 조언해 주신 정민 선생님께 진심으로 감사의 마음을 전한다. 정민 선생님의 연구 업적이 있었기에 이 글을 집필할 수 있었음을 밝혀 둔다. 현지 답사를 함께 해 준 벗 김대성과 후배 장경순 님께도 거듭 감사드리며, 책을 만들어 준 돌베개 출판사 인문고전팀에게도 감사의 마음을 전한다.

2010년 9월
백병산 기슭에서 쓰다

차 · 례

다산,
사도세자의 죽음과 함께 태어나다

다산은 사도세자가 뒤주에서 죽은 해인 1762년에 태어났다. 어렵사리 왕위에 오른 정조正祖(1752~1800)는 아버지를 죽인 무리들과 함께 정사를 펴 나가야 했다. 그는 서두르지 않았다. 거대한 정적들에게 둘러싸인 정조는 새로운 인물을 원했고 그 중심에 다산이 있었다. 사도세자를 죽인 무리들은 자신들이 살기 위해 다산을 가만 놔두지 않았다. 정조가 살아 있는 동안 다산은 꿈을 펼쳐 나갈 수 있었다. 워낙 명석하고 충성심이 강해 정조의 신뢰가 깊었기 때문이다.

어느 날 갑자기 정조가 승하했다. 정조도 자신이 이렇게 빨리 죽을 줄은 몰랐던 것 같다. 사후 대책이 전혀 없었기 때문이다. 결국 그가 총애하던 신하들은 이리 떼에 둘러싸인 양이 되고 말았다. 사도세자처럼 뒤주 속에서 죽어 갈 운명이 아니라 저잣거리에서 온몸이 찢긴 채

죽어 갈 운명에 놓인 것이다. 어쩌면 다산은 사도세자와 함께할 질곡
의 운명을 타고난 것인지도 모른다.

> 작은 산이 큰 산을 가리는 것은
> 거리의 멂과 가까움이 다르기 때문이다.
>
> 小山蔽大山 遠近地不同

다산이 일곱 살 때 지은 시다. 신동이었던 모양이다. 매천梅泉 황현黃
玹(1855~1910)이 지은 『매천야록』梅泉野錄에는 다산에 대해 이런 글도 있다.

다산은 기억력이 매우 뛰어났는데, 세인들은 계곡谿谷 장유張維
(1587~1638)에 견주었다. 어느 날 강산薑山 이서구李書九(1754~1825)
대감이 영평永平(지금의 경기도 포천군)에서 대궐로 오다가 길에서 한
소년을 만났는데, 책을 한짐 지고 북한산의 절로 가고 있었다. 열
흘쯤 뒤에 고향으로 돌아가다가 다시 그 소년을 만났는데, 또 책을
한짐 지고 오고 있었다.
"자네는 뉘기에 책도 읽지 않으면서 번거롭게 왔다 갔다 하는가?"
소년이 대답했다.
"이미 다 읽었습니다."
강산이 놀라서 물었다.
"지고 있는 책이 무엇인가?"
"『강목』綱目(송나라 주자가 지은 『자치통감강목』資治通鑑綱目. 전체 59권)입니다."
"『강목』을 어찌 열흘 만에 다 읽을 수 있단 말인가?"
"읽기만 한 것이 아니라 외울 수도 있습니다."

강산이 곧 수레를 멈추고 책 하나를 뽑아서 시험했더니 돌아서서
잘 외웠다. 이 소년이 바로 다산이었다.

— 「이서구가 정약용을 시험하다」(『매천야록』 중에서)

다산은 1762년 6월 16일 지금의 경기도 남양주시 조안면 능내리
마재에서 아버지 정재원丁載遠과 어머니 해남海南 윤씨尹氏 사이에 넷째
아들로 태어났다. 아버지는 진주목사를 지낸 분이시고 어머니는 유명
한 고산 윤선도의 집안으로, 공재 윤두서의 손녀딸이시다.

좋은 가문에서 태어난 다산은 어려서부터 영특했다. 9세(1770) 때
어머니를 잃고, 15세인 1776년 2월 22일 풍산豊山 홍씨洪氏에게 장가들
었다. 장인은 무과 출신으로 승지를 지낸 홍화보洪和輔(1726~1791)였다.

16세에 성호선생의 『유고』遺稿를 보았으며, 22세(1783) 2월에는 증
광增廣 감시監試 경의과經義科 초시에 큰형 약현若鉉(1751~1821), 작은형
약전若銓(1758~1816)과 함께 합격했다. 4월에는 회시會試 생원生員에 합
격하여 정조 임금과 선정전宣政殿에서 처음 만났으며, 25세(1786)에 별
시 초시에 합격했다. 28세(1789)에는 식년문과式年文科 갑과에 수석으
로 합격했다. 가주서假注書를 시작으로 검열檢閱, 지평持平, 수찬修撰을
지냈으며, 33세(1794)에는 경기 암행어사를 지내고, 34세 7월에는 금
정도金井道 찰방察訪으로 좌천되었다가, 35세(1796) 12월에는 병조참지
兵曹參知로 복직되었다. 우부승지, 좌부승지를 거쳐 36세에 곡산부사谷
山府使로 나가 선정을 베풀었고, 38세에 형조참의로 들어왔다가 얼마
후 사직했다.

그의 적극적인 지지자였던 정승 채제공蔡濟恭(1720~1799)과 정조가
사망한 뒤, 1801년 2월 사간원의 계에 의해 투옥되고 장기로 유배되

었다가 10월 황사영 백서 사건으로 형 약전과 함께 재투옥되었다. 그
리고 그해 11월, 다산은 강진으로, 약전은 우이도(소흑산도)로 유배를
떠났다.

다산을
감시하러
왔다

현감 이안묵

당쟁의 소용돌이

다산은 피비린내 나는 당쟁의 중심에 있었다. 다산이 태어나던 해 정조의 아버지 사도세자가 정권을 유지하려는 노론 세력에 의해 죽임을 당했다. 아버지의 억울한 죽음에 분노하고, 그래서 아버지를 끔찍이 위했던 정조가 살아 있는 동안 좌부승지 정약용, 영의정 채제공, 공조판서 이가환李家煥(1742~1801), 예조참판 이기양李基讓(1744~1802) 등이 세력을 키워 갔지만 집권당인 노론 벽파로 인해 한계에 부딪히고 있었다.

1800년 5월 말, 정조는 죽기 한 달 전쯤 오회연교五晦筵教(정조가 5월 그믐날 경연에서 내린 교지)라고 불리는 교지를 통해 남인 재상을 등용하겠다는 뜻을 전했다. 이는 대사성을 지낸 이가환을 등용하겠다는 뜻이었고 그를 이을 사람은 당연히 정약용이었다. 이는 노론 벽파에게 청천벽력과 같은 말이었다. 이가환이 등용되면 노론은 사도세자의 죽음을 꿰뚫고 있는 자들에 의해 그 대가를 톡톡히 치러야 할 판이었다. 그리고 그 내막을 잘 알고 있는 사람은 불행하게도 정약용이었다. 게다가 정조는 대숙청까지 예고했다. 노론의 입장에서는 무슨 수를 써서라도 이를 막아야 했다. 그런데 하늘은 노론의 손을 들어 주었다.

정조는 정적 정순왕후貞純王后가 지켜보는 앞에서 49세의 한창 나이에 죽고 만다. 정조가 죽자 조선은 노론 벽파와 정순왕후의 세상이 되었다. 그리고 그들의 웃음 속에서 칼들이 춤추기 시작했다. 정조의 관이 묻히기도 전에 남인, 특히 신서파信西派(천주교 신봉을 묵인함)들은 노론 벽파와 그들의 하수인 격인 남인 공서파攻西派(천주교를 탄압함)들에게 마른하늘에 날벼락 맞듯 칼을 맞아야 했다. 그 칼날에 새겨진 죄목은 천주교였다.

11월 6일에 정조가 아버지 사도세자의 곁에 묻히고 사흘째 되던 날, 사헌부 장령掌令 이안묵李安默(1756~?)이 수원유수 서유린徐有隣 형제를 공격하는 상소를 올렸다. 노론 벽파가 본격적인 공격을 시작한 것이다. 이 상소는 사도세자의 죽음을 동정하던 시파를 겨냥한 것으로, 정조 16년에 영남만인소(사도세자를 죽게 한 자들에 대한 처벌을 요구한 상소)를 지지한 인물들을 공격하는 상소라는 점에서 정조 24년의 치세를 모두 부정한 것과 같았다.

그해 겨울 정조와 함께했던 남인과 노론 시파 세력이 대거 유배되었다. 그중에는 후에 다산에게 도움을 주는 김 교리金校理 형제도 있었다. 김이재金履載(1767~1847)는 강진현 고금도古今島로, 김이교金履喬(1764~1832)는 명천부明川府로 유배되었다. 하지만 이것은 시작에 불과했다.

1801년(순조 1) 2월 8일 새벽, 정약용과 정약전 형제는 집을 급습한 의금부 금리들에게 체포되어 감옥에 갇혔다. 정순왕후와 노론 벽파가 국청을 연 목적은 그들이 천주교 신자인지 아닌지를 밝혀내려는 것이 아니라 두 사람의 목숨을 뺏는 데 있었다.

이 국청에서 기록을 맡은 이가 노론 벽파의 골수분자인 장령 이안묵이었다. 그는 서유린 형제를 공격하는 상소를 올린 데 이어 시파를 제거하는 행동책으로 활동했다. 이안묵은 1790년(정조 14), 그러니까 다산이 과거에 급제한 다음 해에 증광 문과 병과로 급제, 형조에서 벼슬을 한 인물이다.

노론 벽파 일색인 일곱 명의 재판관 중에 다산의 해배解配(귀양을 풀어 줌)를 끝까지 반대했던 영의정 서용보徐龍輔(1757~1824)가 있었으니 다산은 죽은 목숨이었다. 이른바 신유사옥辛酉邪獄(1801년, 신유년에 있었던 천주교 박해 사건)이 일어나자 이가환, 권철신權哲身(1736~1801), 이승훈李承薰(1756~1801), 정약종丁若鍾(1760~1801), 홍교만洪敎萬(1737~1801), 홍낙민洪樂敏(1751~1801) 등과 수많은 천주교 신자들이 죽임을 당했다.

"임금을 어떻게 속이겠는가. 임금을 속여서는 안 된다. 형님의 죄상을 어떻게 증언하겠는가. 증언할 수 없다." 이안묵이 작성한 「신유추안」辛酉推案에서 다산은 이런 말을 남겼다. 수많은 사람이 죽임을 당했지만 다산은 2월 28일 감옥에서 풀려나 경상도 장기현으로 유배를 떠났다.

그러나 호시탐탐 "정약용만은 죽여야 한다"고 벼르던 반대파들이 다시 한 번 기회를 잡았다. 그해 10월 황사영 백서黃嗣永帛書 사건(신유사옥이 일어나자 천주교 신자 황사영이 신앙의 자유를 위해 중국 베이징의 주교에게 보내려 했던 청원시)이 일어나자 사헌부 집의 홍낙안洪樂安(1752~?)과 사간원 헌납 신구조申龜朝가 연명으로 차자를 올려 정약용, 정약전, 이치훈李致薰, 이학규李學逵(1770~1835), 신여권申與權 등을 다시 체포해 심문해야 한다고 주청했던 것이다. 그들이 '황사영 백서'의 배후라는 것이 이유였다.

정약용은 다시 체포되어 10월 20일 장기를 떠나 27일 서울 감옥에 갇혔다. 강진현 신지도新智島에서 유배살이 하던 형 정약전도 끌려왔다. 반대파들은 다산의 큰형 정약현의 사위인 황사영과 정약용 형제를 천주교로 엮으려 했지만 증거가 없었다. 그들로서는 억울한 일이었으나 풀어 줄 수밖에 없었다. 이로써 형 정약전은 전라도 나주목 우이도牛耳島(현 신안군 흑산면)로, 다산은 전라도 강진현으로 유배를 떠나야 했다.

11월 5일, 이들 형제는 오랏줄에 묶여 한양을 떠났다.

형인가 지기인가

"너무 염려 말거라. 사람 사는 곳이 다 마찬가지일 텐데 어디인들 못 살겠느냐. 신지도나 우이도나 그곳이 그곳일 게다. 네가 걱정스럽지만 인근에 외가가 있으니 불행 중 다행이다. 건강한 몸으로 다시 만나자꾸나."

11월 21일 나주 율정점에서 마지막 밤을 함께하며 작은형 손암 정약전이 다산을 위로했다. 그러나 막상 헤어지는 아침이 되자 두 사람은 할 말을 잃고 오열하고 만다. 형인 약전은 뭍에서 무려 250리나 떨어진 바다, 오지 중의 오지인 흑산면 우이도로 떠나야 했다. 그곳에 비하면 약전의 처음 유배지 신지도는 고금도와 완도읍 섬 사이에 끼어 있어 육지와 마찬가지였다. 하지만 이번 유배지는 흑산, 아득한 어둠이라고 불리는 곳이었다(조선 시대에는 우이도와 흑산도로 구분하지 않고 합해서 흑산도라 불렀다). 그런 오지로 가는 형에 대한 미안한 마음과 걱정이 뒤범벅되어 다산은 울음을 멈추지 못했다. 자신을 제거하기 위해 벌인 반대파의 모함 때문에 작은형이 더 잔혹한 곳으로 유배를 떠나게 됐으니 그 슬픔을 씻어 낼 길이 없었다. 아, 나에게 왜 이런 고통을 주는가!

> 객점客店의 새벽 등불 파리하게 꺼질 듯
> 일어나 샛별 보니 이젠 슬픈 이별이어라.
> 말없이 서로 가만히 바라보며
> 애써 목소리 가다듬다 흐느껴 울고 마네.
> 머나먼 흑산도엔 바다와 하늘뿐인데
> 형님이 어찌 거기로 가신단 말인가.
>
> ─「율정의 이별」 중에서(1802년 작)

반대파가 노린 인물이 자신이라면 당연히 자신이 흑산도(우이도)로 가고 형은 강진현으로 가야 했다. 하지만 이건 올가미였을지 모른다. 강진현에는 천주인들이 많이 살고 있었다. 다산을 그곳으로 보내 천주인들에게 모본을 보이려는 속셈이었다.

그들 형제는 함께 한양을 떠났지만 오랏줄에 묶여 이야기도 나눌 수 없었다. 밤이 돼야 간신히 주막에 함께 자리할 수 있었는데, 그 열흘 남짓한 시간 동안 형 약전은 신지도에서 7개월여 귀양 살던 체험을 재미있게 들려주었다. 마음이 넓고 호방한 형이 동생을 위로하기 위해 한 행동이었다.

"강진현 섬사람들 참 순박하더라! 무식해도 인정이 넘쳐서 내가 떠나올 때 울고불고 난리 났었지. 마치 자신들이 벌을 받는 것처럼! 다시 그런 사람들 만나러 가니 기쁘다."

"바다란 곳이 말이다, 위험하고 고달프지만 그래도 천혜의 보고란다. 팔뚝보다 큰 고기들이 올라올 때 그 맛을 겪어 보지 못한 사람들은 몰라. 너도 강진에 가면 바다에 나가 즐겨 보아라. 바닷고기들이 지천으로 널려 있으니 부지런하면 배곯지는 않을 거다."

"신지도보다 멀리 가니 더 순박한 사람들을 만날 거야. 텁텁한 막

현감 이안묵 다산을 감시하러 왔다

걸리처럼 순박하고 착한 사람들과 살갑게 살아 볼 거다. 무엇인가 그들을 위해 일하면서 말이다. 그 나름대로 보람이 있을 거야."

형은 강진현으로 떠나는 다산을 위해 좋은 이야기만 골라 흥미 있게 들려주었다. 형의 이야기에 다산은 위안을 얻었다.

"우리 때문에 고생이 많구려. 도사都事(의금부 호송관) 양반, 이리 와서 함께 드십시다. 맛있구려. 다 살려고 하는 짓인데, 어서 오시오."

형 약전은 넉넉하지 않은 돈을 털어 함께 고생하는 호송관들을 열심히 챙겼다. 그래서 그들도 약전과 헤어질 때는 눈물을 흘렸다고 한다.

헤어진 지 단 하루밖에 지나지 않았으나 다산과 마찬가지로 호송관들도 허전함을 느꼈나 보다. 무엇인가 큰 기둥이 빠져 버린 것 같은 그런 허전함을. 다산은 가끔 형의 체취를 느끼면서 함께 누릿재를 넘는 마음으로 묵묵히 고개를 넘었다. '어지신 둘째 형님!' 형은 같은 이상과 꿈을 가졌지만 자신처럼 편협하거나 깐깐하지 않고 호방했다. 자신이 갖지 못한 좋은 점을 가진, 다산을 비추는 거울이었다.

근심거리가 있는 호남으로 가라

다산은 음력으로 1801년 11월 22일, 23일경, 양력으로 12월 말경 월출산 누릿재를 넘었다. 영암과 강진의 북쪽 경계가 월출산과 그 능선이다. 강진, 해남, 완도 사람들은 이 재를 넘어 광주로, 한양으로, 영암장으로 다녔다. 해발 227미터밖에 안 되는 재이지만 이곳에는 숱한 사연이 숨어 있다. 소장수들은 이별가를 부르던 이 고갯마루를 가장 무서워했다고 한다. 도둑들이 들끓어 돈 빼앗기고 몸을 망쳤으며, 맹수에게 습격을 당하기도 했다. 한적하고 숲이 우거져서 도둑 잡기가 쉽지 않았으리라. 현감이나 아전들이 한눈팔고 신경 쓰지 않을 때에는 백성들의 눈물이 월출산 계곡에 넘쳐흘렀다.

> "탐진毗津은 탐라毗羅의 나루이며, 축축하고 더운 땅에서 생기는 독기가 서린 고장으로 죄인을 귀양 보내는 곳이네. 그대는 어떻게 살 수 있겠는가."
>
> "호남湖南의 풍속이 교활하고 각박한데 탐진이 더욱 극심하다네. 그대는 어떻게 견디겠는가."
>
> "탐진 땅에는 지네가 한 자나 되고 뱀이 꼬인다네. 물리면 피가 흘러서 매독에 걸리곤 하는데, 약을 써도 효험이 없고 생명까지 위태로워진다네. 어떻게 견디겠는가."
>
> ─「탐진에 대하여」 중에서

북쪽 사람들이 다산을 걱정해서 한 말이다. 월출산 누릿재(누리령) 정상에서 구불구불 내달린 강진 땅을 내려다보며 다산은 이 말들을 떠올렸을까? 불안한 마음 한구석에는 호기심도 있었을 것이다. 경상도 장기현 유배 이후 한양으로 압송됐다가 바로 강진으로 출발했을 테니, 이별할 때 지인들이 해 준 말과 형 약전으로부터 들은 강진현 신지도 귀양살이의 체험이 이곳에 대해 다산이 아는 전부였다. 그런 그가 누릿재 꼭대기에서 오랏줄에 묶인 채 앞으로 만날 강진 사람들에게 큰 기대를 했을 것 같지는 않다. 겨울인데도 고개를 오르자 이마에 땀이 흐르고 숨이 가빴다.

"아! 여기가 악명 높은 탐진 땅인가."

황치黃雉라고 불린 누릿재의 누런 땅을 보고 다산은 따뜻함과 편안함을 느꼈을까? 고개를 넘자 불어오는 바람이 따뜻하게 느껴졌는지도 모른다. 남쪽 사람들은 황토(갓 파낸 황토는 누렇다 못해 핏빛같이 붉다. 이것이 햇빛을 받아 바래면서 누렇게 변한다.), 특히 붉은 황토를 보면 고향을 생각한다. 보색인 푸른 하늘과 누런 황토가 어우러진 풍경을 다산처럼 섬세한 사람이 놓쳤을 리 없다.

기록을 보니 다산은 귀양길에서도 여유만만이었다. 억울해서 그래야만 했을 것이다. 다산이 강진 땅을 처음 밟으며 읊은 시를 보면 불안과 초조함 대신 고향 생각이 가득 담겨 있다.

누릿재 잿마루에 바위가 우뚝한데
나그네 뿌린 눈물로 사시사철 젖어 있네.
월남리로 고개 돌려 월출산을 보지 마소
봉우리마다 어쩌면 그리도 도봉산 같아.

　　　　　　　　　　　　　　　－「탐진 풍속 노래」 중 '제1수'

다산은 월출산을 보면서 양주의 도봉산을 떠올렸다. 고향에 있는 도봉산, 언제 다시 돌아갈지 모르는 고향을 그리며 신월리로 내려왔다. 추수가 끝난 논에 노적가리가 쌓여 있는 모습이 낯설지는 않았지만 밭에 푸른 채소들이 그대로 있는 모습은 생경했다.

"맛있는 채소를 들판에 버려두다니, 게을러서인가?"

들판에서 겨울을 지낸 배추들이 봄에 봄동이 되어 입맛을 돋운다는 것도 그땐 몰랐으리라. 누릿재에서 얼어붙었던 몸이 녹았다. 훈훈

한 바람이 마음까지 녹였다. 기후가 온화해지고 사람들 모습이 순박해 보이니 긴장이 조금 풀어졌다. 지나온 일들이 내딛는 발자국을 따라 스쳐 갔다. 참 조마조마하고 기나긴 날들이었다.

　　반대파들이 정적을 제거하기 위해 자신의 목숨을 노린 건 이해할 수 있었다. 하지만 친구인 이기경李基慶(1756~1819)과 목만중睦萬中(1727 ~?), 홍낙안, 홍의호洪義浩(1758~1826), 박장설朴長卨은 왜 나를 죽이려고 하는 걸까? 왜 그토록 집요하게 "정약용만은 죽어야 한다!"고 한 것일 까?

　　더구나 그들은 번암 채제공과 뜻을 같이한 직계 선후배들이었다. 같은 남인이었지만 후에 공서파가 되어 모략을 일삼고 노론 벽파의 앞 잡이가 되었다. 특히 이기경은 다산과 가까운 친구였다. 함께 공부를 하여 나란히 과거에 급제했고, 이승훈에게 천주학 서적을 빌려 같이 읽기도 했는데……. 이기경이 귀양 갔을 때 다산은 그의 가족을 보살 피고 백방으로 뛰어다니며 귀양에서 풀려나도록 힘써 주었다. 목만중 또한 다산의 집까지 배를 타고 와 다산이 진사 시험에 합격한 것을 축 하하면서 진탕 즐기던 친구였고, 홍의호와는 사촌 처남 사이였다. 사 헌부 집의가 된 홍낙안 같은 이는 스스로 사헌부, 사간원의 벼슬자리 에 들어가 재판을 요구하여 다시 정약용을 국문하고 반드시 죽이겠다 고 했다니. 사도세자의 죽음에 얽힌 비밀을 너무 잘 알고 있어서인가. 그게 꼭 친구를 죽여야 할 이유가 된단 말인가. 친구가 적이 되면 더 무서운 법인가. 그때 황해도 관찰사 정일환鄭日煥이 도움을 주지 않았 다면 어떻게 될 뻔했는가. 다산은 생각만 해도 가슴이 뛰었다.

　　이때 정일환이 황해도로부터 돌아와서 "정모丁某는 서쪽 지방(황해도 곡산)에서 백성을 아끼는 정치를 남겼으니 죽어서는 안 된다"고 세차게 발언하였고, 또 죄인의 공초供招에 이름이 나오지도 않았는데 체포해 오는 법은 없다고 하며, 심환지에게 국문하자는 요구에 동의하지 말라고 권했다. 심환지가 이에 태비太妃에게 청하니, 태비가 윤허하였다.

— 「자찬묘지명」 自撰墓誌銘 중에서

영의정 서용보에게 잘 보여 영화를 누리려고 했을까, 사도세자를 죽인 무리들의 사주를 받았을까. 그렇다 해도 친구를 꼭 죽여야만 하는가. 다산은 억울한 심정에 친구인 윤영희尹永僖(1761~?)가 전해 준 말을 평생 잊지 않았다.

이때 교리 윤영희가 공(다산)의 생사를 탐지하려고 대사간 박장설을 찾아가 옥사의 실정을 물었다. 마침 홍낙안이 와서 윤공이 옆방으로 피해 갔다. 홍낙안이 말에서 내려 방에 들어와 발끈 성을 내며 소리치기를, "천 사람을 죽여도 아무개(정약용) 한 사람을 죽이지 못하면 아무도 죽이지 않는 것만 같지 못한데 그대는 왜 힘써 다투지 않소"라 하니, 박장설이 "저 사람이 스스로 죽지 않는데 내가 어떻게 그를 죽이겠소"라 했다. 떠나간 뒤에 박장설이 말하기를, "답답한 사람이다. 죽어서는 안 될 사람을 죽이려고 두 번이나 큰 옥사를 일으키고도 나더러 다투지 않았다고 책하니 참으로 답답한 사람이다"라 했다.

— 「사암선생연보」 俟菴先生年譜 중에서

대사간 박장설도 홍낙안, 이기경과 한통속이었다. 5년 전인 정조 19년(1795) 7월 7일 행부사직行副司直 박장설은 이가환과 정약전을 겨냥해 상소를 올렸다. 정약전을 겨냥한 것은 바로 정약용을 겨냥한 것이었다. 이 일로 정조에게 미움을 산 박장설은 북쪽 끝 두만강으로, 남쪽 끝 동래로, 제주도로, 압록강으로 '나그네'(기려羈旅. 상소 내용 중 인용한 말) 유배살이를 했다. 하지만 이렇게 다산을 못 죽여 안달인 사람들도 결정적 증거가 없었기에 다산을 어찌하지 못했다.

먼저 사형당한 외종형 윤지충尹持忠이나 자형 이승훈, 이치훈 등이 다 남쪽 사람들인지라, 정순왕후는 다산을 풀어 주면서 다음과 같이 말했다.

"호남에 근심거리가 남아 있으니 정약용을 강진현으로 유배 보내 천주교와 관련된 자들을 억눌러 못 하게 하라."

북풍에 눈 날리듯 왔다

강진읍성이 가까워 올수록 짠 소금 냄새와 함께 강진만이 조금씩 얼굴을 내밀었다. 처음 강진에서 바다를 본 다산은 어떤 느낌이었을까? 두 번째 유배지인 경상도 장기현에서 본 바다와 많이 달라 주시했으리라. 지명이 소 혀끝이라는 뜻의 시끝에 가까이 다가갈수록 남서쪽 만덕산 아래 푸른 바다와 갯벌, 어선과 나룻배들이 떠 있는 풍광이 눈에 들어와 다산을 놀라게 했을 것이다. 나중에 쓴 여러 편의 탐진만 시구를 보면 아마 생경한 풍광을 넋을 놓고 바라보지 않았을까 싶다.

갯벌에서 작업하는 사람들이나 나룻배를 기다리는 사람들, 검게 그을린 얼굴의 어부들, 땀에 전 부둣가 노무자들을 보면서 살 만한, 흥미 있는 고을이라 느꼈을지도 모른다.

> 북풍北風에 눈(雪) 날리듯
> 남쪽 강진의 밥집까지 밀려 왔네.
> 다행히 조각산이 바다를 가려
> 총총한 대나무로 세월을 삼는구나.
> 옷이야 남녘이라 겨울에도 덜 입지만
> 근심이 많아서 밤에 술을 더 마시지.
> 한 가지 일이 나그네 걱정 겨우 잊게 해 주니
> 동백이 설도 되기 전에 벌써 꽃피운 거라네.
>
> —「객지에서 마음에 품은 생각을 쓰다」(1801년 작)

다산은 눈발은 날리지 않지만(12월 강진에는 눈이 거의 내리지 않는다.) 을씨년스러운 날씨에 버드나무 가지가 바람에 휘날리는 길을, 소달구지와 함께 왔다.

역리에 죄인 호송 달구지가 도착하자 마을이 부산해졌다. 아전들이 이리 뛰고 저리 뛴다.

"다른 사람들맹키로 멀찌감치 섬으로 보내 불면 쓸 것인디 꼭 성문 근방이라야 헌다고 혀서 이렇크롬 골치 아프게 맹근당가."

아전들은 이곳저곳을 다니며 부산을 떨고 다산은 불안한 기운을 느끼면서도 드넓은 강진만을 감상하며 시간을 보냈다. 겨울 해는 훌쩍 기운다. 아전들은 어둑어둑 날이 저물어서야 서문과 동헌을 지나 동문 밖 아전거리, 자신들의 입김이 통하는 거리에 도착했다.

"동문 밖 서객書客(오늘날의 회계사로, 관리들의 회계 업무를 돕는 사람) 집에 가면 된당께, 동문 매반가賣飯家(밥집) 말이여."

강진 사람들은 고금도나 신지도 등 강진 벽지가 아닌 읍성 인근에 유배 온 사람을, 더구나 천주교 신자라 특별 관리하는 죄인을 가까이 하려 들지 않았다. 천주교인이라는 의심을 받을까 봐 모두들 꺼리니 안일하게 생각하던 아전들이 난처해졌다. 결국 무슨 수가 나겠지 싶어 아전거리로 나섰다. 그러나 다산을 본 사람들은 대독大毒을 옮아 온 것처럼 여기며 달아났다. 이를 본 다산은 무슨 생각을 했을까?

'억울해서 가슴이 미어지는 사람을 대독을 옮길 사람으로 취급하다니!'

다산은 너무 놀라 자신도 모르게 한숨을 길게 내쉬었다. 이 골목에서도 사령들이 온 고을이 떠나갈 듯 큰소리로 죄수가 왔음을 외쳤다. 그 소리를 들은 고을 사람들은 도망가거나 문을 걸어 잠갔다. 결국 서객을 아들로 둔 한 노파가 자신의 주막집 뒷골방을 내주어 그곳에 자리하게 되었다. 이 얼마나 고마운 일인가. 매반가 골방에 들어선 다산은 쉴 곳마저 찾기 힘든 현실에 슬픈 한숨을 내쉬었겠지만, 아전들은 안도의 숨을 내쉬었다.

강진읍의 지형이 누운 소의 모습이라서 그런가? 기가 센 강진 지방의 토호나 이속吏屬들을 꺾기 위해 1651년에 신유申瀏가 강진현감으로 자진해 내려왔다. 풍수지리에 능한 그는 강진읍의 산세와 지형을 살펴 소의 왼쪽 눈에 해당하는 동문 안 샘을 성 밖에 두기 위해 새로 성을 쌓았다. 이것만 보아도 강진현감이 얼마나 토호와 이속들의 기를 꺾고 싶어 했는지 알 수 있다. 그후로 현감들이 권력을 잡았는지는 알

수 없다. 어쨌든 동문 안 샘을 성 밖으로 내보냈으니 다산이 거처할 집
도 성 밖에 있었다.

　　다산이 1801년 11월 5일 유배형을 받고 강진으로 떠난 후 바로 반
대파의 수뇌부는 신유사옥(신유박해, 1801) 상소를 올린 벽파 골수분자
이안묵을 승진시켜 1802년 초 강진현감으로 보냈다. 어떻게든 꼬투리
를 잡아 다산을 죽이려는 속셈이었다. 아마 이안묵이 부임하기 전에
관리하기 쉬운 곳, 읍성 근처에 다산의 배소配所를 정하라고 미리 지시
했을 것이다. 다산을 철저히 관리하란 뜻으로 말이다.

현감 이안묵 다산을 감시하러 왔다

창작의 원동력이 감시였다니

이안묵은 다산을 지켜보다 참지 못하고 그해 5월 한양 조정에 고발했다. 어떻게든 죽여야 할 사람이니 꼬투리를 잡기 위해 안달이었다. 아마 자신이 다산을 확실히 죽음으로 내몰 테니 염려 말라고 큰소리치고 왔을지도 모른다. 그러나 그런 낌새를 눈치 못 챘을 리 없는 다산이 의심받을 만한 일을 했겠는가. 또 다산은 자신이 천주교인들과 내통하고 있다는 것을 확인하기 위해 한양에서 비밀리에 조사관이 내려왔다는 사실까지 알고 있었으므로 더욱 몸을 사렸다. 결국 초조해진 이안묵은 정약용이 죄를 뉘우치지 않고 오히려 왕을 원망하고 있다며 거짓을 고했다. 이에 다산은 끌려가 취조를 받았다. 국청에서도 증거가 없어 죽이지 못한 사람을 억지로 데려다 심문한다고 죄가 나오겠는가. 다산은 병영면에 있는 병마절도사영에 끌려가 취조를 당했지만 무죄로 풀려났다. 결국 현감 이안묵은, 방에서 칩거하며 굶주려서 대나무 가지처럼 마른 다산을 보고 그냥 내버려 둬도 곧 죽을 것 같다고 보고했을 것이다.

어떤 면에서 보면 이안묵은 다산을 도운 셈이다. 그가 곁에 두고 철저히 감시하지 않았던들, 눈을 부라리고 궁지에 몰아넣을 궁리를 하지 않았던들, 강진 변두리 먼 섬으로 보냈던들 어찌 그 많은 저서를 지을 수 있었겠는가. 다산은 4개월 동안 두문불출하며 분노를 글로 풀고, 들끓는 이를 잡듯 고민으로 마음을 다잡았다.

나는 임술년(1802) 봄부터 곧 저술을 업으로 삼아 붓과 벼루만을 곁에다 두고 아침부터 저녁까지 쉬지 않았다. 그 결과 왼쪽 어깨에 마비 증세가 나타나 마침내 폐인의 지경에 이르고, 시력이 아주 어두워져서 오직 안경에만 의지하게 되었는데, 이렇게 한 것이 무엇 때문이었겠느냐?

—「두 아들에게 보여 주는 가훈」 중에서(1808년 작)

장령 이안묵이 유배지인 강진까지 쫓아와서 두 눈을 부릅뜨고 있으니, 다산이 할 수 있는 일이라곤 비좁은 골방에 틀어박혀 책을 읽고 글을 쓰는 게 전부였다. 그래서 장기현에 있을 때부터 썼던 『기해방례변』己亥邦禮辨을 이어서 쓰기 시작했다. 이 글은 다산이 예禮에 관해 논변한 것이다.

다산은 강진에서만 저술 활동을 한 것은 아니었다. 1801년 경상도 장기로 유배 갔을 때 종통宗統의 적서嫡庶와 계승을 두고 일어난 '기해예송'己亥禮訟의 쟁점을 정리하여 『기해방례변』을, 자학字學에 관해 정리한 『이아술』爾雅述 6권을, 『백언시』百諺詩를 지었다. 이 책들은 안타깝게도 10월 황사영 백서 사건 때 서울로 압송되는 난리통에 분실됐다. 벼슬살이할 때도 틈만 있으면 저술에 힘썼다. 예를 들면 천연두로 자신의 자식을 포함해 많은 아이들이 죽어 가자 여러 의서에서 천연두 치료에 관한 내용을 편집, 정리하여 『마과회통』麻科會通 12권을 찬술했다.

이안묵을 위시한 그 일당들은 의도하진 않았지만, 다산에게 저술에 필요한 환경을 조성해 준 셈이 되어 버렸다. 역사의 아이러니다! 그리하여 다산은 혼자서 썼다고는 도저히 믿을 수 없는 6백여 권(강진에서는 593권이라 주장한다.)의 책을 저술하게 된다. 초기에 다산은 상례喪禮나 가례家禮의 저술에 많은 시간을 할애했다. 충효가 유학의 기본 이념이므로 상례나 가례에 관한 저술은 당연했는지 모른다. 하지만 혹자는 천주교도라는 주변의 의식에 대한 반대급부라고 추측하기도 한다.

예禮에 관한 저술에 이어서 다산은 『주역사전』周易四箋 저술에 심혈을 기울였다. 천재들에게도 난해한 『주역사전』을 여섯 번이나 보완해 가며 저술에 심취한 것도 어찌 보면 자신의 파란만장한 운명 때문이었는지 모른다.

여기서 잠깐 다산이 7개월 하고도 열흘 동안 유배 생활을 한 경상도 장기에 대해 짚고 넘어가자. 다산은 평생 세 번 유배를 당했다. 첫번째는 시험 감독을 공정하게 하지 않았다는 이유로 충청도 해미에(겨우 보름 만에 풀려서 유배라고도 하기 어렵지만) 보내졌다. 신유사옥 때 장기현으로 두 번째 유배를 떠났고, 이번 강진현이 세 번째 유배지였다.

당시 장기현은 경상도 오지였다. 일설에 장기현감으로 발령이 나면 두 번 울고 간다는 말이 있었다. 한 번은 부임할 때 과연 살아 돌아갈 수 있을까 걱정스러워 울고, 또 한 번은 부임이 끝나면 너무 순박한 주민들의 인정이 그리워 울며 떠난다는 곳이었다. 장기현에서 다산의 숙소는 마산리 군교軍校이자 농사꾼인 성선봉成善封의 집이었다. 이렇게 철저하고 자연스런 감시망이 있었을까. 그 당시 촌가가 대부분 그러했겠지만 바닷가 근처의 군교 집은 천정이 낮고 좁았다. 일어날 때 머리를 부딪치기 일쑤였고 무릎을 겨우 펼 정도로 좁았으니 처음 유배 생활을 하는 다산은 대단히 불편했을 것이다. 게다가 찾아오는 사람도 없으니 말 상대라고는 어린 머슴과 촌로가 전부였다. 중죄를 지은 죄인이라 명승지 한번 구경하지 못할 정도로 감시의 눈초리가 심했는지 주변 경치에 대한 글도 많지 않다. 이런 곳에서 병을 이기고 살아남은 게 용할 정도였다.

원래 어전에서의 국문은 가혹해서 당하고 나면 몸을 추스르기가 어려웠다. 더구나 다산은 거의 모든 가족이 연루되어 마음고생이 엄청났으니 몸을 가누기가 더욱 쉽지 않았을 것이다. 게다가 곤장도 맞고 고문도 당했다. 권일신權日身(?~1791)이나 이기양이 유배지에서 죽음을 맞은 게 다 이런 이유였다. 다산도 열악한 환경과 국문의 후유증으로 병이 들었지만, 강한 의지로 이를 이겨냈다.

만일 다산이 척박한 환경의 장기현에서 유배 생활을 계속했다면 실학을 집대성할 수 있었을까? 장기현에 비하면 강진현은 사람들로 북적대는 대도시였다. 반대파의 수뇌부들은 다산을 장기현보다 좋은 환경으로 보내면서 오히려 미끼를 던졌다고 생각했으리라. 천주교를 믿지 못하게 하는 것이 목적이라고 했지만, 오히려 천주학이 널리 퍼진 곳으로 보내 천주학쟁이들과 어울리게 해 그것으로 엮어 죽이려고 한 것이 아닌가. (다산의 외갓집 형제들과 사돈, 친형제들이 천주학쟁이들이었다.) 그래서 이안묵을 강진으로 보내 감시하도록 했고, 그 뒤에도 감시자를 보내 계속 꼬투리를 잡으려 했다. 초조해하던 이안묵이 거짓으로 다산을 고발한 것을 보면 이런 추측도 가능하다.

그러나 1804년 4월, 벽파의 젊은 맹장 강진현감 이안묵이 오랏줄에 묶였다. 다산을 죽이지 못한 책임을 물어서였을까? 시파가 벽파를 몰아내는 데 그 첫 번째 인물로 이안묵이 걸려든 것이다. 죄목은 탐학하고 비루하다는 것이었다. 다산 또한 이안묵에 대해 짤막한 기록을 남겼다.

"죄를 짓고 귀양지에서 죽었다."

이때 김조순金祖淳(1765~1832)의 딸을 왕비로 맞아들이는 일을 반대했던 권유權裕는 고문 끝에 목숨을 잃었고 벽파의 젊은 유생 네 명이

처형당했으며 낮은 벼슬아치 다섯 명이 유배되었다. 벽파 1차 숙청이었고 안동 김씨 세도정치의 시작이었다. 이안묵은 유배지에서 죽었는데 언제 어떻게 죽었는지는 알 수 없다.

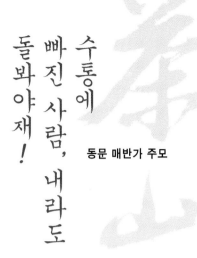

수통에 빠진 사람, 내라도 돌봐야재!

동문 매반가 주모

겨울 지난 몰골은 대나무 가지라

자신을 대독大毒처럼 대하는 강진 사람들을 보자 다산도 강진에 대한 인상이 좋지는 않았다. 다산은 "옛날 백제의 변방으로 사람들은 마음이 고상하지 못하고 하는 짓과 보고 듣는 것이 좁고 완고하며 풍속도 달랐다"(『상례사전』喪禮四箋 '서문' 중에서)라고 했다. 죽어야 될 세 사람(정약용, 이가환, 이승훈) 중에 유일하게 혼자만 살아남았다는 소문이 강진에도 퍼졌을 테니 모두 달아날 수밖에. 이런 어수선한 상황에서 동문 매반가에 들어섰을 때 다산은 매반가 주모의 첫인상이 어땠을까?

"만약 나에게 살아갈 거처를 마련해 주기라도 한다면 모두 그 사람 집으로 쫓아가서 문을 부수고 담을 허물 것처럼 하며 달아났다"(『상례사전』 '서문' 중에서)고 한 것을 보면 분위기가 매우 험악했던가 보다.

"요 동문에다 거둬 주기만 해 보랑게! 가만 안 둘 것이어."

"대역 죄인 천주학쟁이를 뭣담시 이 동리에다가 둔당가, 동네 망해, 망한당께!"

다산은 이런 험악한 분위기 속에서 나이든 할머니 한 분만이 자신을 불쌍히 여기면서 살아갈 방을 내주었다고 했다. 원래 남쪽 지방 아낙네들은 무뚝뚝한 편이다. 하지만 겉보기에는 그래도 생활력 강하고 속내가 따뜻한 사람들이 바로 남쪽 아낙네들이다.

동문 매반가의 주모는 대단한 사람이었다. 그녀의 아들은 오늘날의 회계사에 해당하는 서객書客이었다. 따라서 다산을 맡으라는 아전들

동문 매반가 주모   수통에 빠진 사람, 내라도 돌봐야재!

의 압력을 받았다고 할지라도 대역 죄인이 집에 머물고 있다면 밥과 술을 먹으러 올 사람은 없을 것이었다. 주모는 남의 불행을 자신의 일처럼 생각하고 눈물을 흘리는 그런 사람이었다. 오랏줄에 묶인 초췌한 모습으로 놀란 표정을 감추느라 애쓰고 있는 다산을 보고 자신도 모르게 방을 안내하지 않았을까. 오히려 동문 안 샘터에 모여 웅성거린 아낙네들을 크게 나무랐을 것이다.

"왔다매! 수통에 빠진 사람 놓고 어째꾸롬 나 몰라라 헌당가, 내라도 돌봐야재."

동문 근처 강진 사람들의 인상 때문인지 다산은 4개월 동안 두문불출했다. 아마 동문 매반가 주모에게 고맙다는 인사도 제대로 못했을 것이다. 아들이 와도 함께 잘 수 없을 정도로 비좁고 누추한 골방에서 옷도 갈아입지 못하고 목욕도 못하며 지냈다. 바로 옆에 물이 콸콸 넘치는 샘을 두고도 말이다. 주막집에서 떠드는 말소리보다 샘에서 아낙네들이 누구네 누구네 하며 흉보는 소리가 더 크게 들렸을 것이다.

"귀양 온 양반은 숨도 안 쉬고 말도 못하는 벙어리 선비라고 하드구마잉."

소문은 빠르다. 다산의 눈물과 한숨 소리는 빨래 방망이 우는 소리에 묻혀 아무도 듣지 못했을 테니 어쩌면 사는 곳을 잘 택한 것인지도 모른다.

이즈음 다산은 숙부에게 올린 시詩를 통해 선비가 된 덕에 집안은 다 망해 가고 골육 같은 친구들은 등을 돌린다고 한탄했다. "그나마 남은 머리 수심 때문에 다 희어지고, 늙은 눈도 흐르는 눈물로 자꾸만 녀어두워."(「숙부에게 올리다」 중에서) 다산은 이때 대나무 가지처럼 마르고 눈은 쑥 들어가 해골처럼 늙었을 것이다. 분노가 가슴을 파고들고 마음이 찢어져서, 이가 끓고 몸이 근지러워도 내버려 두었다. 살아도 사는 것 같지 않았다. 아침을 냉수 한 바가지로 때우며 지내는데도 아끼던 철투호를 팔아야 했다. 배고픈 설움보다 더 큰 설움이 없다지만 그보다도 마음이 더 쓰렸다. 고향 마재에서는 아내의 눈물이 마을을 적시고 이곳에서는 다산의 눈물이 빨래 방망이를 울렸다. 아! 얼마나 많은 상념에 시달렸을까.

해가 가고 봄이 와도 까맣게 모르다가
새소리 날로 달라 웬일인가 하였다네.
비만 오면 향수가 등나무처럼 얽히고
겨울 지낸 이내 몸 대나무 가지 같아.
세상 꼴 보기 싫어 방문을 늦게 열고
오는 손님 없을 줄 알아 이불 더디 갠다오.
무료함 없애는 법 자식들이 알았는지
의서에 따라 술을 담가 한 단지 부쳐 왔네.
천 리 먼 길에 종 아이 가져온 편지 받고
초가 주막 등잔 아래서 홀로 긴 한숨을 짓노라.
어린 아들 학포는 아비를 탓했지만
병든 아내 옷 꿰매 보냈으니 상기도 남편 사랑하나 봐.
즐긴다고 이 먼 데를 찰밥 싸서 보내오고
굶주림 면하려고 철투호를 팔았다네.
답장 바로 쓰려 하니 달리 할 말 없어
산뽕나무나 수백 그루 심으라 부탁했지.

—「새해에 집에서 온 편지를 받고」(1802년 작)

동문 매반가 주모　수통에 빠진 사람, 내라도 돌봐야재!

그러는 사이 추운 겨울이 가고 아름다운 강진의 봄이 왔다. 봄이 되자 어른스러워진 큰아들 학연과 함께 반가운 소식들이 날아왔다. 아내의 꿰맨 옷과 찹쌀밥, 약술 한 단지, 둘째아버지 정재운丁載運의 편지도 동봉해 와서 기쁜 마음에 종이가 젖고 붓이 춤을 춘다. 가슴이 뭉클해지는 아름다운 벗들의 따뜻함도 함께 왔다.

작년 겨울 내가 강을 건넌 뒤에 주신周臣(이유수李儒修)이 내 두 자식들을 불러다가 술 데우고 고기 굽고 하여 측은한 마음으로 위로하고 어루만져 주기를 골육 이상으로 하였고 무구無咎(윤지눌尹持訥)도 함께 그랬는데, 그로부터 조금 후 대참臺參이 갑자기 발발하여 ─ 장령 강세륜姜世綸이 한 것임 ─ 주신이 나에게 아첨을 부리고 우리 형에게는 노자를 주었다고 무함誣陷하는 바람에 주신도 무주茂州로 귀양을 갔다. 옛 죽란사竹欄社 친구 중에 좋을 때나 궂을 때나 변하지 않은 사람은 그 둘뿐이었는데 그 옛날이 생각나서 이렇게 의미 있는 말을 해 보았다.

─「아롱곡鵝籠曲 4수, 이주신에게 주려 한다」 중 서문

큰아들 학연에게 이 말을 전해 들은 다산은 아직 마르지 않은 눈물을 흘렸다. 학연은 깡마르고 몰라보게 늙어 버린 아버지를 보고 더욱 울었고, 다산은 "한스럽네 거위장에서 자던 잠을 깨고 나서, 은공을 갚으려 해도 구리쟁반을 줄 곳 없어"(「아롱곡 4수, 이주신에게 주려 한다」 중에서)라고 한탄했다.

나무와 꽃, 우물가 아낙네들의 앞섶과 치마가 흐드러지는 봄, 다산의 마음도 흐드러진다. 아무리 두문불출한다 해도 밥은 먹어야 하고

화장실도 오고 가야 한다. 그사이 대나무 가지처럼 말라 가는 다산의 모습을 본 주모나 그녀의 아들, 그리고 동네 사람들이 걱정하는 소리가 찢어진 창호지 문틈으로 새어 들어온다.

"일단 몸성히 살고 봐야재. 골방에서 돈이 나와, 쌀이 나와?"

다산은 자신을 보는 눈이 달라져 감을 느끼면서 홀로 방 가운데 우두커니 앉아 마음을 비웠다. 가끔씩 던지는 주모의 말과 표정에서 뜨거움을 느끼고 큰아들이 가져온 따뜻한 마음들과 더불어 강진에서 처음 맞는 봄이 서서히 다산을 움직이게 했다. 넉 달 동안 마음속에 응어리진 억울함과 분노가 풀렸을까. 모든 것을 내려놓고 그래서 진정 자유를 얻었던 것일까.

다산은 봄을 건너며 묵은 때를 털어 내고 갑자기 벌떡 일어났다. 그의 마음은 기쁨으로 가득 차올랐다. "내 인생에서 이제야 한가로움을 얻었구나!"

들에는 크고 작은 풀들이 푸르른데
술기운이 몽롱한 나그네 심사라니.
제비가 살림 차려 봄은 벌써 적적하고
살구꽃이 열매되어 해도 이미 길어졌네.
북원北苑(남당南唐의 화가 동원董源의 자字)의 배 안에서 그림이나 구경하고
동파東坡가 유배지에서 읊은 시나 화답하지.
이 모두가 세월이 병골을 속이는 건지
귀밑에 흰머리가 몇 개 더 돋아났네.
　　　　　　　　　　　　　　—「늦은 봄에 홀로 앉아서」(1803년 작)

주모는 술집 작부가 아니었다

술과 밥을 먹으러 동문 매반가에 들르는 병졸이나 아전들은 주모에게 천주학쟁이 다산은 별다른 점이 없는지, 대역 죄인의 생김생김은 어떤지, 국왕 측근이었던 사람은 얼마나 똑똑한지에 대한 것들을 물었을 것이다. 주모는 뭐라고 대답했을까?

"코 달린 데 코 달리고 입 달린 데 입 달린 사람인디 뭔 소리당가."

초기에는 서로를 잘 몰랐을 것이다. 그러나 사람에게는 누구나 첫인상과 그 느낌이 있는 법. 다산은 주모에 대해서 자세한 기록을 남기지 않았다. 그러나 다른 소소한 기록을 통해 주모의 모습과 행동을 느낄 수 있다. 세상만사 달고 쓴 모진 풍상 다 겪었을 테니 툭툭 던지는 말마다 해학과 깊은 뜻이 녹아들어서 다산도 조심스러워하고 서객인 아들도 어머니를 조심스러워했다. 술과 밥을 팔지만 요란하거나 수다스럽지 않고, 무뚝뚝하지만 그 속에 깊은 심지가 자리했다.

"방구석허고 웬수졌나, 구들장 짊어지면 돈이 나와 밥이 나와!"

"맴이 편해야 몸이 성하재, 그래야 훗날이 뵐 것 아닌가!"

"궁리만 헌다고 수가 생긴당가, 움직여야재."

던지는 말마다 뼛속으로 스며든다. 아쉬운 사람은 다산이었지만 주모가 먼저 말을 걸었을 것이다. 부침개 한 접시 들고 가 맛보라고 권하면서 말이다.

"워따매, 날씨가 엄청 좋네! 요런 날 구들장만 짊어지고 있으맨 쓰겄소. 바람이라도 쐬어야재. 이거 잡숫고 한 바퀴 돌고 오쇼! 그래야 힘 나재."

그녀의 말에 다산이 움직이기 시작한다. 주변을 돌아보면서 마음

다산이 기거하던 동문 매반가의 사의재四宜齋 내부

을 다잡는다.

어느 날, 저녁을 먹고 나서 다산은 주모와 한가롭게 이런저런 이야기를 나누었다. 그러다가 주모가 갑자기 정색을 하고 물었다.

"영공令公(종2품 벼슬아치에 대한 존댓말)은 많이 배웠응께 요런 뜻을 알 것이구만이라우. 부모 은혜는 말이요잉 모다 같은디 에미 수고가 솔찮이 많지 않것소잉, 안 그려요. 그런디 성인은 사람 교육시키구 감화시키는 일을 허맨서 말이요이, 애비는 중히 여기구 에미는 가벼이 여기구, 뭐시냐 그기다 성씨는 애비를 따르게크롬 허고, 초상 때도 성긴 마포베로 맹글어 입힌 옷인 상복도 말이요이 에미는 낮추고, 또 애비 쪽 일가붙이는 가깝께크롬 허맨서요 에미 쪽 일가붙이는 안중에도 안 두구 무시허니께, 이건 솔찮이 잘못된 게 아니랑가요?"

"아버지께서 나를 낳으셨기 때문에 옛날 책에도 아버지는 자기를 낳아 준 시초라고 하였소. 어머니의 은혜가 비록 깊기는 하지만 하늘이 만물을 내는 것과 같은 큰 은혜를 더 소중하게 여기기 때문인 것 같소."

"영공의 말씀은 흡족허지 않구마잉. 지가 그 뜻을 헤아려 봉께, 가만 있자 풀들과 나무에 비교해 보맨 말이요잉 애비는 종자요, 에미는 토양이라 허지라우. 그 종자를 땅에 뿌리 놓으맨 지극히 보잘데기 없서도잉 길러내는 공이 크당께요. 그란디 밤톨은 밤이 되구 배씨는 배가 되듯이 고려케크롬 맹글어 내는 기는 토양의 기운이라고는 허것지만 끝에 가설라무네 같은 동아리로 낭구어지는 것은 말이요잉 모두가 종자로부터랑께요. 그러니께 옛시적에 말이요잉 성인들이 공부시키구 감화시키는 일들을 만들고 뭐시냐 예의를 제정허게 된 뿌리는 모르긴 혀도 요것으로부터 연유헌 것이 아닌가 헌디 어떻크롬 생각하신당가?"

"옳으신 말씀이십니다. 제가 크게 배웠습니다."

다산은 형 정약전에게 보낸 편지에 "뜻밖의 일로 크게 깨닫고 경계하며 깨우쳐서 주인집 할머니를 공경하게 되었다"라고 적었다. 또한 "하늘과 땅 사이에서 지극히 정밀하고 미묘한 의미가 밥을 팔면서 세상을 살아온 주인집 노파에 의해 겉으로 드러나게 될 줄이야 어느 누가 알았겠는가? 신기하기 이를 데 없다"(「둘째 형님께 올리다」 중에서)라고도 했다. 동문 매반가 주모는 우리가 사극에서 흔히 보던, 술 팔고 밥 팔던 평범한 주모는 아니었던 모양이다.

퉁명스럽게 한두 마디씩 던지는 말투로 보아 밥 파는 무식쟁이 할머니라고만 생각했는데, 갑작스럽게 삶의 본질을, 그것도 아주 쉽게 정곡을 찔러 말하자 다산은 놀라지 않을 수 없었다. 일설에는 주모가 자신의 딸 문제 때문에 이런 이야기를 꺼냈다고도 한다. 주모에게는 딸이 하나 있었는데, 그 딸과 다산의 사이에서 딸아이를 낳았다고 한다. 자신의 딸이 아이를 낳으니 주모 입장에서는 딸 문제가 걱정거리였고 그 걱정을 빗대어 한 이야기라는 것이다.

다산이 둘째 형님께 보낸 편지에서 언급한 것 이외에 주모에 대한 기록은 없다. 그녀의 남편에 대한 언급도 전혀 없으니 일찍 사별하고 자식을 가르치며 생계 수단으로 주막집을 하지 않았나 생각된다.

'술막' 또는 '숫막'이라고도 했던 주막은 술과 함께 밥도 팔고 때로는 여관의 기능도 하던 곳이다. 그렇다면 동문 매반가는 어땠을까? 한양이나 평양 같은 도시에서는 술만 팔았지만 시골에서는 식당과 숙박업을 겸했다. 일반 서민은 주막을, 관리는 역이나 원을 이용했다.

당시 탐진현은 지금과는 달리 관할 지역이 넓었다. 지금 완도군으로 분리된 고금도와 약산도, 신지도, 완도 등 완도 전체와 해남의 일부가 전부 강진 땅이었고, 제주도를 오가는 뱃길이라 탐진이라 불린 곳

이었다. 따라서 서문과 남문, 동문 인근은 항상 동헌에 일 보러 오는
사람들로 붐볐을 것이다. 더구나 동문 인근은 아전들이 모여 살던 곳
이라 더 붐비지 않았을까. 그 당시 강진에서 가장 붐비는 곳이었을지
도 모른다. 김홍도의 풍속화첩 주막 그림에 나오는 주막집보다도 더
번잡하고 컸으리라.

누구 채마밭 빌려 줄 사람 없소

아침저녁으로 주모가 툭툭 던지는 말에 다산의 마음이 움직였던 것일까, 누에 치며 가난과 싸우고 있을 아내 때문이었을까, 봄이 와서였을까.

부지런하고 꼼꼼한 다산은 마음을 다잡고 조금씩 주위를 돌아보았다. 농사짓고 고기 잡는 모습, 저잣거리에서 사람들이 살아가는 모습을 살피면서 무엇을 하고 어떻게 살 것인가 고민하기 시작했다. 사람들의 대화를 엿듣고 그 대화에 끼어들기도 하면서 이것저것 많이 물었다. 그냥 지나치지 못하는 성격 때문에 현장에서 의문이 풀리지 않으면 돌아와 주모나 그녀의 아들에게 묻기도 했을 것이다.

조선 시대에만 강진에 귀양 온 사람이 무려 90명이었다. 호송관이 그 사람들을 압송해서 강진현감에게 넘기면 그들이 동냥을 하든, 서생 노릇을 하든, 품팔이를 해서 살든 스스로 살도록 하는 게 관행이었다. 재산깨나 있는 사람들은 하인을 거느리고 집에서 보내온 생활비로 살았고, 그렇지 못한 사람들은 현지에서 일하며 입에 풀칠을 해야 했다.

강진에 유배자가 많았던 이유는 서울에서 멀리 떨어져 있는 데다 호남에선 예로부터 '서 순천 동 강진'이라 불릴 정도로 살기 좋고 풍요로운 곳이었기 때문이다. 유배자가 의식주를 쉽게 해결할 수 있어야 한다는 기본적인 배려였던 것 같다. 그 당시 강진은 대도시였다. 동시대 한양 인구가 대략 30만 정도였는데 강진에는 적게 잡아도 5만이 넘는 사람들이 살고 있었다. 거기에 내륙 깊숙이 들어와 있는 뱃길 때문에 제주도와 인근 섬을 잇는 교통로로 이용되어 유동 인구 또한 많았다. 유동 인구, 군인, 상주 주민을 합하면 최소한 5만 이상이 움직이는 상업도시였다. 물산이 풍부하고 정보의 이동 또한 빨라서 생활수준이 높았다. 다산이 유배 온 이후 1802년에는 아랍인들이 탄 배가 표류해서 강진만으로 흘러들어 오기도 했다. 강진은 일본과 중국, 동남아의 뱃길이어서 해외에서 들어오는 정보가 많았다. 이것이 경남 김해로 유배 간 이학규가 다산을 부러워한 이유이기도 했다.

아침을 냉수 한 그릇으로 때우고 두문불출하면서 지냈지만 생활비가 만만치 않게 들었다. 온 집안이 풍비박산 나 돈을 보내올 곳이 없으니 아내와 어린 아들에게 의지할 수도 없었다. 예전에 다산의 아버지는 벼슬살이를 하여 온 가족을 먹여 살렸지만 청렴하여 큰 재산을 모으지 못했다. 큰형은 벼슬을 하지 않아 재산이 없고, 작은형은 유배 중이고, 셋째 형은 사형당해 나머지 가족들은 떠돌이 생활을 했다. 다산 자신은 벼슬살이랍시고 겨우 11년 했을 뿐이고, 그나마도 대쪽 같은 성격에다 친구와 술을 좋아해 재산을 모을 수가 없었다. 벼슬살이하는 동안 마련한 조그만 농장 하나에 온 식구가 매달려 있었는데, 이것으로는 마재에 있는 식구들이 먹고살기에도 부족했다. 오죽하면 형수들이 다산이 해배되어 돌아오기만 기다렸을까. 생활의 여유를 갖기 위해서는 다산이 예전처럼 벼슬살이를 하는 길 이외에는 방법이 없었다.

다산은 자구책을 찾아야 했다. 가까이에서 매일같이 다산을 지켜보던 주모는 굳이 말하지 않아도 그의 딱한 사정을 알 수 있었다. 굶기를 밥 먹듯이 하니 알게 모르게 도와주는 것에도 한계가 있었다. 처음에 주모는 다산이 마음을 다잡을 수 있도록 한마디씩 해 주었다. 그러다가 틈이 보이자 구체적인 방법들을 제시했을 것이다. 밥과 술을 먹으러 오는 아전이나 병사들을 붙들고 동네방네 소문을 내기 시작했다.

"정공은 이 조선 땅에서 글쟁이로 소문났당께! 학비도 싸!"

귀에 거슬리는 말도 있었지만 자신을 도우려는 주모의 따뜻한 마음을 알기에 다산은 짐짓 모른 척했다. 소문을 듣고 공부하기 싫어하는 아전의 자식이나 가난한 집 아동들이 몰려들기 시작했다. 그들 중에는 아둔한 이들도 있었으나 빛나는 학동들도 있었다. 이로 인해 생계가 해결되자 다산은 자식들이 생각났다. 생활이 안정되어야 공부를 할 수 있을 테니 다산은 그 방안부터 자식들에게 가르친다.

채마밭 가꾸는 요령은, 모름지기 땅을 매우 평평하고 반듯하게 해야 하고, 흙을 다룰 때는 아주 잘게 부수고 깊게 파서 분가루처럼 부드럽게 해야 한다. 씨는 매우 고르게 뿌려야 하며, 모종은 아주 성글게 해야 한다. 아욱 한 이랑, 배추 한 이랑, 무 한 이랑씩 심어 두고 가지나 고추 종류도 각각 구별해서 심어야 한다. 그중 마늘이나 파 심는 일에 주력해야 하며, 미나리 또한 심을 만한 채소다. 한여름 농사로는 오이만 한 것도 없겠다. 절약하고 농사에 힘쓰면서 아울러 좋은 평판을 얻을 수 있는 것이 이 채마밭 가꾸는 일이다.

―「두 아들에게 부친다」 중에서(1802년경 작)

다산이 채마밭 가꾸는 법이나 과수 심는 법을 강진에서 배웠는지, 아니면 전부터 알았는지는 알 수 없다. 그러나 위 글을 보면 그것을 자식들에게 꼼꼼하게 가르쳤다는 것만은 알 수 있다. 누에 치는 어머니를 도와 굶주림에서 벗어나도록 하기 위해서였다. 다산은 지팡이를 짚고 동문 매반가 주변 채마밭을 자주 살펴보곤 했다. 농사짓는 모습과 채소가 자라는 모습을 지켜보며 채마밭을 일굴 빈터가 없을까 열심히 찾았다. 하지만 바닷물과 갯벌 천지인 읍성 근처에 채마밭을 일굴 빈

터라곤 찾아볼 수 없었다. 평소에 직업이 있더라도 원포園圃(과실나무와 채소 따위를 심어 가꾸는 뒤란이나 밭)를 가꾸겠다고 생각했던 다산은 그의 글에서 "내가 살아갈 꾀라곤 채마밭 가꾸는 일밖에 없다. 좋은 채소는 시장에 내다 팔아서 생활비에 보태고, 나쁜 채소는 국을 끓이거나 쌈과 나물을 해 먹으며 남에게 구걸하지 않고 배불리 먹을 수 있다"라고 했다. 그러나 이런 소박한 꿈마저 이루기가 쉽지 않았다.

나는 원래 채마밭 가꾸기를 좋아하는데 유락한 이후로는 더욱 할 일이 없어 그러한 생각을 한 지가 오래지만 땅이 좁고 힘이 못 미쳐 지금까지 그리 못 하고 있다. 그러나 마음으로는 늘 잊지 않고 있다. 이웃에 규모가 작은 채마밭을 가꾸는 사람이 있어 때때로 가서 그것을 보고, 보고 나면 마음이 또 편안해지고 한 것만 보아도 내 천성이 그걸 좋아하고 있음을 알 만하다. 옛날 마정경馬正卿(소동파와 종유하던 무명의 인사)이, 장공長公(소동파를 말함)에게 땅을 주어 그로 하여금 직접 농사를 짓게 하자고 청한 일이 있어 그에 대한 시 8편을 남긴 일이 있었는데, 지금은 시대도 그때와는 다르고 의리도 그때에 비하면 퇴색되어 있어 그것을 바랄 수는 없는 일이기에 서글픈 마음으로 이 시를 써 내 뜻을 나타내 본다.

읍리(강진읍)에 사람이 많이 사니
한 치의 땅인들 묵혀 두리오.
질펀한 벼와 보리가
푸르고 누런 게 한눈에 들어온다.
시골 풍속은 구기자를 먹지 않아

긴 가지가 짙푸르고 무성하며,
씨앗을 너무나 배게 뿌려서
무도 제대로 자라지 못하네.
가장 싫은 게 콩잎국인데
모두가 양고기처럼 즐긴다.
누가 만약 채마밭을 빌려 준다면
그 은혜 참으로 잊기 어려우련만.

— 「소장공 동파 시에 화답하다」 중 '서문'과 '제5수'(1805년 작)

　　원래부터 채소 가꾸기를 좋아하였다고 술회한 다산은, "유락한 이 후로는 더욱 할 일이 없어 그러한 생각을 한 지가 오래지만 땅이 좁고 힘이 못 미쳐 지금까지 그리 못 하고 있다"라며 채소를 가꾸는 이웃 사람의 모습을 보고 나면 마음이 편안해진다고 했다. 그리고 다산은 이 것이 자신의 천성이라고 말한다. 하지만 다산이 아무리 속마음을 드러내 보아도 채마밭을 사 줄 사람은 없었다.

　　주모도 다산의 마음을 눈치채고 도와주고 싶었겠지만 해결할 수 없었을 것이다. 채마밭 가꾸기가 여의치 않아지자 다산은 오로지 글 쓰는 일에만 매달린다. 그러나 다산은 여기서 포기하지 않았다. 쉽게 해결하지는 못했지만 그로부터 6년 후 드디어 채마밭을 갖게 된다.

곤궁해야 글을 쓸 수 있느니라

좁은 골방에서 할 수 있는 일이란 글을 쓰고 읽는 것뿐, 다산에겐 오직 붓과 다 해지도록 읽은 몇 권의 책만이 친구일 뿐이었다. 감시의 눈이 번득이고 있을 때이니 다른 일을 찾아 움직일 수도 없었다. 좋은 문구가 생각나면 그 생각에 빠져 기쁨 속에 젖어 있다가 갑자기 서글 퍼지기도 했다. 이렇게 글을 써 봤자 누가 이 글을 보관하고 읽어 줄 것인가. 몇 년이 지나 자식들이 훌쩍 커 버리면 얼굴도 알아보기 어려 울 텐데, 하물며 내 글까지 읽어 줄 것이라고 기대할 수 있을까. 다산 은 자식 교육의 중요성을 깨닫는다.

나는 천지간에 외롭게 살면서 의지하여 운명으로 삼는 것은 오직 시문詩文을 짓는 일뿐이다. 간혹 한 구절, 한 편의 마음에 맞는 글 을 짓게 되면 나 혼자만이 읊조리고 감상하다가 이윽고 '이 세상 에서 오직 너희들에게만 보여 줄 수 있다'고 생각하는데, 너희들은 문자 보기를 멀리 연나라나 월나라처럼 하여 쓸모없는 물건처럼 여기고 있구나. 세월이 흘러 몇 해를 지나, 너희들이 나이가 들어 기골이 장대해지고 수염이 길게 자라 얼굴을 대하면 미워질 것인 데, 그때 이 아비의 글을 읽으려 하겠느냐. 내 생각에는 조괄趙括(전 국시대 조趙나라의 명장인 조사趙奢의 아들)이 아비의 글을 잘 읽었으니, 훌 륭한 자제라고 여겨진다. 너희들이 만일 독서하려 하지 않는다면 이는 나의 지시가 쓸모없게 되는 것이요, 나의 저서가 쓸모없게 되 면 나는 할 일이 없게 되어, 장차 눈을 감고 마음을 쓰지 않아 흙으 로 만들어 놓은 우상이 될 것이니, 그렇게 되면 나는 열흘도 못 되어 병이 날 것이요, 병이 나면 고칠 수 있는 약도 없을 것이다. 그렇다면 너희들이 독서하는 것이 나의 목숨을 살리는 일이 아니겠느냐. 너희들은 이것을 생각하여라.

—「두 아들에게 부친다」 중에서(1802년 작)

당시는 다산이 글을 쓰며 서당을 열어 읍성의 아전 자식들을 가르칠 때이다. 아전 자식들을 볼 때마다, 특히 똑똑해서 하루가 다르게 달라져 가는 제자들을 볼 때마다 자식들이 눈앞에 어른거렸을 것이다. 다산은 아전 자식들을 가르치면서 두 아들의 장래를 떠올리며 노심초사했다. 그래서 아들들을 어떻게든 공부시키려고 안달이었다. 사실 앞으로 가장 큰 후원자가 되어 자신의 저서를 알려 줄 자식들이 무식자라면 글을 쓰는 것은 헛된 일이 될 터였다.

다산이 자식들과 1801년부터 1816년까지 주고받은 편지가 지금까지 스물여섯 통 남아 있다. 초기 다산의 편지는 유배지에서의 고통을 호소하면서도 공부 열심히 하고 어머니께 효도하라는 내용이 많다. 자신도 "예의에 대한 공부는 쉬지 않았다"고 강조하고 있다. 덧붙여 "곤궁해야 글을 쓸 수 있고, 조용한 곳에 살아야 정미한 뜻을 터득할 수 있다. 책을 읽을 때는 보탬이 될 곳은 뽑아 모으라"고 충고했다.

그것은 자식들에게 귀감을 보이려는 것과 동시에 스스로에게 한 다짐 같은 것이었으리라. 실제로 다산은 강진 유배 18년 동안 6백여 권을 저술하여 그 다짐을 지켰다.

근래 사대부 집안의 부녀자들이 부엌에 들어가지 않은 지 오래다. 네가 잠시 생각해 보거라. 부엌에 들어간들 무엇이 그리 손해가 되겠느냐? 다만 잠깐 연기를 쏘일 뿐이다. 연기 좀 쏘이고 시어머니의 환심을 얻으면 효부라는 명성을 얻고 법도 있는 집안임을 드러내는 것이니, 이 어찌 효성스럽고 지혜로운 일이 아니겠느냐?

또 너희 형제는 새벽이나 늦은 밤, 겨울에는 방이 따뜻한지 여름에는 방이 시원한지 항상 점검해라. 자리 밑에 손을 넣어 보고 차면 따뜻하게 몸소 불을 때 드리되 이런 일은 노비를 시키지 말도록 해라. 그 수고로움 또한 잠깐 연기를 쏘이는 일에 지나지 않는 것이지만 네 어머니의 기쁨은 마치 맛있는 술을 드신 것과 같을 것이다. 그런데 너희들은 어찌 이런 일을 즐겨 하지 않느냐? (…) 두 아들이 효자가 되고 두 며느리가 효부가 된다면 나는 유배지에서 늙는다 해도 유감이 없을 것이니, 힘써 효도해라.

—「두 아들에게 부친다」 중에서(1802년 작)

다산은 억울한 일로 멀리 혼자 떨어져 있으면서 가족의 소중함을 절절히 느꼈으리라. 외갓집이 곁에 있지만 감시의 눈초리를 의식해서인지 소식도 없고 한두 명이 편지를 보내올 뿐 찾아 주는 친구 또한 없다. 주머니가 두둑하면 술을 친구로 삼으련만 끼니도 거르는 판에야. 다산은 "물 한 잔 먹고 온종일 굶으니" 가족 생각이 더욱 간절했을 것이고 "불경대는 찰밥 내던지던 일 후회하고", 마누라한테 투정 부리던 일을 후회했다. 그러면서도 둘째 아들 학유學游가 술 먹고 아버지에 대해 불평한다는 소식을 듣고 자책하며 자식들의 앞날을 더욱 근심했다. 그래서 자식들에게 어머니를 도와 부엌일도 마다하지 않는 효자, 효부가 되라고 가르친다. 두 아들에게 다산의 가르침이 잘 전해졌는지, 다산은 「집사람이 누에 친다는 말을 듣고」라는 시에서, "뽕은 어린 딸을

시켜 따 오게 하고, 잠박은 사내자식들더러 치라지"라며 아내를 도와 누에 치는 착한 자식들을 노래하고 있다.

두 자식이 다 조정에 있을 감들인데
풀이 꺾여 오두막지기가 되었구나.
두 눈에는 백 년 두고 눈물이요
석 달 만에 오가는 서신 한 통.
부지런히 보리농사 수확하고
처량하지만 채소 심는 법 배우거라.
복희 문왕의 옛 심법心法을
너희 아니면 누가 내 뒤를 이을 것이냐.

－「일곱 그리움」 중에서(1804년 작)

두 모자가 함께 돕다

여기서 동문 매반가 주모의 아들에 대해 살펴보자. 흔히 조선의 세 가지 큰 폐단으로 '평양의 기생', '호서의 양반', '전라도 아전'을 꼽는 다. 다산은 이곳으로 유배 와서 조선의 큰 폐단 중 하나인 '전라도 아 전'의 폐해를 직접 목격했다. 그리고 이를 시로 써서 고발했다.

아전들이 용산촌에 들이닥쳐서
소를 찾아내어 관리에게 넘겨주는데,

소 몰고 멀리 사라지는 걸

집집마다 사립문에 기대어 바라보는구나.

수령의 노여움만 힘써 막으려 하니

누가 가난한 백성들의 고달픔을 알아줄까.

유월에 쌀 찾아 바치라 하니

모질고 고달프기 수자리(국경을 지키던 일)에 비할손가.

(…)

마을 모양새가 이 꼴인데

아전 놈 왜 가지 않고 앉아 있을까.

쌀뒤주 바닥난 지 이미 오래인데

무슨 수로 저녁밥 짓는단 말인가.

죽치고 앉아 남 못살게 하는 놈

온 마을 사람들 모두가 목이 메네.

끌고 간 소 포를 떠 고관 집에 바치니

관리들 출셋길이 이로써 결정되네.

―「용산촌의 아전」(1810년 작)

관리들의 횡포는 정도의 차이만 있을 뿐 예전이나 지금이나 똑같다. 백성들이 아전들에게 당하는 모습이 너무나 생생하다. 용산촌(용산은 현재 도암면 용흥리) 아전의 횡포를 미루어 보면 파지대면의 아전(「파지리」波池吏), 해남 아전(「해남리」海南吏) 들의 횡포를 각각 짐작할 수 있다.

동문 매반가 주모의 아들은 조선 시대에 악명 높기로 유명한 호남 아전들을 돕는 서객이었다. 그는 호남의 최고 서객 김동검金東儉과 어깨를 나란히 한 실력자였으며, 병영과 감영의 아전이나 군과 현의 아전들이 남을 속여 벌이는 간사한 짓을 훤히 알고 있었다. 다산이 이를 보고 그냥 넘어갈 리 없었다.

다산은 기다리던 주모의 아들이 집으로 돌아오자 반갑게 물었다.

"전주全州에서 전후 수십 년 내의 호방비장戶房裨將(호구, 공부, 전곡 담당) 가운데 누가 가장 신령스럽고 사리에 밝아 아전들의 속임에 당하지 않았는가?"

그는 자신 있게 대답했다.

"한 되와 한 홉의 십분지 일이라도 종내 속이지 못허게크롬 허는 자는 말이요이, 왔다 김동검 한 사람뿐이랑께요. 딴 사람 이름 석 자는 당최 듣지도 보지도 못했구만이라우. 워째 그러냐 허맨 말이라우, 첫째는 말이요이, 나눠 주고 저장해 두는 법이 불법인 게 그기 원인이 있구요이, 두 번째는요이, 관리가 일 보는 방법이 따로따로인 디 원인이 있구요잉, 세 번째는 말이요이, 거둬들이는 것과 감소허는 것이 같지 않은 디에 원인이 있어라우. 네 번째는요이, 각종 곡식의 값이 변하는 디 원인이 있당께요. 이렇크롬 이동허는 변천이 구름과 노을이 변하는 것처럼 순간이어라우. 달도 틀리고 날도 바뀌게 참말로 매음을 쪼깨도 잡된 것이 섞이지 않게크롬 순수허게 허고 눈을 밝게 허지 않으맨이라우, 당최 알아차릴 수 없당께요."(「아우 횡에게 주는 말」 중에서)

주모의 아들은 관찰력과 계산 능력이 뛰어난 인물이었다. 주모 아들의 이 말은 다산이 『목민심서』牧民心書를 저술하는 데 많은 도움이 된다. 『목민심서』는 다산이 여러 해 자료를 모아 해배되던 해인 1818년 완성한 것으로, 민생과 관련된 그의 저서 중 내표적인 삭품이다. 다산은 이 책에서 한 고을을 맡아 다스릴 목민관이 지녀야 할 정신 자세와 치국안민을 실현하는 구체적인 방법론을 제시하고 있다.

『목민심서』는 48권 16책으로 구성되어 있다. 「부임」赴任, 「율기」律己, 「봉공」奉公, 「애민」愛民, 「이전」吏典 등 총 12편이고 각 편은 다시 6조로 나뉘어 72조로 되어 있다. 「이전」 제1조 '속리'束吏(아전을 단속함)에 보면 "아전을 단속하는 근본은 스스로의 처신을 올바르게 하는 데 있다. 그 자신이 바르면 명령하지 않아도 행해지고, 그 자신이 바르지 못하면 비록 명령을 하더라도 행해지지 아니할 것이다"로 시작하여 "아전들의 농간에는 대개 사史가 주모자가 되니, 아전의 농간을 막고자 한다면 그 사가 두려워하게 하고, 아전의 농간을 들추어내려면 그 사를 잡아내야 할 것이다"로 끝맺고 있다.

'사'史란 서기書記, 즉 서객을 말한다. 창고의 곡식을 속이고 전세田稅를 몰래 빼돌려 산속에 감추고 덤불 속에 숨겨도 그 수량을 아는 자는 오직 사뿐이니, 농간을 막고자 한다면 그 사를 잡아내야 한다. 이 「이전」 제1조는 서객인 동문 매반가 주모의 아들에게 도움을 받아 쓴 것이다. 어쩌면 다산과 매반가와의 인연은 필연일지도 모른다.

다산이 물질적으로나 정신적으로 가장 곤궁했던 시절이 동문 매반가에서 지낸 4년 동안이다. 오죽하면 채마밭을 빌려 주면 그 은혜를 잊지 않겠다고 시를 지었을까. 그런 그에게 거처할 방을 내주고 아전들의 자식을 가르칠 수 있도록 호구지책까지 마련해 준 주모가 존경스럽고 고맙다.

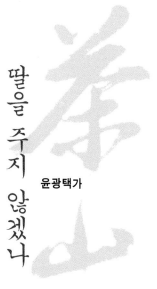

딸을 주지 않겠나

윤광택가

반가운 사람이 찾아왔다

항촌項村(강진군 도암면 소재지에 있는 마을)이 발칵 뒤집어졌다. 1801년 2월이 끝나 갈 무렵, 다산이 아직 유배 오기 전이었다. 항촌을 발전시킨 집안의 장손인 옹산 윤서유尹書有(1764~1821)가 영문도 모른 채 전라 병마절도사영(강진군 병영면에 있던 군영)에 끌려갔기 때문이었다.

윤서유의 아버지 윤광택은 죄지을 사람도 아니거니와 지금까지 죄지은 적도 없는 아들을 위해 백방으로 수소문해 봤지만 뾰족한 수를 찾을 수 없었다. 과묵하고 강직한 윤서유는 취조에 당당하게 임했다. 그리고 취조를 받으면서 비로소 끌려온 이유를 알게 되었다. 바로 다산과 친하게 지냈다는 것이었다. 윤서유 집안은 다산의 외가인 해남 윤씨와 한 씨족으로 양가의 부모들도 가까이 지냈다. 특히 다산은 6촌 형제인 윤지충과 지범持範, 지눌持訥(1762~1815) 등과 인척이면서 친구

관계였다.

"이가환을 만난 것은 물론이고 다산 형제의 집이 있는 마재까지 천리길을 마다 않고 만나러 다녔으면서 천주학을 모른다니, 똑바로 말 하라!"

윤서유는 자신의 행적을 정확히 꿰뚫고 있는 사람들 앞에서 천주교를 믿느냐, 믿었느냐 여부를 집중적으로 조사받았다. 그리고 다행히 무죄가 입증되어 풀려났다.

가슴을 쓸어내리고 있는데 그해 겨울 다산이 강진으로 유배를 왔다. 아버지 윤광택도, 아들 윤서유도 시간이 갈수록 부담을 느꼈다. 다산을 들여다봐야 했지만 그랬다가 또 어떤 죄목으로 끌려갈지 모를 일이었다. 아버지와 아들은 거의 1년을 고민했다. 겨울이 가고 봄이 가고 여름이 갔다. 머리를 맞대고 고민하다가 사촌 조카인 윤시유 尹時有(1780~1833)를 가만히 동문 매반가로 들여보냈다. "직접 잠을 재워 주고 먹여 주지 못할망정 국법이 두려워서 겁을 먹고 있다가 끝내 안부도 묻지 못했다"라는 전언과 함께 은밀히 고기와 술을 들려 보냈다. 첫 방문자를 보고 주모가 호들갑을 떨었다.

"귀한 양반이 찾아왔구만이라우, 금방 나와 보시랑께!"

토방에서 주모가 작은 목소리로 채근이다. 이미 땅거미가 깔려서 겨우 얼굴을 알아볼 정도였다. 주변이 조용해서 작은 목소리도 크게 들린다. 반갑기는 했으나 전혀 모르는 사람이다. 윤서유의 사촌 동생이라는 말을 듣고 보니 닮은 것 같기도 하다. 궁핍하고 어려운 때라 전언을 듣는 것만으로도 목이 메고 눈물이 맺힌다.

한편으론 외갓집 인근으로 귀양 왔는데 인척과 친구들이 해를 넘겨 가을이 되도록 자신을 찾지 않는 것이 못내 서운했다. 아무리 천주교에 대한 탄압이 심하기로서니……. 따라서 첫 손님은 다산이 마음을 다잡고 어려움을 이겨내는 데 큰 힘이 됐다.

윤서유는 감시가 느슨해지자 직접 강진 읍내로 다산을 찾아왔다. 몰라보게 달라진 다산을 보고 윤서유는 할 말을 잃었다. 잘나가던 때는 얼굴 보기도 힘든 친구였다. 팔팔하던 기개는 어디로 가고 대나무 가지처럼 마른 주름투성이 얼굴을 보니 눈물이 앞을 가렸다. 다산 또한 마음을 다잡아 가고 있었으나 윤서유를 보자 그동안 맺혔던 슬픔이 왈칵 몰려왔다. 자신의 몰골이 창피스럽기도 했다.

"곤욕을 당하고 봉께 겁나서 요로케크롬 늦어 부렀네, 참말로 미안하이."

"뭐시야! 시방 급허게 도울 것이 있는가? 독헌 놈들! 바로 옆에다 묶어 두고 옴짝달싹 못허게시리 눈을 부라리고 있으니 어찌헐 수가 있당가이."

조심스러웠지만 윤서유는 비밀리에 다산을 돕기 위해 발 벗고 나섰다. 우선 깡마른 다산의 몸보신을 위해 하인들을 시켜 영양가 있는 음식들을 제공했다. 그리고 다산의 소개로 1800년 겨울에 강진현 고금도로 유배 와 있던 김이재를 만나며 다산이 자유롭게 움직일 수 있도록 돕기 시작했다.

소 잡는 일을 아무나 하나

윤광택 부자父子는 동문 매반가 주모에 이어 두 번째로 다산을 도

운 사람들이다. 다산이 가장 궁벽했던 유배 초기, 이안묵 현감이 두 눈
을 부라리고 있을 때 위험을 무릅쓰고 맨 처음 동문 매반가를 찾은 사
람들이기도 하다.

옛날에는 도암면 소재지와 도암 들 전체가 항촌이었다. 윤광택 가
문의 위세를 알 만하다.

나(다산)의 선인先人께서 화순현감和順縣監으로 있을 때에 백련동白
蓮洞(현 녹우당으로 다산의 외가)으로 놀러 가면서 강진으로 길을 경유하

여 목리牧里(항촌을 잘못 표기한 듯하다.)의 농막으로 공(윤광택)을 방문했
는데, 즐겁게 이야기하며 하룻밤을 새웠고 시를 지어 주고 이별했
으니 건륭 무술년(1778) 연간의 일이다.

—「자찬묘지명」 중에서

다산의 아버지 정재원 화순현감은 백련동 처갓집에 갈 때 이곳에
서 하룻밤을 묵었다. 윤광택과 정재원은 만나자마자 의기투합하여 소
를 잡아 잔치를 벌였다. 배불리 먹을 수 있으니 항촌 사람들은 물론이
고, 하인들이 더 신이 났을 게다. 아무리 돈이 많아도 농사가 본업인
때 중요한 노동력인 소를 잡아 지나는 길손을 대접한다는 것은 보통
사람의 배포로는 상상하기 어려운 일이다. 윤광택은 긴 수염에 남자다
운 풍모여서 해룡공海龍公이라 불렸다.

그 당시 양반은 아무리 가난해도 글 읽고 과거 공부 하는 것이 당
연했지만, 윤광택은 가난을 걱정하며 과거 공부를 그만두고 농사일에
힘썼다. 실천적인 면에서는 다산 집안과 궁합이 잘 맞았다. 농사일에
힘쓰다 보니 농토를 만드는 법이 눈에 보이고 그래서 간척 사업을 벌
여 부자가 됐다.

여기서 그쳤으면 다른 사람과 다를 바 없었겠지만 윤광택은 번 돈
을 많이 베풀었다. 월하마을에 서당을 건립하여 광악, 광욱, 광어 등 동
생들뿐 아니라 아들 서유와 마을 자제들까지 교육을 시켰다. 또한 장학
회를 설립해 가난한 일가친척들을 도왔다. 인근에 물건을 사고 파는 보
암장寶岩場을 새롭게 개설했는데, 요즈음의 유통업에 해당하는 이러한
분야에도 관심을 가진 것을 보면 한 발 앞선 사고를 가진 사람이었다.

이런 윤씨 집안으로 훗날 다산의 딸이 시집을 오게 된다. 윤광택의 손

자이자 윤서유의 아들인 윤창모尹昌謨(1795~1856)와 혼례를 올린 것이다.

1808년 윤창모(당시 14세)는 다산 밑에서 글공부를 하게 되었다. 다산은 이때부터 친구 아들인 윤창모를 요모조모 살폈다. 윤서유가 술자리에서 아들 자랑을 하며 "딸을 며느리로 주지 않으려가?" 하고 지나가듯 이야기를 꺼냈을지도 모른다. 하지만 결국 깐깐한 다산의 눈에든 것으로 보아 윤창모의 성품이나 외모, 명석함이 남달랐을 것이다. 기록을 보면 다산이 욕심낼 만한 사내임이 분명하다.

다산의 딸은 할아버지 친구인 윤광택을 시할아버지로, 아버지 친구인 윤서유를 시아버지로 모셔야 했다. 그녀는 윤창모에게 시집가라는 말을 들었을 때, 당시엔 오지 중에 오지인 강진 항촌으로 가라는 말을 들었을 때 어떤 기분이었을까? 어머니도, 집안에서도 반대했을 것이다. 본인도 싫어했을지 모른다. 아무리 중죄인으로 몰락한 집안이지만 8대 옥당玉堂 가문이다. 그런 가문의 외동딸이 벽촌으로 시집간다는 것은 파격이었다.

"아버지로도 부족해서 딸까지 귀양을 보낸단 말이냐."

그 당시엔 가장인 다산의 명령이 곧 법이었다. 그대로 따를 수밖에 없었다.

윤창모는 결혼한 후 마재 건너편 한강 기슭인 귀어촌에서 살았다. 그러다 다산이 해배되어 돌아오자 몇 년 동안 마재 인근에 터를 잡아함께 살기도 했으니 사위 노릇을 톡톡히 했다고 볼 수 있다. 윤창모는 오님 향시에 두 번이나 합격하고 증광 진사가 됐지만 아버지처럼 능력을 펼치지 못했다. 하지만 그 아들 윤정기尹廷琦(1814~1879)를 훌륭하게 가르치고 길러 냈으니 대단한 업적을 남겼다고도 볼 수 있다. 외할아버지인 다산에게 배우며 학문에만 정진한 윤정기는 중국 학자 주소백周

少白(주당周棠. 소백은 자. 1806~1876)으로부터 '동국제일문장가'東國第一文章家라는 칭송을 들은 학자가 되었다.

공(윤서유)은 경의經義로 두 번이나 향시鄕試에 합격하였고 북쪽으로 와서 4년이 넘은 병자년(53세, 1816) 가을에 정시庭試 병과 제13인으로 합격하였고 그다음 해에 권지승문원 부정자權知承文院副正字가 되었다.

—「옹산 윤서유 묘지명」 중에서

윤광택가 딸을 주지 않겠나

윤서유는 부유한 집에서 태어났지만 늘 검소했다. 행동이 돈실敦實하고 말을 삼갔으며 문장과 식견이 넓고 뛰어나 속유俗儒들이 미칠 바가 아니었다. 호남형의 외모는 아니었지만 성격은 매우 호탕했다. 똑똑한 사위와 무엇보다 듬직한 벗을 두었으니 이는 다산의 복이었다.

아! 조석루

다산의 유배 초기에 윤서유는 다방면으로 다산을 도왔다. 다산을 돕는 일이 자신을 위하는 일이기도 했다. 그중에서도 음식을 제공해 몸을 추스르게 하고 철저한 감시 속에서 자유롭게 움직일 수 있도록 돕는 게 첫 번째 일이었다. 그를 위해서 자신의 집이 있는 항촌 괴바위 암 인근에서 배를 타고 고금도를 왕래했다. 고금도 청학동에는 다산의 친구 김이재가 유배살이를 하고 있었다. 그는 김이재를 돕기도 하고 다산이 처한 어려움을 토로하며 김이재의 도움을 끌어내기도 했다. 당시 다산은 강진읍성 동문 인근 매반가에서 숨도 제대로 쉬지 못한 채 감시를 당하고 있었다. 강진현감 이안묵 때문에 제대로 움직일 수도 없었다. 이를 안 김이재가 다산과 각별한 사이임을 강진읍성에 퍼뜨려 이속들의 감시를 누그러뜨렸다. 이는 다산에게 큰 도움이 되었다. 서서히 행동반경을 넓혀 가며 강진 이곳저곳을 다닐 수 있었을 뿐 아니라 녹우당에서 책도 빌려 볼 수 있었다. 후에 윤서유가 서울로 이주했을 때 김이재의 도움을 받은 것도 이때의 인연이었으리라.

윤서유는 다산의 행동반경을 넓혀 주고, 가족이 없는 다산의 말벗이 되어 함께 즐기며 위로했다. 윤서유는 다산이 인생을 즐길 줄 알고 문화생활을 누릴 줄 아는 사람이라는 것을 이미 알고 있었다. 다산의 말벗이 되어 생활에 활기를 불어넣어 준 것이다. 인생을 즐길 줄 아는 다산이었지만 그것도 혼자서는 한계가 있었다.

> 우측으로 고개 넘고 냇가를 건너 석문石門에서 바람을 쐬고, 용혈龍穴에서 잠깐 쉬고 청라곡靑蘿谷에서 술 마시고, 농산農山의 별장에서 하룻밤을 지낸 뒤, 말을 타고 다산으로 돌아오는 것이 연례가 되었다.
>
> —「조석루기」 중에서

강진군 도암면 대석문은 조선 시대 전라병영성에서 해남 어란진을 오가는 군사도로였다. 이곳은 바위와 물이 좋아 풍류를 즐기기에 좋은 곳이다. 다산은 이곳을 경유해서 소석문과 소석문 가는 길에 있는, 삼연 김창흡을 비롯해서 조선 시대 유명인들이 들렀던 합장암, 용이 살았다는 용혈, 백련사의 백련결사운동을 주도했던 원묘국사와 천책국사가 머물렀던 용혈암, 수려한 계곡의 청라곡, 월하의 조석루, 433미터의 높지 않은 산과 기암괴석으로 유명한 덕용산과 수양리 주작산 등을 유람하며 풍류를 즐겼다. 만날 때마다 구수한 덕담과 푸짐한 술과 안주와 음악이 있었고 시가 있었다. 다산은 신라와 고려 시대를 통틀어 존경한 세 사람 중 한 사람인 천책국사의 숨소리라도 느끼기 위해 용혈암과 용혈을 자주 찾았다고 한다. 그냥 풍류를 즐기는 것만은 아니었다. 맨 처음 동문 매반가로 자신을 찾았던 윤서유의 사촌동생 시유와는 강진의 모든 산들을 오르내리며 강진만 지도를 작성하게 했다. 완도의 상왕봉까지 오르내리며 강진만 지도를 그렸다. 강진만 풍광을

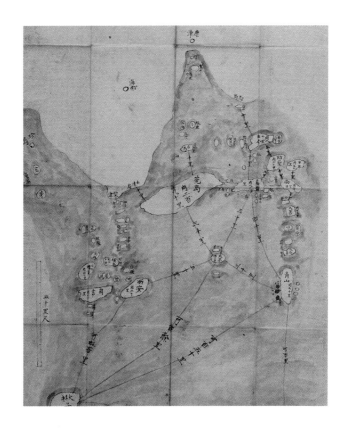

강진만 지도(해남 윤씨 집안 소장)

즐기면서도 그냥 즐기는 것이 아니었다.

세상 사람들이 자랑하는 서산西山이나 남산南山일지라도 용산龍山
의 뛰어나고 아름다움만은 못할 것이며, 또한 왕자유王子猷(자유는
왕희지의 자)와 도원량陶元亮(원량은 도잠의 자) 두 사람이 살았던 지역이
라도 조석루를 세울 만한 요지는 얻지 못했을 것인데, 나는 이미
조석루에서 먹고 자고 하였다.

―「조석루기」 중에서

다산은 자신의 글에서 조석루는 아침과 저녁 두 가지 경치를 다 갖추었다고 하고 조석루 주변은 모두 키가 큰 왕대가 서 있고 대문으로 들어서는 곳만 빼꼼히 뚫렸다고 했다.

대문의 서쪽에 동쪽 언덕을 뒤로 지고 있는 집을 '한옥관'寒玉館이라 하고, 한옥관 남쪽에 열 아름쯤 되는 나무가 우뚝하고도 괴상하게 서 있는 곳을 '녹운오'綠雲塢라고 한다. 녹운오를 돌아 동쪽으로 수십 보 꺾어져 들어가면, 연못 하나가 있어 연꽃을 심고 빨간 잉어를 기르는데 '금고지'琴高池라 하고, 연못가에 정자를 지어 '척연정'滌硯亭이라고 한다. 척연정의 동쪽에 늙은 잣나무 한 그루가 있는데 '국단'掬壇이라 부르고, 서쪽에는 얼음처럼 차가운 샘물이 하나 있는데

'녹음정'鹿飮井이라고 한다. 녹음정 위에는 길이 있어 그곳에서는 시냇물 소리를 들을 수 있는데 '의장해'倚杖蹊라고 하며, 동천東阡의 동쪽에는 빽빽한 소나무가 수없이 많은 곳을 '표은곡'豹隱谷이라고 한다. 서천西阡의 서쪽에는 좋은 재목들이 빽빽이 늘어서 있어서 그늘이 져 쉴 만한데 '앵자강'鸎子岡이라고 하며, 앵자강에서부터 서쪽으로 맑은 시내가 흐르며 붉은 돌이 있어서 몸을 씻으며 즐길 만한 곳을 '수경간'漱瓊澗이라고 한다. 앵자강에서 남쪽으로 백여 보 거리에 초가 한 채를 지어 독서도 할 수 있고 사람들이 나무를 베어 가는 것을 금할 수도 있는데 그곳을 '상암'橡菴이라고 한다. 그리고 옻나무 숲과 감나무 밭이 지형地形을 따라 알맞게 자리 잡고 있으니, 역시 이 누대의 경치를 돕는 풍경이다. 농산農山으로부터 동쪽으로 몇 리쯤 가면 옹중산翁仲山인데, 그의 할아버지를 이곳에 장사지냈으며, 또한 경치가 좋은 정원이 있어, '옹산별업'翁山別業이라고 부른다.

－「조석루기」 중에서

조석루와 옹산별업에 대한 다산의 칭찬이 대단했다. 아마도 친구가 있어 더 아름다웠을 것이다.

인연, 그냥 스치는 게 아니었다

마침 교리校理 김이재가 고이도皐夷島에 귀양 살고 있던 참이라 나(다산)로 인해 공(윤서유)의 형제와도 알고 지냈는데, 그(김이재)가 우

리 사이는 대대로 지내던 교분이 무척 가깝다는 것을 널리 이야기
해서, 이속吏屬들이 모두 깨닫고 마침내 왕래함을 막지 않았다.

─「옹산 윤서유 묘지명」 중에서

고이도는 고금도의 옛 지명이다. 고금도 청학동은 김이재가 유배
살던 곳이다. 북쪽으로 강진만이 끝없이 펼쳐지고 남쪽은 신지도와 청
산도가 펼쳐져 있다. 추사 김정희의 부친 김노경金魯敬(1766~1840)이
1830년, 김이재가 떠난 뒤 25년이 지나 이곳에서 4년간 유배살이를 했
고, 김정희도 이곳에서 부친을 뵈었다.

역사驛舍에 가을비 내리는데 이별하기 더디구나
이 머나먼 외딴곳에서 아껴 줄 이 다시 또 누구랴.
반자班子의 신선에 오름 부럽지 않으랴만
이릉李陵의 귀향이야 기약이 없네.
대유사大酉舍(규장각)에서 글 짓던 일 잊을 수 없고
경신년(1800)의 임금님(정조) 별세 그 슬픔 어찌 말하랴.
대나무 몇 그루에 어느 날 밤 달빛 비치면
고향 향해 고개 돌려 눈물만 주룩주룩.

─「김이재를 송별하다」(1805년 작)

김이교의 아우인 김이재는 1790년 증광과에 급제했고 다산은
1789년 문과에 급제했다. 두 형제와 다산은 조정에서 함께 근무하던
친구다. 김이교는 다산이 유배 중일 때에도 계속 벼슬길에 올라 정승
까지 지냈다. 1805년 해배된 김이재는 다산과 만나 회포를 풀고 상경

길에 오른다. 읍성 근처에서 은밀히 만나 술을 마셨다고 한다. 다산은 떠나는 친구가 부럽기도 하고 아쉽기도 해서 김이재의 해배를 축하하는 시를 읊으며 슬며시 자신의 신세를 한탄했다. 이 시는 부채에 적었다 하여 '선자시'扇子詩라 하고 다산이 김이재가 아닌 김이교에게 지어준 시라고도 한다. 그러나 김이교는 강진에 유배 온 사실이 없으므로 김이재가 형에게 부채를 전한 듯싶다. 이 부채가 나중에 다산의 해배에 큰 역할을 하니(당시 실력자인 김조순 앞에서 선자시가 쓰여 있는 부채를 꺼내 보여 다산이 유배 중임을 알게 했다.) 인연은 그냥 가벼이 여길 게 아닌 모양이다. 아버지의 친구 윤광택, 친구 윤서유, 사위 윤창모는 다산이 가장 어려울 때 그의 저술 활동에 도움을 준 사람들이다. 경제적인 측면에서는 말할 것도 없고, 글을 쓰는 틈틈이 머리를 식히는 데도 큰 도움을 주었다. 괴로움도 즐거움도 함께한 든든한 후견인들이었다. 한때 강진으로 이주할 생각을 하고 사돈 관계까지 맺은 것은 그들의 큰 음덕을 다산이 먼저 알아보았기 때문일 것이다.

남녘의 사람들은
공이 이사가 버림을 애석해하였고
북녘의 사람들은
공의 죽음을 애석해했노라.
스스로 선조가 됨이여
북쪽의 시조始祖가 되겠네.
면면히 이어져 무성해다오
공에서부터 벼슬이 시작되었으니.

　　　　　　　　　　　－「옹산 윤서유 묘지명」 중에서

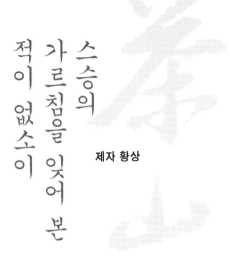

스승의 가르침을 잊어 본 적이 없소이

제자 황상

떠나고 머물기를 잊다

정수사淨水寺는 강진군 대구면 소재지에서 약 6킬로미터 떨어진 천태산天台山 골짜기 깊숙한 곳에 있다. 동쪽과 서쪽 골짜기에서 흘러내린 물이 합쳐진 곳 끝자락에 들어앉았다. 미포(지금의 미산)에서부터 절 아래 항동까지 청자를 굽는 가마터가 이어진다. 옛날에는 절 아래까지 배가 드나들며 청자를 실어 날랐다고 한다. 장보고의 해상왕국 시절과 고려 최씨 집권기에는 최첨단 단지로 부와 명성을 얻으며 북적거렸던 동네다. 그 청자의 발전과 함께 정수사는 창건 이후 번영을 거듭했다. 한때 수십 채의 암자를 거느렸고 스님이 백여 명에 달해 대흥사나 송광사보다 더 큰 규모를 자랑했다. 정수사는 청자와 함께 부침을 거듭하며 험난한 길을 걸었다.

예나 지금이나 돈이 있어야 종교가 발달한다. 나라에서 펼친 숭불

정책과 청자 도공들 그리고 이를 기반으로 부를 일군 사람들이 돈줄이었다. 가마에 불을 지피며 불공을 드리고, 개경이나 일본으로 떠나는 뱃사람들도 무사귀환을 빌며 시주했다.

이렇게 번창하던 정수사는 조선 후기 폐찰의 위기에 처했다. 청자를 굽던 도공들과 흙을 퍼 나르고 땔감을 대던 주민들, 뱃사람들, 장사치들이 할 일을 잃자 강진과 그 주변 민심이 흉흉해졌으리라. 요즘 말로 불경기가 오래 지속된 것이다. 그런 판에 절인들 제대로 유지됐겠는가.

제자 황상 스승의 가르침을 잊어 본 적이 없소이

　어쨌든 강진 사람들은 위험한 뱃길을 통해 훈정강訓亭江과 바다를 이리저리 헤치며 조심 또 조심해야 할 청자를 실어 날랐다. 수레바퀴 진동을 삼키는 기술이 없던 그 시절에는 배가 아니면 등짐으로밖에 도자기를 옮길 수 없었다. 그러다 임진왜란 때 배는 모두 불타 버리고, 세상이 어수선한 틈을 타 세금은 눈덩이처럼 불어났다. 이로써 폐찰 위기에 처한 정수사는 이면휘李勉輝 현감이 부임해 오며 간신히 명맥을 유지했다. 그는 고금도에 있는 관왕묘를 관리하겠다고 상소하여 간신히 정수사의 폐찰을 막았다. 다산은 이런 정수사를 자주 찾았다.

깨끗한 돌 사이로 쟁글쟁글 흐르는 물
먼지 긴 창자 속에 시원함을 느끼겠네.
불탑은 무너져서 벌들이 집 지었고
허수아비는 다 썩어서 이마에 버섯 났네.

문 안에 들어서니 황폐한 향대 보여
신자라면 누구나 슬픈 생각 일겠네.
학사의 새 비명 그것이 돋보여서
청려장 짚고 비문 읽으며 이리저리 돌고 도네.

—「정수사에 도착하다」 중에서(1805년 작)

1805년 가을 다산이 방문했을 무렵의 정수사는 너무나 황폐한 모습이었다. 물소리는 예나 지금이나 깨끗하고 낭랑하지만 허물어지고 먼지가 쌓인 절은 신자는 물론, 절을 찾는 사람들까지 슬프게 했다. 폐찰 결정이 내려지자 주저앉아 울부짖던 의준義俊스님이 생각났다.

번영의 극점은 영원히 지나가 버렸는가. 다산은 왜 황폐한 정수사를 자주 찾았을까? 가까운 절들을 놔두고 무엇을 보기 위해 이 멀리까지 다녔을까. 옛 영화는 온데간데없고, 먼지에 몸을 맡긴 채 다 쓰러져가는 절에서 무엇을 보고자 했을까. 정수사 경내에 있는 도조사陶祖寺에서 도공들의 혼에 불공을 드리고자 했을까. 의준스님을 기리고 황상黃裳(1788~1870?)의 은둔처를 알아보기 위해 왔을까. 이순신과 염걸廉傑장군(1545~1598)의 행적을 찾고자 왔을까.

바라건대 정수사는 어느 한 사람의 힘만으로는 일으켜 세울 수가

없는 노릇이었다. 말하자면 우리는 군수가 베풀어 주는 혜택을 받
았으니 그의 형체와 생긴 모양을 그림으로 그려서 제사를 모시고,
또 정수사에 남긴 행위의 사적을 후세 사람들에게 미치게 하는 것
이 도리가 아니겠는가. 이 군수의 이름은 면휘勉輝, 자는 사실士實
이다. 갑자년(1804) 10월 중순에 강우江右 김이재가 짓다.

— 「현감 이면휘 송덕비」 중에서

절 입구 이면휘 현감의 비석 앞에서 지팡이에 몸을 의지한 채 다산은 친구 김이재가 쓴 비문을 읽는다. 얼굴을 마주보듯 다정하게 서서 말이다. 김이재와 그의 형 김이교는 신유사옥 때 다산에게 유리한 말을 해 주었다. 더구나 김이재는 규장각을 함께 거닐던 친구였다. 그리고 김이재는 자신 또한 유배지에 있으면서 다산을 강진현감의 지나친 감시에서 조금은 자유롭게 해 준 사람이었다. 그런 친구가 어찌 보고 싶지 않겠는가. 그 친구가 정수사에서 멀지 않은 고금도에 유배 가 있으면서 현감의 송덕비를 지었다.

다산은 김이재와 친구들이 그리울 때도, 굳은 의지가 흔들리고 기약 없는 귀양살이가 슬퍼질 때도 정수사를 찾았다. 누구에게 하소연할 수 없는 처지인지라 친구의 글 앞에서 속으로 울부짖었을 게다. 어금니를 깨물며 울적한 마음을 털어 냈으리라.

사실 다산이 1805년 이후 이 절을 드나든 이유는 자료를 찾아 학문을 연구하기 위해서였다. 하지만 1811년 이후에는 애틋한 제자였던 황상 때문이었다. 아들로, 후계자로 여기던 제자에 대한 사랑이 발길을 잡아당긴 것이다. 애제자 황상이 젊은 시절 사표가 되어 준 다산의 곁을 떠나 평생 은둔하며 스승의 가르침을 묵묵히 지켰던 항동마을이 바로 정수사 근처였다.

지에게는요, 세 가지 병폐가 있는디요

다산은 유배 온 다음 해인 1802년 초가을, 그의 나이 마흔하나부터 아전 자식 몇 명을 가르치기 시작했다. 동문 매반가 주모가 권해서

이기도 했지만, 생계 수단이 될 뿐만 아니라 무료함도 달랠 수 있었기 때문이다. 학동 중에는 심신이 허약해 공부에 흥미를 느끼지 않는 이도 있어 실망한 경우도 있었다.

다산과 황상, 애틋한 사제 인연의 시작은 1802년 10월 10일로 거슬러 올라간다. 다산이 동문 매반가에 자리한 지 1년이 다 되어 가는 즈음이었다. 당시 열다섯 살이던 황상이 다산을 찾아와 배움을 청했다. 열다섯이면 장가갈 나이지만, 양반 자제들과는 달리 아전 자식들은 기회가 와야 공부를 시작할 수 있었다. 아마 다산이 유배 오지 않았더라면 그마저 배우지 못했을지도 모른다.

"선생님! 지처럼 무딘 이도 배울 수 있당가요?"

이렇게 순박하고 부끄럼을 많이 타는 황상이 학동들 사이에 조심
스럽게 앉아 배움을 시작할 때만 해도 다산은 그의 총기를 알아보지
못했다. 그런데 며칠이 지나지 않아 다산은 황상의 총기를 알아보았다.
마재에 두고 온 아들들을 생각했을까. 죽은 농農이(1802년. 네 살 나이로 죽
은 다산의 아들)를 생각했을까. 다산은 황상에게 관심을 갖기 시작하면서
문학과 역사를 익히라고 권유했다. 이에 황상은 수줍어하며 자신의 약
점을 이렇게 말했다고 한다.

"지에게는요, 세 가지 병폐가 있는디요. 첫 번째는 무디고요(鈍), 두
번째는 막혔고요이(滯), 세 번째는 어근버근한 것이어라우(戛: 답답함)."

열다섯 살 된 소년이 이렇게 자신을 낮추어 말했다는 것이 대단히
놀랍다. 천재는 천재를 알아본 모양이다. 다산은 황상에게 이런 가르침
을 전했다.

배우는 사람들에게는 세 가지 잘못이 있는데 너에게는 없다. 첫째는
기억하거나 외우는 것은 민첩하지만 그 폐단(병폐)은 소홀함이고, 둘
째는 옛 사람들의 학설을 설명하는 일과 새로운 학설을 내세우는
일, 즉 저술著述은 왕성하지만 그 폐단은 지나침이고(가볍게 날림),
셋째는 깨닫고 해석함은 빠르지만 그 폐단은 허황함이다(거칠다).
대체로 무디어도 구멍을 뚫으면 그 구멍은 넓게 커지고, 막혔어도
통하게 하면 그 흐름은 빨라지고, 어근버근해도(답답해도) 꾸준히
문지르면 그 빛은 윤기가 나게 된다.
뚫으라 함은 무엇인가? 온 힘을 기울여 노력함이요, 통하게 하라

함은 무엇인가? 온 힘을 기울여 노력함이요, 꾸준히 문지르라 함
은 무엇인가? 온 힘을 기울여 노력한다는 것이다(三勤: 세 번의 온 힘
을 기울여 노력함을 이름).

어떻게 하는 것이 온 힘을 기울여 노력한다는 것인가? 마음에 간
직함이 확고해야 한다(秉心確)는 것이다.

— 황상, 『치원유고』 중에서

이때의 가르침이 벽촌 소년의 평생을 좌우했다. 그는 "노력하고,
노력하고, 또 노력하라"는 스승의 삼근계三勤戒와 병심확秉心確을 자신
의 문집에 남기면서 죽을 때까지 지켰다고 한다.

다산 역시 일찍이 황상의 재능을 알아보고 자신의 시 제자로 인정
했다. 시에 대한 황상의 재능은 남달랐다. 황상은 공부를 시작한 지 1년
반이 지났을 때 「설부」雪賦를 지어 스승을 깜짝 놀라게 했다. 그가 열여
덟 살이 되던 1805년 4월에는 다산이 한 달간 매일 한 편의 부賦를 짓
도록 했다는 기록이 남아 있다. 같은 해 6월 2일부터 닷새 동안 다산과
황상은 고성암에 머무르다 다산이 먼저 동문 매반가로 내려왔고 황상
은 그곳에서 공부를 계속했다. 다산은 고성암에서 공부하던 황상이 시
를 지어 보내오자 그 시에 차운해서 답시를 보냈다.

찌는 더위 절집으로 가고 싶지만
늙고 지쳐 산 오르기 겁이 나누나.
모기 벼룩 마음 놓고 덤벼드노니
여름밤은 괴롭고 길기도 하다.
밤 깊으면 번번이 발광이 나서

戩瘧歌贈黃裳
割疔不瘳花潭翁忍疔不
爬稱攉公汝更少年瘧不卧
執志頗丕進前功我初南投罹
此疾叫噦懆懆如痰童苦雨
凄風逼肌髓炎天暑月思重
被指爪漸黑屬漸毒已間砧
枯生牙齒壯士不敢伸其拳
理學不能支其跪汝乃夭
狀神釆凝復能抵筆煩鈔
膡蠅頭細字四五葉點畫
跳動惡凌競他年成就且
休說卽事視我高一層大
牛立斃汝不問性質有抽
非由訓苦工宜從吸斗醋
勇志豈肯差嚴綳頗汝
努力攻定史宇宙萬事
皆己分

甲子晋夏
邨嫣何人題

다산이 황상에게 준 「절학가」

옷을 벗고 우물로 가 목욕을 하면,
바람은 시원히 내 얼굴에 불어오지만
숲이 울을 막아 서운하구나.
너는 지금 구름처럼 높이 누워서
뼈와 살이 서늘토록 쉬고 있겠지.

— 「차운하여 황상의 보은산방에 부치다」(1805년 작)

황상이 다산에게 보내온 시는 어떤 내용이었을까? 다산은 답시를
보내며 "보내온 시가 돈좌기굴頓挫奇崛(문장이 변화무쌍하고 웅장함)해서 내
기호에 꼭 맞는다. 기쁨을 형용할 수가 없구나. 이에 축하하는 말을 적
는다"라는 메모를 덧붙인 것으로 보아 매우 뛰어난 시였음이 분명하
다. 아울러 "제자 중에서 너를 얻은 것을 다행으로 여기며 기뻐한다"라
는 말까지 적은 것을 보면 다산이 그를 얼마나 아꼈는지 짐작할 수 있다.
아낀다고 해서 칭찬만 한 것은 아니다. "내가 너를 몹시 아꼈으므

제자 황상 스승의 가르침을 잊어 본 적이 없소이

로 마음속으로 슬퍼하고 탄식한 것이 오래다. 진실로 능히 마음을 일으켜 세우고 뜻을 고쳐, 내외가 따로 거처하고 마음을 오로지하여 글공부에 힘을 쏟을 수 없다면, 글이 안 될 뿐 아니라 병약해져서 오래 살 수도 없을 것이다"라며 결혼한 뒤 나태해진 황상이 글공부에 힘쓰지 않음을 꾸짖기도 했다. 아마도 다산은 아들을 보는 눈빛으로 황상을 바라보지 않았을까.

다산은 학질에 걸린 황상이 정좌하고 초서 작업을 하는 모습을 보고 훗날 성취는 말할 것도 없고 학문이 자신보다도 한층 높아지겠다며 그의 의지와 열정을 칭찬했다. 학질이 뚝 떨어지라고 「절학가」截瘧歌를 지어 주면서 말이다.

다산이 『주역』을 강학할 때 황상은 다산 곁을 떠나지 않았다. 또한 글방에서의 가르침도 부족해 외출하거나 유람할 때에도 다산은 늘 황상과 동행했다. 글 읽고 훈계하는 것만 배우지 말고 스승 곁에서 스승의 언행을 보고 배우라는 뜻이었다. 다산과 황상은 강진의 이곳저곳을 함께 다녔다. 황상은 다산의 잔심부름을 도맡아 했다. 보은산과 정수사를 함께 올랐고, 1802년과 1805년에 학연學淵이 아버지 다산을 뵈러 와서 혜장이 머물고 있는 두륜산에 오를 때도 동행했다. 황상은 자식 이상으로, 다산의 그림자였다. 그는 어려운 여건 속에서도 쉼 없이 노력하는 다산의 모습을 보고, 사물이나 인간사를 살피는 방법도 배웠으리라.

천주교로 인한 심적 부담 때문이었는지 다산은 유배 초기부터 상喪, 제祭에 대해 깊이 연구했다. 전 유배지였던 장기에서 정리하던 『기해방례변』을 분실하여 다시 쓰기 시작해서(1802) 『정체전중변』正體傳重辨 3권(1805년 여름)으로 완성했다. 뒤에 60권이 넘는 『상례사전』喪禮四箋으로 묶이게 될 「상복」喪服 편을 1803년 제자 이학래의 도움을 받아 썼으며, 1803년 봄에 『예기』禮記 「단궁」檀弓 편의 옛 주석 중 잘못된 것을 바로잡아 『단궁잠오』檀弓箴誤 6권을 완성했다. 또 같은 해 여름에는 『조전고』弔奠考를, 겨울에는 『예전상의광』禮箋喪儀匡 17권을 완성했다. 『주역』 집필 계획을 세우고 읽기 시작하여 '갑자본'甲子本(1804) 8권도 완성했다.

황상은 이렇듯 자나 깨나 글을 쓰는 다산을 옆에서 지켜보며 무엇을 느끼고 배웠을까? 그는 자신의 노력이 부족함을 깨닫고 마음을 다잡았을 것이며, 어떻게든 스승을 도와야겠다고 마음먹었을 것이다.

다산은 황상이 예뻐서 재능까지 과장한 것은 아닌 듯하다. 우이도 (소흑산도)로 유배 간 형 약전에게도 황상의 재능을 칭찬하는 글을 보냈다. 약전이 아우 다산에게 보낸 답신 중에 황상에 대한 칭찬이 언급되어 있다.

> 황상은 나이가 지금 몇이던가? 월출산 아래서 이 같은 문장이 나리라곤 생각지 못했네. 어진 이의 이로움이 어찌 넓다 하지 않겠는가? 그가 내게로 오려는 마음은 내 마음을 상쾌하게 하네만, 뭍사람은 섬사람과 달라 크게 긴요한 일이 아니고서는 경솔하게 큰 바다를 건널 수가 없을 걸세. 인생에서 귀하기는 서로 마음을 알아주는 걸세. (…) 사람됨은 어떤가? 재주 많은 자는 반드시 삼가고 두터움이 없는데, 그 문사를 살펴보니 조금도 경박하고 안일한 태도가 없어 그 사람됨 또한 알 수 있을 것 같네. 부디 스스로를 감추고 스스로를 무겁게 하여 대인군자가 될 것을 기대하는 것으로 권면함이 어떠하겠는가?
>
> ─「병인년 3월 초열흘 둘째 형 씀」 중에서(1806년 작)

제자 황상 스승의 가르침을 잊어 본 적이 없소이

편지 내용으로 짐작컨대, 황상은 다산에게서 약전에 대한 이야기를 듣고 아예 약전이 초기에 머무르던 우이도로 건너가 직접 모시면서 공부하겠다고 나선 모양이었다. 약전은 황상의 마음을 갸륵히 여기면서도 이를 만류했다. 아울러 다산에게 끝까지 그를 도우라는 말을 덧붙였다. 다산 밑에서 수학한 지 3년 남짓 된 열아홉 살 청년이 당대 최고의 두 학자에게 이런 칭찬을 들었다는 게 놀라울 따름이다. 스승의 가르침이 훌륭했던 것일까, 제자의 총기가 뛰어났던 것일까.

날마다 침실에서 편안하냐?

다산은 황상을 제자로 맞이하고 나서 다산초당茶山草堂으로 옮기기 전까지 황상과 자주 편지를 주고받았다. 짤막짤막하게 황상을 꾸짖기도 하고, 그리워도 하고, 부탁도 한 편지들이 30통 넘게 남아 있다. 하지만 다산초당으로 옮긴 후 두 사람이 주고받은 편지는 보이지 않는다. 왜 그랬을까?

밤에 아프지 않았느냐? 아프지 않았다면 기름 모자를 쓰고 장화를 신고라도 밥 먹은 뒤에 바로 오너라. 혹 밀가루 풀이 있거든 조금 가져오너라. 이 시는 절대 남에게 보여 주지 말아라. 젓갈은 너무 자주 가져오니 몹시 편치가 않다. 이후에는 그러지 않는 것이 좋겠다.

―「황상에게 준 짤막한 편지」

사흘이나 고대했으나 끝내 오질 않는구나. 몹시 울적하다. 내 병은 그사이 잠깐 약효가 있는 듯하더니만, 오늘 밤에 또 그 증세가 있으니, 점차 삼을 먹는 것 외에는 다른 방법이 없다. 뒤에 적은 다섯 종류는 바로 구해서 가져오너라. 간절히 바라고 바란다. 반드시 오전까지 와야 한다. 이만 줄인다. 24일.

— 「산석山石(황상의 아명)에게」

근래에는 병이 없느냐? 나는 두풍과 허한으로 어느 하루도 고통이 심하지 않은 날이 없다. 원인이 있는지라 지극히 걱정이다. 과거의 기한이 이제 가까웠는데, 너는 금년에는 마음을 먹지 못하는 게냐? 학래가 망령되이 과거를 보려 하기에 만류했으나 말리지 못했다. 소견이 몹시 걱정스럽구나. 이만 줄인다. 초 1일.

— 「산석에게」

사제라기보다는 부자지간이 아니었을까. 다산은 소소한 일에서부터 큰일까지 아들에게 하는 것처럼 관여하고 있다. 다산과 황상은 하루도 보지 않으면 안달이 나는 사이였다.

강진 유배 초기, 대화 상대도 마음 붙일 곳도 없어 다산이 물적·심적으로 가장 힘들었던 시절에 황상은 동생 황경黃褧과 함께 여러 가지로 다산을 도왔다. 진솔하고 순박하며 명석함이 남 달랐으니 스승의 어려움에 대한 걱정과 근심도 남달랐으리라. 제자가 여럿 있었으나 다산은 손병조孫秉藻와 황상을 포함한 네 명이 가장 가까이에서 근심과 걱정을 함께하며 도와주었다고 말했다. 그들에 대한 애정이 특별했던 것 같다. 황상에게 직접 치원巵園이라는 호를 지어 준 이도 바로 다산이다.

네가 아들을 낳았다니 기쁨을 형언할 수 없다. 내 아들은 아직 이러한 일이 없으니, 네 아들이 내 손자와 무에 다르겠느냐? 새로 부자附子를 써서 이 아들을 얻었으므로 이름은 천웅天雄이라 하는 것이 좋겠다. 와서 내 축하를 받도록 해라.

―「황상에게 준 짤막한 편지」

옛날 선비 집안에서는 손자의 이름을 할아버지가 지어 주는 것이 전통이었다. 황상이 아들을 낳자 다산은 그의 아들을 친손자로 대하겠다고 말하며 손자의 이름을 지어 주었다. 이즈음 다산은 소화불량에 시달리고 두풍, 허한증 등을 자주 앓았는데 그 병간호도 황상이 도맡아 했다.

1807년 2월 황상의 부친 황인담黃仁聃이 세상을 떠났다. 다산은 아버지의 유언대로 3일장을 치르고 시묘살이를 하지 않는 황상을 심하게 꾸짖었다. "네가 날마다 침실에서 편안하냐? 네가 하루에 두 끼 먹으면서도 편안하냐? 어버이를 잊고 죽은 이를 저버린 죄는 지엄하다. 네가 만일 시묘살이를 하지 않는다면 다시는 보지 않을 것이다."

무심은 마음이 없는 것인가

다산은 1808년 그가 원하고 원하던 다산초당으로 거처를 옮겨 본격인 강학을 펼쳤다. 외가인 해남 윤씨 자제를 비롯해 양반가 자제들을 모았으나 이때 애제자 황상의 자리는 없었다. 신분의 차이로 인한 부담도 있었지만 부친이 술병으로 일찍 세상을 떠 시묘와 생계를 책임져야 했기 때문이다. 다산은 아들처럼 여기는 황상이 함께하지 못하자 상심했다.

3년 후 황상은 집과 전포를 아우 황경에게 맡기고 처자와 함께 항동 백적산 아래 은둔했다. 이런 황상이 안타까웠던 것일까. 다산은 황상의 아버지 황인담의 만사를 이렇게 지었다.

백 년과 바꾸기로 한번 취해 볼 만도 하지
살면 어떻고 죽으면 어때 둘 다 그게 그건데.
어찌하면 남호南湖의 만곡이나 되는 물을
황천으로 몽땅 가져다 술샘을 만들어 볼까.

황黃이 술병으로 죽었다.

　　　　　　　　　　　　　　　　　—「황상의 아버지 인담 만사」(1807년 작)

황상은 신분의 벽이나 주어진 환경 때문에 은둔을 선택했다. 그러나 여기엔 황상의 성격도 작용했으리라. 황상이 은거할 뜻을 말했을 때 다산은 뭐라고 했을까? 처음에는 만류했을지 모른다. 『주역』을 배울 당시 「이괘」履卦 구이九二의 효사爻辭(길을 밟는 것이 탄탄하다. 유인幽人이라야 곧고 길할 것이다.) 구절을 보고 황상이 기뻐하자 그 뜻을 칭찬하면서 지어 준 「제황상유인첩」題黃裳幽人帖을 보면 다산이 이끌고 황상이 따랐던 것 같다. 「제황상유인첩」은 은둔하는 선비의 이상적인 거처에 대해 논한 글이다. 다산이 해배되어 마재로 돌아간 뒤, 황상은 백적산 아래로 들어가 스승의 가르침을 지키며 농사짓고 글을 쓰며 살았다.

　　다산은 다산초당에서 강학과 저술 활동에 심취해 있을 때도 자주 유
람에 나섰다. 글을 쓰다가 머리가 아프거나 황상이 생각나면 그를 불러
계량진, 귤동, 율포, 송학 그리고 월고지 등 어느 곳에서나 배를 타고 함
께 유람하며 시를 짓고 담소하지 않았을까.

　　떠돌면서 타관살이가 몸에 밴
　　외롭고 쓸쓸한 늙은이라네.
　　고향 땅 가지 못하고서

제자 황상　스승의 가르침을 잊어 본 적이 없소이

또 한 번 가을 바람에 편지를 띄우네.

텅 빈 언덕엔 백로가 날고

황폐한 성엔 벽려薜荔(줄사철나무)가 붉어라.

날 따라온 두 소년을 보니

문채文采가 어쩌면 너희들과 같구나.

— 「9월 16일 두 소년 김세준과 황상을 데리고 정수사에서 놀다가 남성南城을 지나면서 읊다」

(1805년 작)

헤어진 뒤 더 애틋하다

선군께서 귀양에서 풀려나 돌아오시자 황상은 더욱 마음을 가누지 못하고 의지할 바가 없는 듯했다. 이에 집과 전포를 아우에게 맡겨 생활하게 하고, 홀로 처자를 이끌고 천개산天盖山(항동 정수사 인근에 있는 산. 황상은 당시 백적산에 은거했는데, 학유가 잘못 기록한 듯하다.)으로 들어갔는데, 띠를 얽어 집을 짓고 땅을 갈아 텃밭을 만들며 뽕나무와 대나무를 심고 샘물을 끌어와 바위로 꾸미고 살았다. 이렇게 자취를 감추고 산 지 10년에 대략 작은 포치布置를 이룰 수 있었다.

— 「증치원삼십육운서」贈巵園三十六韻序 중에서

이 글의 내용으로 볼 때 황상은 스승 다산이 해배되어 강진을 떠나자 마음을 가누지 못하고 허탈해했던 것 같다. 그럴 수밖에 없었으리라. 비록 다산초당 강학에 참여하지는 못했을지언정 생각나면 찾아

추사 김정희가 예서로 쓴 〈노규황량사〉露葵黃粱社 제액題額

강진에서는, 다산과 추사가 황상의 집에 방문해서 써 준 것으로 전하고 있으나, 근거가 없다. 다산과 추사는 강진에서 만난 적이 없다. 제액의 첫 글자 노露 옆에 적혀 있는 "書付琴谿"라는 글씨로 보아, 추사가 금계 윤종심에게 준 것으로 추정된다.

뵙고 찾으시면 바로 달려가 어버이처럼 받들었을 텐데, 그 어버이가 떠나 버렸으니…… 그래서 은거를 서둘렀던 것 같다.

황상은 솔직하고 순박한, 자신을 나타낼 줄도 꾸밀 줄도 모르는 내성적인 사람이었다. 마음을 터놓지 못한 것으로 보아 소심했던 듯하다. 심지가 굳고 언행이 바르지만, 무심한 면도 있었을 것이다. 스승의 저술 활동을 전혀 거들지 않은 것을 보면 이기적이고 차가운 면을 가진 사람이었는지도 모른다. 어쩌면 전공이 달랐기 때문일 수도 있지만.

1818년 다산이 해배되어 강진을 떠날 때나 고향 마재로 돌아간 뒤에도 황상이 따로 연락을 취했다는 기록은 거의 전해지지 않는다. 하지만 황상은 스승이 보건 보지 않건 어릴 적 스승의 가르침을 흐트러짐 없이 지키며 살았다. 황상이 말년에 회고하며 쓴 글에서도 이 점이 잘 나타나 있다.

내가 이때 열다섯 살이었다. 당시는 어려서 관례도 치르지 않았다. 스승의 이 말씀을 마음에 새기고 뼈에 새겨, 감히 잃을까 염려하였다. 그때부터 지금까지 61년 동안 독서를 그만두고 쟁기를 잡고 있을 때에도 그 말씀을 늘 마음에 품고 있었다. 지금은 손에서 책을 놓지 않고 글 속에서 노닐고 있다. 비록 이룩한 것은 없다 하나 구멍을 뚫고 막힌 것을 툭 터지게 함을 삼가 지켰다고 말할 만하니, 또한 능히 마음을 확고하게 다잡으라는 세 글자(병심확秉心確)를 받들어 따랐을 뿐이다. 하지만 지금 나이가 일흔다섯이 넘었으니 주어진 날이 많지 않다. 어찌 제멋대로 내달려 도를 어지럽힐 수 있으랴. 지금 이후로도 스승께서 주신 가르침을 잊지 않을 것을 분명히 하고, 자식들에게도 저버림 없이 행하게 할 것이다. 이에 「임술기」를 적는다.

─「임술기」 중에서

이 글에서 황상은 항동의 풀 한 포기 나무 한 그루를 볼 때마다 스승의 입김을 느끼며 '삼근'三勤(노력하고 노력하고 노력하라)과 '병심확'秉心確(확고한 마음)의 가르침을 부끄럼 없이 힘써 지켰노라 말하고 있다. 나이가 들수록 스승의 가르침이 온몸으로 선명하게 느껴져 왔다. 그는 스승의 가르침을 지키며 정진해 문장가로서 일취월장했다.

산방에 처박혀 하는 일이라곤 책 읽고 초서抄書하는 것뿐입니다. 이를 본 사람은 모두 말리면서 비웃습니다. 하지만 그 비웃음을 그치게 하는 것은 나를 아는 것이 아닙니다. 우리 선생님께서는 귀양살이 20년 동안 날마다 저술만 일삼아 복사뼈에 세 번이나 구멍이 났습니다. 제게 삼근의 가르침을 내려 주시면서 늘 이렇게 말씀하셨지요. "나도 부지런히 노력해서 이것을 얻었다." 몸으로 가르쳐 주시고 직접 말씀을 내려 주신 것이 마치 어제 일처럼 귓가에 쟁쟁합니다. 관 뚜껑을 덮기 전에야 어찌 그 지성스럽고 뼈에 사무치는 가르침을 저버릴 수 있겠습니까.

─황상, 「회주 삼로에게 드림」 중에서

황상이 나이 70을 넘어서도 독서와 초서를 멈추지 않자, 사람들이 도대체 무엇에 쓰려고 지금도 그렇게 책을 읽고 베껴 쓰느냐고 비웃었다 한다. 그는 늘 스승의 '과골삼천'踝骨三穿으로 대답을 대신했다. 날마다 돌

부처처럼 앉아 저술에 힘쓰다 보니 방바닥에 닿은 복사뼈에 세 번이나 구멍이 뚫렸다는 것이다. 나중에는 통증 때문에 앉아 있을 수가 없어 아예 벽에 시렁을 매달아 놓고 서서 작업했다는 이야기도 전한다. 스승의 진심 어린 한마디 가르침이 한 사람의 삶을 송두리째 바꿔 놓은 것이다.

다산과 황상은 오래 헤어져 있었으나 인연은 그것으로 끝나지 않았다. 다산은 해배되어 강진을 떠나온 지 10년이 지난 1828년, 자신을 찾아온 연암硯菴 황지초黃之楚를 통해 무심한 제자 황상에게 소식을 전했다. 다산의 나이 67세 때다.

> 서로 헤어진 지도 10년이 지났구나. 네 편지를 기다리지만 편지는 이 생에서는 없을 것만 같다. 마침 연암 황지초가 돌아간다기에 마음이 더욱 서글퍼져서 따로 몇 자 적어 보낸다. 금년 들어 기력도 전만 같지 않아, 그 괴로운 품이 앞서와 한가지다. 밭 갈아도 주림이 그 가운데 있다고 하신 성인의 가르침이 꼭 맞는 말이로구나. 너는 분명 학래鶴來 이청李晴 과 석종石宗 김종金鍾 등의 행동거지를 전해 듣고 웃었겠지? 하지만 사람이 세상에서 혹 한길로 몸을 마치도록 힘을 쏟으면서 즐겨 사슴과 멧돼지와 더불어 노닐더라도, 도를 마음에 품고 세상을 경영하는 온축이 없다면 또한 어찌 족히 스스로를 변화시키겠느냐? 내 지내는 모습은 연암이 잘 알 테니, 이제 가거든 자세히 물어보면 알 수 있을 것이다.
>
> —「무자년 12월 12일에 열수 씀」(1828년 작)

안부지만 나지막이 제자를 나무라는 뼈 있는 내용이다. 산골에 틀어박혀 한길로 매진하는 것도 좋지만 세상을 경영하겠다는 큰 뜻을 품고 좀 더 적극적으로 살라는 당부다. 10년 만에 소식을 전하는 백발의 노인이 마흔의 제자에게 장부답게 살라고 주문한 이유는 시대에 휩쓸려 그렇게 살지 못한 자신의 인생에 아쉬움이 남기 때문이었을까. 다산은 다른 글에서 이렇게 말한 바 있다.

"남자는 모름지기 사나운 새나 사나운 짐승 그리고 사나운 도적 같은 기상이 있어야 한다. 어질고 착하기만 한 사람은 그 한 몸만 착해지도록 하는 데에 만족할 뿐이다."

황상은 황지초에게서 다산의 편지를 전해 받고도 8년이 흐른 뒤인 1836년 2월이 되어서야 비로소 스승을 찾아갔다. 원포를 거닐다가 갑자기 스승 생각이 났던 것일까. 이승에서 마지막으로 스승을 대면하고자 함이었을까. 스승의 가르침을 끝까지 지켰다고 했으니 진심은 살아 있었던 모양이다. 스승의 회혼례에 맞춰 왔지만 정작 다산은 잔치를 할 만큼 건강하지 못했다. 함께 가리재를 넘던 스승의 몸은 깡말라 옛날 총기는 간데없고 가쁜 숨소리만 들리니 황상의 눈에 저절로 눈물이 고인다. 스승도 생전에는 다시 못 볼 줄 알았던 애제자가 왔으니 반가워 눈물을 뿌린다.

"내 너까지 보았으니 이승에서 더 아쉬울 게 없구나!"

한때는 서운하게 생각했으나 이제라도 찾아 준 게 고마워서 스승은 접부채와 피리, 먹을 주섬주섬 싸서 제자의 손에 쥐어 준다. 시 공부를 열심히 하라고 새로 구한 운서韻書도 챙겨 준다. 이승에서는 다시 못 볼 거라는 걸 알면서도 황상은 떨어지지 않는 발길을 애써 돌렸으리라. 이 무렵 황상이 시를 하나 지었는데 강진 사람들이 애송했다고 한다.

슬피 울려고 천 리를 가는데

제자 황상 스승의 가르침을 잊어 본 적이 없소이

가을 샘물 꿈처럼 맑는다.
작은 읊음 흥이 없고
한숨 쉬니 인연 멎는다.
흐리고 어두운데 버들에 밥 연기
흐린 날 개이니 연못은 물 가득.
쉬는 집은 두짝문 마주하고
가을 경치는 슬픔만 더한다.

　　　　　―황상, 「북쪽으로 가는 길에」

며칠 뒤 다산은 조용히 세상을 떠났다. 귀향길에 부고를 들은 황상은 걸음을 돌려 스승의 장례식을 끝까지 지켰다. 그리고 상복을 입은 채 고향으로 돌아와 칩거했다. 가는 세월에 몸을 맡기고 농사만 지었으리라.

황상의 기록은 스승이 세상을 떠난 지 10년 후에 보인다. 스승의 기일 즈음인 1845년 2월 말일 경에 일속산방을 떠나 3월 15일에 두릉에 도착했다. 스승이 마지막으로 준 접부채를 들고서.

"지가 왔구만이라우. 자주 뵙지는 못해도 가르침은 한시도 잊지 않았구만이라우."

아들 학연도 다산의 무덤 앞에 선 황상을 몰라봤다. 강진에서도 끝자락인 대구면 항동에서 마재까지 18일 동안 걸어서 왔으니. 학연은 황상이 얼마나 반갑고 고마웠을까. 그래서 학연은 아버지가 선물한 부채 위에 감사의 시를 써 내려갔다. 여기에 더해 정씨와 황씨 두 집안이 자손 대대로 서로 잊지 말고 왕래하며 오늘의 이 아름다운 만남을 기억하자는 뜻으로 『정황계첩』丁黃契帖도 썼다.

그후 황상은 1848년 정수사 법당 중수 상량문을 지었다. 그리고 스승을 생각하며 정수사를 걷다가 천개산 천태봉을 오르기도 하고 수경선방水鏡禪房에서 묵기도 하면서 조용히 지냈다. 가끔 "두릉에 있으면 과천이 그립고 과천에 있으면 두릉이 그립다"며 스승의 혼이 깃들어 있는 두릉과 추사秋史 김정희金正喜(1786~1856)가 살고 있는 과천을 드나들기도 했다. 1849년 마재에 다녀온 후 대둔사 일지암에 들러 초의草衣가 지은 시에 화답하는 시를 짓기도 했다. 이즈음 지은 시가 지금도 여러 수 전한다. 지인들과 교류하면서 계속 글쓰기를 즐겨 글솜씨가 날로 향상된 것으로 보인다.

추사 형제는 만년의 황상과 교유하며 황상의 시집에 나란히 서문을 써 주었다. 추사는 황상을 자주 만나지 못했지만 늙어서 힘이 없을 때에도 아들에게 대필하게 하여 칭찬의 글을 쓸 정도로 황상을 높이 평가했다.

나는 "지금 세상에는 이런 작품이 없다"고 말했다. 내 아우는 또 수燧(황상)의 50년 평생 내력에서부터 시작하여 아낌없이 있는 대로 다 털어 내어 다시 남겨 둔 것이 없게 했다. 심지어 사람들이 칭송하는 두보杜甫와도 같고 한유韓愈와도 같으며 소식蘇軾, 육유陸游와도 같다는 것을 장황히 늘어놓아 찬양하였으니, 수燧의 시에 있어서는 더욱 더할 수 없어 했다. 나는 또 무슨 말을 하겠는가.

—김정희, 「제치원고후」 중에서

다산이 과거 시험을 보라고 적극 추천한 것을 보면 황상은 나라를 이끌 수 있는 재목이었는지도 모른다. 너무 똑똑해서 신분의 한계로 인해 출세할 수 없다는 사실을 이미 알고 있었던 것일까. 아니면 착하고 순박해서 자기 한 몸의 안위만 지켰던 것일까.

여든셋의 천수를 누린 황상이 역사에 남긴 것은 단출하기 그지없다. 추사 김정희와 그 아우인 산천山泉 김명희金命喜(1788~1857)가 서문을 짓고, 노사蘆沙 기정진奇正鎭(1798~1879)이 발문을 쓴 시집 한 권, 직접 손으로 쓴 『치원총서』 2권이 전부다. 그리고 후손들이 엮은 『치원처사문집』巵園處士文集 등이 전한다.

피로 맺었으니
무슨 일인들

표씨 부녀

책을 지게에 져 나르고

"진사님, 영공이 보낸 책 가져왔습니다요, 편지도 동봉했다고 하
시드구만이라우."

"고생했네그려, 무고하시덩가?"

"야. 별일 없으시구만이라우."

"목이나 축이고이 기두리게나."

표씨는 해남 윤씨 종갓집인 녹우당綠雨堂 사랑채 앞에서 안채 부엌
일 보는 아낙이 가져온 막걸리와 깍두기로 목을 축이며 기다렸다. 처
음에는 다산과 함께 왔으나 그후로는 거의 홀로 다닌다. 어둑어둑한
새벽에 나서서 지름길을 빠른 걸음으로 걸으면 점심때가 가까워서야
녹우당에 도착한다. 다시 내어 준 책을 지게에 지고 부지런히 동문 매
반가로 가야 한다. 책은 많지 않아서 무겁지 않으나 지름길로도 60리

왼쪽 사진: 녹우당 작은 대문

녹우당 박물관 서책

가까운 길을 왕복해야 하니 힘들다.

　한 달에 한 번 꼴로 녹우당을 오가는 일은 표씨가 오래전부터 도맡아서 했다고 한다. 아마 표씨는 자신의 딸과 다산이 알기 전부터 남당포 집에서 누이 집인 동문 매반가를 드나들며 자연스럽게 다산의 심부름을 하게 되지 않았을까. 표씨의 딸은 시집간 석교리(강진읍 동편 군동면에 있는 마을)에서 사서삼경을 읽고 글을 지을 수 있는, 재색이 뛰어난 여인으로 소문이 나 있었다. 여자가 재색이 뛰어나면 박복하다던가. 표씨의 딸은 젊어서 과부가 되었다. 자식이 없는 것을 보면 시집가자마자 남편을 잃은 것으로 보인다. 표씨는 눈에 넣어도 아프지 않을 딸이 박복하게 사는 것이 못내 가슴 아팠다.

　표씨의 딸은 가끔 동문 매반가 고모 집에 와서 허드렛일을 도와주거나 음식을 장만했다. 음식 솜씨가 아주 뛰어났다는 소문도 있다. 일을 도와주러 왔다가 자연스레 다산의 시중까지 들면서 가까워졌다고 한다. (일설에는 주위 사람들이 중매했다는 설도 있다.) 그들이 처음부터 가까이 지낸 것 같지는 않다. 자제력이 강한 다산은 처음에는 표씨 딸을 거들떠보지도 않았을 것이다. 동문 매반가에서 4년을 지내고 보은산방에서 2년을 보내면서도 변함없이 다산의 자잘한 수발을 들어주니 서서히 마음이 기울지 않았을까. 거기에 똑똑하고 부지런한데다 착하기까지 했으니 더 말할 나위가 없었다. 다산과 표씨의 딸은 이학래 가를 거쳐 다산초당으로 옮기고 생활이 안정되자 함께 기거하게 된 것 같다. 강학과 저술로 바쁜 자신과 많은 제자들의 뒷바라지를 위해 어쩔 수 없는 선택이었는지도 모른다. 어쨌든 표씨는 자신의 딸이 다산을 만나 딸자식 홍임紅任을 낳고 행복해하는 모습을 보니 뿌듯했다. 그래서 몇 가지, 제자들과 얼굴이나 아는 사람들에게 부탁하기 어려운 다산의 뒷바라지를 즐거운 마음으로 해 주었다.

'재산이 얼마나 된당가, 만석꾼인가부여. 영공의 외가들은 엄청 부자들인디 얼매나 큰 죄를 지었기로서니 이 고생이당가. 이렇크롬 엄청 부자에다 큰 벼슬한 사람들도 어쩔 수 없나 부재. 책을 읽고 책을 쓰면 죄가 풀린당가.'

올 때마다 주눅이 드는 표씨는 이런저런 생각을 하며 기다렸을 것이다.

"목 좀 축였는가. 요 책과 편지를 잘 전하게. 안부도 전하고이. 살펴 가게나."

표씨는 서둘러 강진으로 향한다. 녹우당 뒷산인 덕음산 골짜기를 넘어 옥천 벌을 가로질러 간다. 자주 다니다 보니 지름길을 찾는 요령도 생긴다. 이제는 눈을 감고도 다닐 수 있다. 이 일은 표씨가 자청해서 시작했다. 다른 사람들이 안다고 큰 문제가 될 일은 아니었지만, 다산의 6촌 형인 윤지충과 권상연權尚然 등이 1791년 신해사옥 때 천주교 신자로 사형당한 적이 있는지라 호시탐탐 기회를 노리는 노론 벽파 현감 귀에 들어가면 분명 꼬투리를 잡혀 시달릴 게 분명했다. 게다가 소문이 나거나 책이라도 분실하는 날에는 녹우당 외가에 큰 부담이 됨은 물론 다시는 그 소중한 책들을 볼 수 없게 될 것이었다. 이 일로 다산이 고민하자 표씨가 나섰다. 표씨는 거듭 잘한 일이라고 생각했다. 요즈음에는 보람도 느낀다. 딸에게 떳떳하고 다산도 미안해하는 눈치다.

다산이 외가 근처로 유배 온 것은 아마 해남 윤씨의 학문적 보고 속으로 들어가 실학을 집대성하라는 하늘의 뜻이 아니었을까. 다산의 학문 연원은 퇴계退溪 이황李滉 —한강寒岡 정구鄭逑 —미수眉叟 허목許穆— 성호星湖 이익李瀷 —녹암鹿庵 권철신權哲身—다산으로 이어진다. 미수에서 성호로 학문이 이어지는 데는 다산의 외가인 해남 윤씨, 즉 당대의 대표적 남인 학자인 윤선도가 있었다. 허목은 윤선도와 같은 호남 사람으로 윤선도 학문의 영향을 받은 후배다. 윤선도의 증손자이자 다산의 증조 외할아버지인 공재 윤두서가 가학을 이었고 뒤이어 수많은 학자들이 배출됐다. 이런 학문적 보고가 외가인 녹우당 서고에 있었으니 다산의 저술 활동에 지대한 역할을 하게 됨은 더 말할 나위가 없었다.

금곡사에서 무엇을 찾았을까?

유배 초기 다산의 가장 큰 희망은 무엇이었을까? 당연히 하루라도 빨리 고향에 돌아가는 것이었다. 다음은 굶주림에서 벗어나는 것이었고 마지막으로는 글 쓸 수 있는 환경을 마련하는 것이었다. 동문 매반가 뒷골방은 좋은 환경과는 너무 거리가 멀었다. 특히 여름이 문제였다. 1805년 제자 황상에게 "모기 벼룩 마음 놓고 덤벼드는 길고 괴로운 여름밤, 밤이면 번번이 발광이 나서 옷을 벗고 동문 안 샘에 가서 목욕을 한다"고 했다. 오죽하면 양반이 체면도 버리고 샘에 가서 벌거벗고 목욕을 하겠는가. 바람 한 점 통하지 않는 골방에서 어떻게 글을 쓰겠는가. 그렇다고 홀랑 벗고 있을 수도 없다. 사람들이 드나드는 주막집에서 하양 죄인이 홀랑 벗고 있다면 동네 구경거리가 됐을 것이다. 그래서 다산은 궁리에 궁리를 거듭한다. 어떻게 하면 채마밭이 딸린, 글을 쓸 수 있는 주거환경을 갖출 수 있을까 하고.

1803년 봄, 다산은 동문 매반가에서 향교 쪽 골목을 지나 야트막

동문 매반가 인근에 있는
금곡사

한 야산인 토끼잔등을 넘었다. 멀리 나들이하는 것이 조심스러울 때라 한적한 길을 찾았다. 천천히 걸어서 40여 분 정도. 답답한 매반가를 조용히 빠져나와 홀로 산책하기에 좋았을 것이다. 그러다 나무꾼을 따라 금곡사에 가 보고선 눈이 번쩍 빛났다.

"이렇게 가까운 곳에 물 맑고 한적한 이런 좋은 곳이 있었다니."

다산은 희망에 넘쳤다. 그래서 시간이 날 때마다 금곡사를 찾았다. 그리고 꿈을 꾸기 시작했다. 평소에도 다산은 전원생활을 꿈꾸고 있었다. 두 아들에게 쓴 편지 내용을 보면 아들에게 하는 이야기가 아니라 자신이 꿈꾸는 유토피아를 그리고 있는 것 같다.

내가 유배에서 풀려나 수년간 살 수 있다면, 너희를 가르쳐 몸을 닦고 행동을 가다듬어 효도와 공경을 숭상하고 화목을 일으키도록 하고, 경사를 연구하며 시예를 담론할 것이다. 서가에 서너 권의 책을 꽂아 놓고, 1년을 지탱할 만한 양식을 두고, 원포에 뽕나무, 삼, 채소, 과일, 꽃과 약초를 질서 정연하게 심어 그 그늘을 즐길 것이다. 마루에 올라 방에 들어가면 거문고 하나와 투호 한 구와 붓과 벼루와 책상이 있고 도서를 보면서 아결雅潔함을 즐길 것이다. 그리고 때때로 손님이 찾아오면 닭을 잡고 생선회를 만들어서 탁주와 좋은 나물 안주에 흔연히 한번 배불리 먹고 서로 더불어 고금을 논할 것이다. 이리 한다면 비록 폐족이라 할지라도 장차 안목이 있는 사람들이 흠모할 것이다. 이렇게 1년이 가고 2년이 가 세월이 점점 흘러가다 보면 다시 일어나지 않겠느냐. 너희들은 이를 생각하라. 차마 이것을 하지 않으려느냐?

―「두 아들에게」 중에서

이렇게 유토피아적 삶을 꿈꾸고 있는 다산에게 금곡사는 열악한 환경에서 벗어나 해배될 그날까지 생계를 유지하며 저술 활동을 할 수 있는 적지로 생각되었다. 다산은 어떻게 하면 이곳에서 살 수 있을까, 궁리하면서 금곡사를 자주 찾았다.

이상향인가, 은둔 생활의 적지였나

"지난번 금곡에 살면서, 자갈땅 늘 일구려 했던 것은, 행여나 좋은 운세를 만나, 님의 사랑을 받아 볼까 해서였지만, 금년 가을에 채마밭 사게 되면, 산모퉁이에 집을 지으리라."(「소장공 동파시에 화답하다」 8수 중 제 6수)

1804년 봄 금곡사에서 살고자 했던 다산이 그로부터 1년 가까이 지난 1805년 가을에는 채마밭을 사게 되면 집을 짓겠다고 했다. 왜 꿈을 접었을까?

금곡사는 아주 작고 누추한 절이긴 해도 산수는 수려했다. 그리고 다산이 원한다면 동편에 채마밭을 일굴 수 있는 넓은 공터도 있었다. 돌들이 수려해서 얼마든지 꾸밀 수 있었고 계곡물도 풍부했다. 작은 대웅전 앞에 스님과 함께 기거할 수 있는 요사채도 있었다. 황상을 비롯한 다른 제자들이 보기에도 비좁고 열악한 동문 매반가 골방보다 금곡사가 다산뿐 아니라 자신들이 공부하기에도 좋았을 것이다.

그런데도 다산의 바람이 이루어지지 않았다면 그 이유는 가난 때문이 아니었을까. 금전적으로 스님의 양해를 얻기는 어려웠을 것이다.

그때 다산은 동문 매반가 주모의 주선으로 사의재四宜齋를 열어 아전 자식들 몇 명을 가르치고 있었으나 그것으로는 호구지책을 마련하기도 어려웠다. 유배 초기 사돈집까지 연루되어 풍비박산이 난 마재 본가에 의지할 수도 없었다. 큰아들 학연이 아버지를 근친하러 강진으로 내려올 때, 말이 없어서 나귀를 타고 마늘을 판 노잣돈으로 궁색하게 다녀갔다는 것만 봐도 그 형편을 알 수 있다. 설령 금곡사에 땅을 얻는다 해도 이런 상황에서 집 짓고 살림 꾸려 갈 돈이 어디 있었겠는가. 다산은 석문에 올라 멀리 강진만을 바라보며 우이도에 계신 형님만 생각하다 내려왔을 것이다.

하늘이 바다고 바다가 하늘이라

다산은 자신이 저술한 책 초고를 어떻게 작은형 약전에게 보내고 받았을까? 보통 사람들이면 엄두도 못 낼 일, 감시의 눈을 피해야 하는 위험한 일이었으니, 아마 남당포에 살던 표씨가 녹우당을 다닌 것처럼 오가지 않았을까.

나흘이 지나고 나자 점점이 떠 있던 섬들도 사라졌다. 이제 어디를 둘러보아도 하늘과 바다가 맞닿아 있다. 남당포를 떠나서 나흘, 아직도 사흘은 더 가야 우이도에 닿는다고 한다. 표씨는 거의 뱃사람처럼 살았지만 이렇게 먼 길은 처음이지 싶다. 이틀이 지나자 배가 몹시 출렁거려 멀미를 하지 않는 표씨도 멀미에 시달렸으나 지금은 괜찮아졌다. 멍청히 아무것도 없는 주변을 바라보다 무료해서 선주에게 말을 걸었다. 그랬더니 넋두리가 술술술이다.

"부모 자식새끼들 생각도 허고 마누라도 그리고, 죽을 뻔한 생각도 허맨서 하늘 쳐다보지라우. 어떤 때는 싸가지 없는 사람 용서해 불기도 허고. 그라먼 금세 가지라우."

"아! 뭍사람들은 요 뱃사람들을 하찮게 여기지만이라우, 고래도라우 뱃사람들이 가끔 심통쟁이 바다맹크롬 의리도 있고 심지는 굳어라우."

"어째서라고라우, 허구헌날 하늘 보고 요것조것 씨잘데기 없는 생각헌게 고것들이 합쳐져서 남이 못헌 생각들도 허지라우. 바다맹크롬 펑퍼짐한 생각도 허니 순박헐 수밖에, 그란디 고것 보고 약애빠진 뭍사람들이 모자라다고들 헌게! 참, 누가 모자란지 모른단 말이요이."

"허긴 말이요잉, 나도 뭍사람들한테 배워갖고 요렇크롬 장사허고 산디. 어떤 때는 답답허기도 허드구만요이."

표씨도 자신이 살아온 삶을 되돌아봤다. 참 질긴 목숨이었다. 한때는 남당포에서 선주 노릇을 하며 장사하러 인근 섬을 돌아 큰돈을 만지기도 했고 그 돈으로 자식들 공부시키며 신분 상승을 꾀하기도 했다. 뱃사람이 좋은 세월만 있을 수 있나, 풍랑이 시기를 해서 모든 것을 바다에 묻고 목숨만 건진 적도 있었다. 이렇게 저렇게 굴러 온 세월, 이제는 가슴속에 응어리졌던 딸내미 하나 잘되라고 녹우당에도 다니고 우이도에도 오게 됐다. '돌아가면 병든 아재를 찾아봐야 쓰겄네.' 참 많은 생각 속에 시간은 빨리 흘러갔다. 뿌옇게 섬들이 보이기 시작하더니 이제 거의 다 왔다고 소리친다.

우이도 진리鎭里에 도착해서 흑산진영을 지나(우이도와 흑산도는 이웃해 있어서 예전에는 우이도와 흑산도를 합쳐서 흑산도라 불렸고, 우이도에 있는 수군영도 흑산진영이라 불렸다.) 동쪽으로 대밭이 있는 집이라 했다. 부두가 가까워 오

자 제법 경비가 삼엄하다. 수군들이 보초를 서고 중국과 동남아를 오
가는 배들로 복잡하다. 표씨는 배에서 내려 간단한 검문을 받고 수군
이 가르쳐 준 길을 따라 약간 비탈진 길을 걸었다. 다산의 형님을 뵌다
고 생각하니 옷깃이 여미어진다. 짐이 꽤 무겁다. 다산이 쌈짓돈을 털
어 이곳 우이도에서는 귀한 들깨와 종이, 먹을 마련했고, 황상 등 제자
들과 표씨가 참기름과 콩 몇 바가지 등을 챙겼다. 그리고 소중히 포장
한 초고 책 보따리가 들려 있었다. 먼 길이 아닌데도 초행길이라 멀게
느껴진다. 경비가 삼엄한 흑산진영 바로 옆으로 대나무 숲이 우거진
허름한 집이 단번에 눈에 들어온다. 설레는 가슴을 눌렀다. '아주 준수
하다고 했지……'

서당문을 들어섰다. 덥수룩한 수염에 이목구비가 뚜렷한, 우람하
지만 마른 사람이 학동들 앞에 인자한 모습으로 앉아 있었다.

"정공께서 쓰신 책을 전해 올리라 허서 왔습니다요."

"먼 길 오시느라 수고 많았소. 올라오시게."

자신도 모르게 넙죽 절을 올리는 표씨를 보고 정약전은 학동들을
물리고 손을 씻고 의관을 가다듬은 뒤 정좌하며 말했다. 그리고 공손
히 책 보따리를 받았다.

"여보게, 술상 좀 봐 오게. 싱싱한 생선도 좀 올리고."

한사코 토방에서 무릎을 꿇고 앉으려는 표씨에게 들어와 편히 앉
으라고 권하며 궁금한 점들을 묻기 시작했다. 마르긴 했지만 남자답고
듬직한 풍채에 인자한 모습이 다산과 비슷하면서도 달랐다. 마음 씀
또한 자상했다.

이렇게 며칠을 편안히 쉬다가 편지와 마른 생선, 많은 이야깃거리
를 가지고 진리를 떠났다. 얼마 후부터는 주로 우이도의 부자 선주 문순

득文淳得의 젊은 수하가 오가며 심부름을 하기 시작했다. 까마득한 뱃길, 표씨는 가끔 책이 쓰일 때마다 초기에는 우이도를, 1806년 이후에는 흑산도를 다녀오곤 했다.

"정공 성님이 대단헌 사람인가 부여이, 풍채만 봐도 주눅이 들어 부니."

북풍이 나를 몰고 오다가
오다가 오다가 바다를 만나 멎더니,
우리 형은 더 거센 바람을 만나
깊은 바다 속까지 들어갔다네.
두고 온 아내는 과부가 되고
이별한 자식은 고아가 됐다네.
그분 바다로 들어갈 때만 해도
태연히 희열을 느끼는 듯했으며,
가슴속에는 호걸의 기풍이 있어
백 번 눌러도 백 번 다 일어났지.
(…)
대갓집 문이 몽땅 뒤엎어졌는데
걸린 기간은 겨우 5년이라네.

—「작은 형님께」(1807년 작)

운명인가! 숙명인가!

강진에서는 홍임 모녀에 대한 이야기를 아는 사람이 아무도 없다. 아니 알면서도 입을 다물고 있는지도 모른다. 위대한 학자의 이름에 누가 될까 봐 쉬쉬하는 것 같은데 그럴 이유가 없다고 본다. 자료에 의하면 홍임 모녀에 대한 이야기를 알았던 사람은 평생 귤동에서 다산을 알리며 살다 간 고 윤재찬尹在瓚(1902~1993) 옹이었다. 1970년대 초부터 90년대 초까지 다산초당을 답사하거나 윤옹과 만나 이야기한 내용이 답사기로, 소설로, 취재기 등으로 여기저기 전하고 있다.

이를 간추려 보면 홍임의 모친을 정씨 혹은 표씨라고 칭하기도 했으나 대부분 홍임 모母라고 불렀으며, 강진군 군동면(동면으로 오기가 많다.) 석교리 출신 과부라 하기도 하고 동문 매반가 주모의 딸이라 하기도 한다. 최근 발견된 「남당사」南塘詞(작자 미상)에는 홍임 모라고 되어 있고 남당포(현 남포)가 그 친정이라고 밝히고 있다. 원래 친정이 남당포인지, 아니면 나중에 남당포로 이사했는지는 알 수 없다.

어쨌든 지금까지 밝혀진 사실을 종합하면 강진 유배 시절 다산에겐 홍임이라는 딸과 부인이 있었고 그 부인과 딸이 다산초당에 함께 기거했다는 것이다. 이것이 사실이라면 다산이 강진을 떠날 때 딸 홍임은 8, 9세 정도이지 않았을까. 이러한 추측들이 좀 더 확연하게 밝혀질 수 있도록 아직 알려지지 않은 다산의 편지가 하루빨리 공개되길 기원한다. 제자들에게 보낸 다산의 편지에는 홍임 모를 알게 된 사연, 홍임 모녀에 대한 이야기, 다산이 자기 대신 홍임 모녀를 잘 돌봐달라고 부탁하는 내용이 쓰여 있었다고 한다.

"조정에서 전지傳旨가 답지했소. 전 좌부승지 정배 죄인 정약용은 나와서 상감의 전지를 받으시오."

이 해변 벽지에 어디서 왔는지 바깥에는 수많은 사람들이 모여들어 초당 쪽에 눈길을 쏟고 있었다.

다산은 새로 지은 도포에 북청색 실띠를 가슴 위에 눌러 매고 턱 넓은 음양립을 쓰고 뜰에 내려섰다.

뜰에는 자리 한 닢이 북쪽을 향해 깔리고 홍보를 덮은 조그만 상이 놓여 있었다.

언제 왔는지 강진현감이 정복을 하고 한양에서 내려온 선전관 옆에 서 있고 통인, 이속들까지도 양옆에 도열하고 있다. 열여덟 명의 제자들은 모두 사색이 되어 엎드려 있었다.

다산은 자리 위 상 앞에 단정히 꿇어앉았다가 북향하여 정중히 사배四拜를 올렸다. 숨소리조차 들리지 않을 정적을 깨고 선전관이 두루마리를 풀어 목청을 돋우었다.

"유배 죄인 전 좌부승지 정약용, 무인년戊寅年 팔월 초이틀로 해배解配."

열여덟 명의 제자들이 일제히

"성은이 망극하옵니다."

하고는 목을 놓아 통곡하기 시작했다.

—한무숙, 소설 『만남』 중에서

이때 표씨 부녀는 어떤 표정으로 이 정경을 바라보았을까? 기쁨보다는 걱정이 앞섰을까. 제자들의 통곡과는 다른 눈물을 흘렸을까. 표씨는 딸의 기구한 운명을 탄식하고, 손녀 걱정으로 잠을 설쳤을 것이다.

이것저것 떠날 준비를 하는 다산을 도우며 표씨는 마음을 졸였다. 다산도 홍임 모녀를 두고 인간적인 고민을 많이 하는 것 같았다. 다행히 다산의 입에서 이듬해 봄에라도 딸과 손녀를 마재로 보내라는 말이 나오자 표씨는 그제서야 기쁨의 눈물을 흘렸다. 그리고 다산에게 감사드렸다.

하늘을
읽는 사람이요

손암 정약전

우이봉이고 형제봉이라

다산은 5형제 중 넷째였다. 큰형 약현을 비롯해서 약전, 약종, 세 형과 아우 약횡若鐄(1785~1829)이 있었다. 큰형 약현과 아우 약횡이 배다른 형제이고 둘째 형과 셋째 형이 다산과 함께 해남 윤씨 소생이었다.

다산은 어릴 때부터 셋째 형 약종과는 잘 어울리지 않았다. 약종은 명쾌한 다산과는 달리 신선사상에 심취해 일찌감치 과거 시험도 포기한 사람이었다. 형제 중 가장 늦게 천주교에 뛰어들었지만 철저하게 빠져들어 순교한 것도 다산과는 다른 성격 때문이었다.

큰형이야 나이 차이도 많이 나고 집안을 지키는 장남이라는 위치 때문에 어려워했을 것이다. 그러나 둘째 형 약전과는 별스럽게 가깝게 지냈다. 과거 공부를 하든 친구를 사귀든 술집에 가든 벼슬살이를 하든 감옥에 가고 유배 길에 오르든 그 모든 것을 약전과 함께했다. 다산에게 약전은 형 그 이상의 존재였다. 성격은 달랐으나 추구하는 개혁 성향이나 이상은 같았다. 다산이 작은형 약전을 지기라 하고, 형인 약전도 다산을 매우 자랑스럽게 여겼음을 그들이 주고받은 서신을 통해 확인할 수 있다. 이렇게 가까워서였을까. 두 사람은 두 차례나 함께 유배 길에 올라야 했다.

유배 온 직후 다산은 동문 매반가에 틀어박혔다. 말벗도 없었고, 글을 써도 누군가에게 자문을 구하거나 의견을 물을 수 없었다. 주위의 싸늘한 눈초리에 형 생각만 사무쳤을 것이다. 그러나 형은 소식이 없었다. 먼 바닷길이라 다산에게 소식을 전하기가 쉽지 않았다. 동문 매반가에서 두문불출하던 다산은 1802년을 보내고 1803년, 서서히 감시가 느슨해지자 주변을 헤매기 시작했다.

다산은 곡소曲沼(구불구불한 강의 모습)와 통조通槽(기다란 통 모양)라고 했던 강진만의 생김생김이 궁금하기도 했을 것이나 형님 계신 곳이 더 궁금했을 것이다. 강진읍성 남문 아래쪽에 있는 포구인 적두촌과 강진읍성 서남쪽에 있는 포구인 남당포를 오가며 편지도 띄우고 뱃사람을 통해 형님 소식을 애타게 기다렸지만 아무런 답이 없었다. 답답한 마음에 눈으로라도 확인하고 싶어서 길을 나섰을 게다. 붉은 옥으로 새긴 신표를 보내 동생이 보낸 진짜 편지임을 알려도 소식이 없었다. 혹시나 이안묵 현감의 술수가 끼어들어 소식을 전하지 못하는 것은 아닌지……. 가슴이 얼마나 답답했을까. 그때 다산은 같이 온 유일有一 스님에게서 뜻밖의 이야기를 듣는다.

"보은산寶恩山(강진현의 북쪽 5리에 있다)을 달리 우이봉牛耳峯이라 하고, 산의 맨 꼭대기 두 봉우리는 형제봉兄第峯이라 하지요."

이에 다산은 "형님과 내가 있는 곳은 다르지만 산의 명칭이 같은

것은 뜻밖에 저절로 되는 일이 아니라서 슬프고 비통한 마음에 즐겁지가 않았다. 집에 돌아와서 아래와 같은 시를 지었다"라고 안타까움을 토로했다.

나주와 강진은 바닷길 200리
하늘이 두 곳에 우이봉을 만들었네.
3년을 살다 보니 기후와 풍토는 알지만
우이봉이 강진에도 있을 줄은 꿈에도 몰랐네.

사람의 눈으로는 먼 곳까지 볼 수가 없어
백 보만 멀어져도 물체가 아슴푸레하다.
하물며 막걸리 빛 안개가 끼었으니
가까운 섬조차 헤아리기 어렵구나.
붉은 옥을 신표로 보내나 도움 되지 않으니
나의 창자가 찢겨지는 마음은 아무도 모르리.
꿈속에서도 아슴푸레 바라보다
더 흘릴 눈물조차 말라 천지가 캄캄하다.

－「9일 보은산 정상에 올라 우이도를 보다」(1803년 작)

　한 부모 밑에 태어나 함께 싸우다가도 의지하고 깨달아 가면서 성장하는 게 형제간이다. 친구가 생기고 애인과 직업이 생기고, 부인과 자식과 새로운 보금자리가 만들어지면서 점점 멀어져 가는 것 또한 형제간이다. 부모가 돌아가시고 몸이 늙으면 더 멀어지고, 어쩌다가 돈과 권력 앞에 원수가 되는 것 또한 형제간이다.

　그런데 약전과 다산은 늙어 가면서 더욱 가까워졌다. 그 이유가 무엇일까? 술 먹고 기방에서 계집질이나 하는 껄렁껄렁한 한량들이 약전과 그의 친구들이었다. 글을 읽고 시깨나 쓰면서 샌님처럼 성실한 선비들이 다산과 그의 친구들이었다. 다산도 형님과 함께 어울리는 일이 가끔은 재미있었던 모양이다. 그런데 약전은 잔소리나 하고 잘난 체하는 동생이 얄미워서 다산을 따돌리고 몰래 놀러 다녔다고 한다. 또 약전은 동생 친구들의 면면을 보며 큰소리쳤다.

　"야! 네가 잘못되어 봐라, 네 친구들이 돕나 내 친구들이 돕나. 의리로 똘똘 뭉친 내 친구들일 거야. 그때 가 보면 알 것이다."

안개에 가려 형이 있는 곳이 보이지 않음을 안타깝게 여기던 다산
의 모습이 떠오른다.

우이도행 배를 찾아

다산은 틈만 나면 배를 얻어 타고 나가 우이도행 배편을 알아봤다.
초기에는 동문 매반가에서 가까운 적두촌과 남당포, 멀리는 계량진까
지 나가 우이도행 배편을 알아보다가 오늘은 구십포까지 왔다. 가끔
우이도행 배편을 만나면 써 온 편지를 쥐어 주고 신신당부했다. 꼭 좀
전해 달라고. 혹시나 형님이 의심을 할까 봐 빨간 신표까지 보냈는데
도 소식이 없다. 강진으로 유배 온 뒤 심신의 안정을 찾은 다산은 생활
이 조금 익숙해지자 말상대가 더욱 그리웠다. 글을 써도 보여 주고 의
견을 들을 사람이 없었다. 그래서 우이도에 귀양 가 있는 약전 형님께
소식이 없나 물어보기도 하고 소식을 전하려고 애를 쓰기도 했다. 형
님만이 자신의 글을 읽고 정확한 서평을 해 줄 수 있었다. 그런데 연락
이 되지 않으니, 혹시나 하는 불길한 예감이 다산을 안절부절못하게
만들었다.

다산이 포구를 돌아다니며 짐짓 형님 소식에만 목매고 있었던 것
은 아닌 듯하다. 어부들의 생활상도 보고, 고기 잡는 모습도 꼼꼼하게
살펴보며 「탐진어가」耽津漁歌 10수와 「탐진촌요」耽津村謠 20수 등 많은
시를 지었다. 어지간한 강진 사람들보다 바닷가 생활에 대해 아는 바
가 더 많았다.

강진만에서 가장 큰 섬 가우도

「고깃배」(弓船)

계량진 봄물에 장어잡이 좋아서
배에 그물 싣고 푸른 물에 띄우네.
높새바람 불어오면 일제히 나갔다가
마파람이 세게 불면 서둘러 돌아오소.

「농어」(鱸魚)

세 물때가 지나고 네 물때가 돌아오면
까치파도 세게 일어 고기들을 삼킨다.
어부는 복어만 좋다 하고
농어는 헐값으로 한잔 술과 바꾼다네.

— 「탐진어가」 중에서 (1802년 작)

　다산이 소식을 기다리다 지쳐 갈 무렵, 구십포의 젊은 뱃사람이 동
문 매반가로 찾아와 약전의 편지를 전해 주었다. 남아 있는 서신의 기
록으로 보아 1803년 겨울이었던 모양이다. 죄인과 죄인이 서신을 주고
받는 것은 금지되어 있었다. 죄인과 일반인의 서신 왕래도 원칙적으론
위법이었다. 은밀히 편지가 오가는 동안 자신들만의 비밀 표시인 홍표
가 붙고 가장 믿을 만한 사람이 서신 왕래를 도왔다. 아마 이후 표씨가
우이도를 오가지 않았을까. 기다리고 기다리던 작은형의 편지를 받고
다산은 얼마나 반가웠을까. 하지만 반가움도 잠시, 편지 내용은 다산
의 가슴을 아프게 했다.

물고기로 젓갈 담아 고기(肉)라고 부르고

보리 삶아 밥 지으니 진짜로 죽이로세.

그렇게 3년을 먹으니 몸뚱이 점차 야위어서

처진 살갗이 날개 달린 박쥐와도 같은데,

더구나 형님은 섬으로 들어가 미개한 사람들과 이웃하고

귀신 믿고 살생 경계하는 더욱 궁벽한 풍속에다,

참기름 한 방울도 경장瓊漿처럼 귀하고

육포 한 조각도 모두 주옥珠玉이며,

복어는 독이 있고 조개는 가시 있어

젓가락 대기도 전에 소름 먼저 끼친다지요.

반평생 기름진 음식 썹다가 늘그막에 주리다니

세상만사 모두가 초황록蕉隍鹿(삶의 득실이 무상함을 뜻함) 한 꿈이군요.

비탈길에 소금 수레 끌기야 힘들지만

그래도 태복시에서 꼴과 콩은 대주지요.

분분한 까마귀떼 먹이 얻으려 시끄러운데

5척 장신 고니새만 탄식하고 있네요.

—「동파가 자유의 수척함을 들었다는 시에 화답하다」 (1803년 작)

위 시의 제목 옆에는 이런 글이 적혀 있다.

중씨仲氏의 서신을 받았는데 그 서신에, 육식肉食을 못한 지가 이미 1년이 넘어 이제 지탱하지 못할 정도로 여위었다는 말이 있어 마음이 아파 이렇게 읊었다.

신지도에는 흔적도 없었다

1801년 2월 8일 새벽 의금부 금리들에 의해 옥에 갇혔을 때 정약전의 마음은 착잡했다. 둘째 동생 다산은 자신과 동시에 잡혀 왔고, 바로 아래 동생 약종이 잡히는 것은 시간문제였다. 아니나 다를까 11일에 정약종은 마재에서 말을 타고 서울로 오는 도중 금부도사 집 앞을 지나면서 금부도사 한낙유韓樂裕에게 종을 보내 자신을 잡으러 가는 길이면 분원까지 갈 필요 없다고 전한 후 당당하게 잡혀 왔다.

다산은 국청에서,

"어찌 감히 위로 임금을 속일 수 있으며, 아래로 형을 증거로 삼을 수 있겠습니까?"

하는 유명한 말을 남겼지만 약전이 한 말은 전하지 않는다. 호쾌한 성격의 약전도 혼자 살겠다고 아등바등하지는 않았을 것이다. 이심전심이었을까.

약종은 형과 동생은 전혀 관계가 없다고 말하며, 어떻게든 엮어서 죽이려고 혈안이 되어 있는 노론 벽파들과 당당히 맞섰다. 이런 약종의 순교 때문에 약전은 난처한 상황에서 벗어날 수 있었다. 약종이 두 형제를 구한 것이다.

약전이 강진 신지도로 귀양 갈 때의 행적은 잘 알려져 있지 않다. 그러나 다산이 귀양 갈 때와 똑같은 길을 걸었을 것이다. 아마도 강진 역리에 도착해서 강진읍성 동헌에 들른 후 남당포에서 신지도행 배를 타지 않았나 싶다. 그 당시에는 뱃길이 편했을 게다.

강진에서 알려진 유배지는 고금도와 신지도이다. 신지도가 유배지로 유명해진 것은 1694년 목내선睦來善(1617~1704)이 유배 온 이후 이광사李匡師(1705~1777)가 16년 동안 당곡(명사십리 서쪽 끝)과 금실촌(현 금곡리) 황씨 집에서 유배살이 하면서부터였다. 그후 정약전과 윤행임, 윤치영, 이세모 등이 유배 오면서 유명한 유배지가 되었다.

이광사의 동국서체는 당대에 최고로 평가되어 쉽게 손에 넣을 수 없었다. 다산은 백련사白蓮寺에서 이광사가 쓴 편액을 보고 꿈틀대는 용처럼 헌걸차고 기세가 있어 전설적인 서예가 김생도 그에 비하면 허명만 날릴 뿐이라고 하였다. 그리고 시를 지어 "큰 그릇으로 뜻을 얻지 못하고 궁벽한 바닷가에서 죽었으니, 처량한 유적은 족히 눈물을 흘리게 할 만하다"고 탄식했다.

어쨌든 신지도에서도 약전은 우이도와 흑산도에서처럼 바닷가 어민들과 스스럼없이 어울리며 호탕하게 지냈을 것이다.

어려서는 얽매이지 않으려는 성격이었고 커서는 아직 길들여지지 않은 사나운 말 같았지만, 서울에서 노닐며 넓게 듣고 뜻을 고상하게 하였다. 이윤하李潤夏(?~1793), 이승훈, 김원성金源星 등과 함께 석교石交(돌같이 굳은 사귐)로 사귀고 성호선생(이익)의 학문을 이어받아 무이武夷(주자학)를 거쳐서 수사洙泗(공자학)까지 거슬러 오르기 위하여 공손한 격식을 갖추며 강마講磨하고 서로 어울려 덕德에 나아가려 글을 배웠다. 이미 또 제자의 예를 갖추고 녹암鹿菴(권철신)의 문하에 가르침을 청하였다.

─「선중씨 묘지명」 중에서

어머니 윤씨가 세 아들을 얻는 꿈을 꾸고 낳아서인가. 어렸을 때 이름이 삼웅三雄이었듯이 약전은 호방함이 남다른 인물이었다. 1783년

약전의 나이 26세 때 진사가 되었지만, "대과大科는 나의 뜻이 아니다"
라고 말하며 공부를 게을리했다. 그러던 어느 날 "과거에 합격하지 않
으면 임금을 섬길 수 없다"라고 하고는 공부에 힘써 회시會試에 수석
합격하고 승문원承文院 부정자副正字로 벼슬을 시작하였다.

　　머리가 명석했던지 정조는 "아무개(정약전)는 준수하고 뛰어남이
그 아우보다 낫다"고 하였으며 정승감이라고 칭찬하였다. 키가 크고
생김도 호남형인 데다 성격 또한 씩씩하고 쾌활해 주위에 사람이 끊이
지 않았다. 사실 그는 한치응韓致應, 윤영희, 이유수李儒脩(1758~1822), 윤

지눌 등과 어울려 다니며 노는 데도 일가견이 있었고, 벼슬도 중요하게 생각하지 않았다. 그래서 집권당 인사가 아니었음에도 불구하고 다산의 정적들이 형 약전을 붙들고 늘어지니 벼슬다운 벼슬도 하지 못하고 크게 죄지은 일도 없이 귀양살이를 하게 되었다. 오로지 천주교로 묶여서 중죄인 취급을 받고 16년이나 귀양살이를 해야 했으니 보통 사람 같았으면 울분을 참지 못했을 것이다.

약전은 1801년 10월 다시 서울로 압송되었다가 11월 22일 새벽 나주 율정에서 다산과 이별하고 우이도로 향했다. 사나흘 파도와 싸운 끝에 우이도에 도착했다고 한다. 대범한 성격에 강진 신지도에서 뱃사람들과 7개월을 생활한 터라 뱃길을 겁내지는 않았을 것이다. 약전은 우이도에서 생활하다 얼마 후 다시 흑산도로 거처를 옮겼다.

약전이 살았던 때의 흑산도에는 280여 호에 700여 명의 주민이 살았다. 강진현감의 감시와 먼 뱃길을 무릅쓰고 편지와 저술 초고를 주고받았으니 형에 대한 다산의 신뢰가 얼마나 깊었는지 짐작할 수 있다. 약전 역시 책도 변변히 없는 오지에서 동생이 보내오는 초고를 붙들고 씨름하며 노고를 감수해 주었으니 그 노력과 정성이 대단하다.

『현산어보』를 쓰다

공이 바다 가운데로 들어오고부터는 더욱 술을 많이 마셨는데 상스러운 어부들이나 천한 사람들과 패거리가 되어 친하게 지내며 귀한 신분으로서의 교만 같은 걸 다시는 부리지 않았기 때문에 더욱 섬사람들이 기뻐하여 서로 싸우기까지 하면서 자기 집에만 있어 달라고 애원했다.

─「선중씨 묘지명」 중에서

다산은 학문을 피안의 세계로 삼아 저술에 매달렸으나 약전은 어부나 천인들과 어울리면서 술로 세월을 보냈다. 학문은 자신이 아니라 동생 다산이 할 일이라고 생각했는지 모른다. 다산이 지은 「선중씨 묘지명」에는 "공은 책을 편찬하거나 저술하는 데는 게을렀기 때문에 지으신 책이 많지 않다"라고 쓰여 있다. 아마 다산이 감수를 받기 위해 책의 초고를 보내면 그제서야 학문을 생각했겠지 싶다.

그러나 약전은 학문에 열중하지 않고 지역 주민들과 어울려 생활하면서도 저술의 소재를 찾아냈다. 『논어난』論語難이나 『현산역간』玄山易柬은 다산이 저술하며 생긴 의문점들을 약전에게 묻고 답하는 과정에서 쓰인 책이다. 그러나 정작 정약전을 빛낸 책은 천인 어민과 어울리면서 쓴 『현산어보』玆山魚補와 『송정사의』松政私議이다. 처음 약전이 물고기에 관한 책을 쓴다고 했을 때 다산은 "『해족도설』海族圖說(『현산어보』의 최초 제목)은 매우 뛰어난 책으로 이것은 또 하찮게 여길 것도 아닙니다"라며 실학자답게 뛰어난 아이디어라고 찬성하고서 "글로 쓰는 것이 그림으로 그리는 것보다 나을 것입니다"라는 의견을 제시했다. 그림은 가볍게 여겨 책으로서 가치가 떨어질 것을 염려한 탓인지, 다산의 의견에 따라 제목이 '해족도설'에서 '현산어보'로 바뀌고 그림이 빠진 책이 되고 만다. 바닷속의 어족을 집대성한 책인 만큼 그림이 곁들여졌더라면 더 좋았을 것을.

『현산어보』는 바닷속 생물을 크게 비늘이 있는 '인류'鱗類 71종, 비늘이 없는 '무인류'無鱗類 43종, 껍질이 있는 '개류'介類 68종, 해충·해조 등의 '잡류'雜類 45종으로 분류한 책이다.

"어찌 요것이 숭어요? 아니랑께 모치(모쟁이)요 모치. 모치는 쬐깐한 놈을 말한당께."

"우리 섬 것이 제일 맛나는 홍어를 뭐시라 뭍사람들은 가오루라구 안 항가."

약전은 섬에 사는 사람들과 스스럼없이 만나 술 마시며 놀다가 사람마다 물고기를 달리 부르는 데서 『현산어보』 집필 방향의 힌트를 얻었다. 섬사람 중에 두문불출하면서 고서古書만 읽는 장덕순張德順이라는 사람이 있었다. 성격이 조용하고 치밀했으며 어류에 대해선 다른 어떤 사람보다도 박식하고 믿을 만했다. 약전은 그와 함께 조사하고 연구한 자료를 엮어 『현산어보』를 지었다. 이 책에는 어류학자들이 미처 조사하지 못한 자료들도 있다.

『송정사의』는 국가의 산림 정책이 잘못되었음을 지적한 글이다. 이 책은 소나무 베는 것을 금지하는 국법이 왜 백성들에게 고통인가를 상세히 묘사하고 대책을 논하고 있다. 다산은 이 내용을 그의 저서『목민심서』에 인용했다. 두 형제는 실용 측면에서 보면 서로 같은 것 같으면서도 다른 길을 걸었으며, 다른 것 같으면서도 같은 길을 걸었다.

정약전의 저서나 다산과 주고받은 편지 내용을 보면 그가 다산보다 훨씬 현실적이라는 것을 알 수 있다. 1807년 다산초당으로 옮기기 1년 전이다. 다산은 외로움을 견디다 못해 가족들을 강진으로 이주시키기로 결심했다. 자신을 철저히 외면하는 한양 조정에서 멀리 떨어지고 싶었는지도 모른다. 해배는 이제 잊은 지 오래였다. 마재에 계신 큰형 약현과 흑산도(1806년에 흑산도로 옮겼다가 1814년에 다시 우이도로 돌아왔다.)에 계신 약전 형님께도 가족을 이사시키겠다는 자신의 결심을 알렸다. 다들 말렸지만 듣지 않았다. 형수들은 약전만이 다산을 말릴 수 있다고 여기고 그에게 부탁했다. 형수들이 난리인 것은 다산이 해배되어 돌아와야 궁색한 살림에서 벗어날 수 있기 때문이었다.

호남에는 거지가 없고 경기에는 넉넉하게 사는 집이 없다던가. 옛적에 우리 성호선생이 처음 분가하셨을 때 벼 6곡斛(60말)뿐이었으나 늘그막에는 해마다 100여 곡씩 거두었는데 성옹星翁이 어찌 재화를 늘리는 분인가. 쓰는 것을 절약한 데에 지나지 않네. 어떻게 하면 절약할 수 있느냐. 무릇 재물은 쓸 때 이것을 쓰지 않아도 살수 있느냐 생각해서 살 수 있다면 쓰지 말고, 이것을 쓰지 않아도 인仁을 다치지 않겠느냐 생각해서 다치지 않는다면 쓰지 말고, 이것을 쓰지 않아도 검소함에 손상되지 않겠느냐 생각해서 손상되지 않으면 쓰지 말아야 한다는 것이다. 가장 긴요하고 가장 급한 것을 좇아 이것을 쓸 것이요, 쓰고 남음이 있으면 저축하여 다른 날을 기다리는 것이 또한 옳지 않겠는가.

― 정약전, 「다산에게 부친다」 중에서

계속해서 약전은 다산에게 "저 사변을 만난 뒤에야 줄이고 또 줄이며 절약하고 또 절약했지만 아직도 옛날에 호사를 부리던 습성에서 벗어나지 못해서 아이(아들 정학초丁學樵, 1791~1807)를 장가보낼 때 쓴 비용이 2백 냥이나 되어 지금은 빈손이 되었네"라고 말하며, 지금은 아이 약값과 내게 보낼 식량은 엄두도 내지 못하고, 몇 식구의 남은 목숨이 마침내 구덩이에 빠지게 되었다고 한탄했다. 이에 아우도 마찬가지

일 것이며 이제 만일 가솔들이 모두 이사한다면 부자를 부러워하지 않을 것 같지만 반드시 그렇지 않을 것이니 다시 생각해 보라고 권했다. 그리고 "우리는 그만이거니와 어찌 차마 죄 없는 자손들에게 각처로 떠돌며 이사하게 하여, 살아서는 나그네의 슬픔을 주고 죽어서는 타향의 넋이 되게 할 것인가"라고 거듭 권하니 이에 다산이 이주 계획을 포기하고 말았다.

12년간 다산의 저술을 돕다

약전은 1803년 다산의 편지를 받은 그해부터 죽기 전인 1816년 여름까지 다산이 저술한 책들을 감수했다. 다산이 초고를 보내오면 몸을 깨끗이 씻고 옷깃을 여미며 받았다고 한다.

다산이 동문 매반가에서 초기에 집중적으로 상례喪禮를 연구하며 쓴 책이 『상례사전』喪禮四箋이다. 이를 형 약전께 맨 먼저 보내지 않았을까. 약전은 보내온 『상례사전』에 대해 "헝클어진 머리를 빗질해서 고르게 하듯, 깨끗이 빨아 내고 잘 익혀 내어 마치 장탕張湯(한나라 때 뒤얽힌 옥사를 잘 처리한 사람)이 옥사 다스리듯 일마다 실정에 맞도록 하였구나"라고 부분 부분 의견을 제시하며 전체적으로 잘 정리되었다고 평했다.

다산이 여섯 번이나 첨삭하고 다듬은 『주역사전』周易四箋을 보냈을 때는 "세 성인(『주역』을 제작했다는 복희伏羲, 문왕文王, 공자孔子)의 마음속 오묘한 이치가 이제야 찬연하게 밝혀졌구나"라고 평했고, 『역고』易藁를 보고서는 "처음에 보낸 원고는 샛별이 동쪽에서 밝아 오는 듯하더니 이번 원고는 태양이 하늘 가운데 떠 있는 것 같구나"라고 평했다. 『악서고존』樂書孤存이 완성되어 약전에게 보냈더니 칭찬과 함께 핵심적인 지적이 돌아왔다.

2천 년 동안의 긴 밤(진시황의 분서갱유 이후의 시간)이 마치 한 번 꾼 꿈처럼, 이제야 대악大樂의 혼이 돌아왔구나. 다만 양률陽律과 음려陰呂는 마땅히 삼천參天과 양지兩地에 그 짝이 되세 해야 한다. 황종黃鍾 81은 삼등분하여 하나를 덜어서 대려大呂 54가 되고, 태주太簇 78은 삼등분하여 하나를 덜어서 협종夾鍾 52가 되고, 나머지도 모두 그러한 방법으로 되어야 한다. 12율로 하여금 순서대로 내려가 서로의 차례가 되게 해서는 안 된다.

—「선중씨 묘지명」 중에서

다산은 약전이 지적해 준 내용을 거듭 생각해 보았다. 그리고 지난번 원고를 없애 버리고 모든 것을 약전이 말해 준 대로 따랐다.

음악이론가 권태욱 교수가 쓴 논문(「『악서고존』에서 다산 율론의 음악학적 고찰」, 2007)에 따르면 『악학궤범』樂學軌範은 중국의 악론을 여과 없이 잘못 반영하였다'고 비판한 다산의 지적이 정확하며 '다산의 『악서고존』은 단순한 음악 이론서일 뿐'이라는 기존의 주장도 사실이 아님이 입증되었다고 한다. 이는 약전의 도움 없이는 불가능한 일이었다. 다산은 책이 완성되면 우선 약전에게 보내 감수를 부탁했고 약전은 이를 받아 정확한 지적을 해 줌으로써 책의 완성도를 높였다.

약전은 감수뿐 아니라 저술에 관한 자료와 아이디어를 제공하며 적극적으로 저술 활동을 도왔다. 약전은 동생을 자랑스러워했다. 그래서 『주역』을 쓴 문왕이 주왕에 의해 유리羑里에 갇혔을 때 『주역』을 연역했고 공자가 어렵던 시절에 『춘추』春秋를 지었다는 점을 들어 다산이 문왕이나 공자처럼 불우했기 때문에 『역학서언』易學緒言을 쓸 수 있었다고 말했다. 그리고 다산을 이들 성인들과 같은 반열에 놓고 결과적으로 다산의 불행을 그 인생의 행복이라 보았다.

하늘과 땅 사이에서 이 책을 지은 자는 미용(다산)이고 이 책을 읽은 자는 나인데 내가 어찌 또한 한마디 말이 없어서야 되겠는가. 다만 나는 섬 가운데 갇힌 몸, 죽을 날이 멀지 않았으니, 언제 미용과 함께 한 세상 한 형제로 살아 볼 수 있으랴. 이 책을 읽고 이 글을 쓰는 것만으로도 만족한다. 나는 참으로 유감이 없도다. 아! 미용도 또한 유감이 없을 것이다.

— 「사암선생연보」 중에서

위 글을 통해 약전이 다산을 얼마나 끔찍이 위했는지 미루어 짐작할 수 있다. 다산은 자신의 두 아들 대신 약전의 외아들 학초를 학문의 후사로 삼으려 했다. 유배 오기 전인 1800년 학초가 독서하는 모습을 보고 다산은 큰사람이 될 것이라며 자신의 두 아들보다 학초의 학문을 더 높이 샀다. 그런데 학초는 1807년 7월 19일 후사도 없이 갑자기 세상을 떠났다. 결혼한 지 얼마 되지도 않은 불과 열일곱 살의 젊은 나이에 죽었으니 다산뿐 아니라 약전의 비통함은 이루 말할 수 없었으리라. 다산은 이 일로 형의 건강이 나빠지지나 않을까 걱정했다. 그렇지 않아도 흑산도에서 고기를 전혀 먹지 못한다는 말을 듣고 걱정하던 차였다. 다산은 형에게 들개를 잡아먹으라고 권하며 그 요리법까지 알려주었다. "섬 안에 들개가 수없이 많을 텐데, 제가 그곳에 있다면 5일에 한 마리씩 삶는 것을 거르지 않겠습니다." 다산은 능히 그러고도 남을 사람이었다. 흑산도까지 뛰어가고 싶지만 그저 편지와 들깨나 보낼 수밖에 없는 자신의 신세가 한심했을 것이다. 그러나 다산은 강했다. 어떤 어려운 여건 속에서도 살아가는 강한 정신의 소유자였다.

1814년, 약전은 다산이 해배될 것이라는 소식을 듣고 흑산도에서 우이도로 옮겨 왔다. 그리고 다산을 기다렸다. 그러나 끝내 다산을 보지 못하고 1816년 6월 온 섬이 떠나갈 듯한 슬픔 속에서 세상을 떠났다.

정약전은 왜 흑산도로 갔을까

정약전은 처음 신안군 도초면 우이도(소흑산도)의 문순득 집에서 생활하다 1806년 흑산도 사리로 거처를 옮겼다. 그리고 다산이 해배될 것이라는 소식을 듣고 육지와 가까운 우이도로 돌아온 뒤 생을 마감했다.

우이도 진리에 사는 문순득은 배를 부려 장사하는 사람이었기 때문에 부유해서 유배 온 사람들이 그의 신세를 많이 졌다고 한다. 그는 문자 지식은 없었지만 매우 똑똑하고 관찰력이 뛰어났다. 정약전이 유배 온 지 2개월 가까이 지난 12월, 문순득은 자신 소유의 배를 타고 홍어 무역을 하기 위해 떠났다가 1802년 1월 18일 큰바람을 만나 표류하게 되었다. 그는 필리핀과 마카오, 중국 대륙, 압록강을 거쳐 1805년 1월 8일 우이도로 돌아왔다. 정약전은 이 여정을 『표해시말』漂海始末(『표해록』)에 담았다. 그리고 개국 이래 바다 밖으로 여송국(필리핀을 말함)까지 다녀온 사람은 문순득이 처음이라며 '천초'天初라는 자字를 지어 주었다. 후에 다산은 문순득의 아들 이름을, 여송에서 돌아왔다는 뜻으로 '여환'呂還이라 지어 주었다. 이를 보면 문순득은 다산과도 친밀하게 지냈다는 것을 알 수 있다.

그런데, 정약전은 왜 육지와 가까운 우이도를 두고 외진 흑산도로 이주했을까? 정약전이 거처한 우이도 집의 위치를 생각해 보면, 그 이유를 대강이나마 짐작할 수 있다. 우이도에 들어서면 한눈에 정약전 우거터를 알아 볼 수 있다. 다산이 가는 곳마다 대를 심었듯 정약전 우거터도 온통 대밭이다. 하지만 대를 심고 돌담을 둘러도 정약전의 우거터는 불안했다. 그 이유는, 다산은 동헌에서 250미터 정도 떨어진 아전 거리에 머물렀지만 약전은 흑산진영과 불과 30미터 정도밖에 떨어져 있지 않았기 때문이었다. 철저한 감시 아래 있었던 것이다.

나는 약전이 멀고 먼 흑산도로 간 이유를 알 수 있을 것 같다. 호방한 사람이 수군들의 감시를 달가워했겠는가. 문순득은 이후 다산의 제자 이강회에게 "주거가 불안해서 급하게 흑산도로 떠나느라 『표해시말』을 제대로 쓰지 못했다"고 말했다.

여기서 잠시 다산의 제자 이강회의 행적을 살펴보자. 이강회는 다산이 해배되어 돌아간 그 해 즉 1818년에 우이도로 들어갔다. 왜 이강회는 약전도 다산도 없는 우이도에 홀로 들어갔을까? 약전은 우이도에서 문순득의 구술을 받아 『표해시말』을 지었고, 이강회는 『표해시말』의 부족한 점을 보강해 『운곡선설』雲谷船說을 지었다. 『표해시말』과 『운곡선설』을 합해야 한 권의 책이 됨은 물론이다. 『표해시말』은 출발부터 귀환까지, 유구와 여송에서의 견문과 그 지역의 언어를 정리하고 있다. 그에 반해 『운곡선설』은 선박의 설계와 구조를 조목조목 기술해 놓은, 다시 말해 서양의 앞선 선박 기술을 조선의 선박과 비교해 가며 서술한 책이다. 이외에 이강회는 표류객들의 심문 내용과 직접 관찰한 중국 상선의 구조, 운영 방식 등을 간추려 기록한 『현주만록』玄洲漫錄을 지었고, 제주도에서 유배 와 있던 김익강金益剛으로부터 '양제해梁濟海 모반 사건'(1813년, 양제해가 무리를 모아 제주도 내 관원들을 살해하기 위해 거병을 꾀하다 발각된 사건)은 조작되었다는 말과 제주도의 풍물 등에 대해 듣고 그 내용을 『탐라직방설』耽羅職方說에 담았다. 이강회의 말년 행적은 알 길이 없다. 그의 저술들이나 행적들이 하루빨리 사람들에게 알려지길 바란다.

어디 있소 나를 따를 자가

혜장선사

혜장은 혜장이다

다산이 혜장惠藏(1772~1811)을 처음 만난 곳은 백련사 어디일까? 다산은 혜장이라는 승려가 자신을 만나고 싶어 한다는 이야기를 전해 듣고 백련사에 왔으나 마을 노인(표씨라고도 함)을 앞세워 구경 차 들른 것처럼 모르는 척 혜장에게 접근했다. 두 사람은 첫 만남에서 무슨 말을 나눴을까? 선문과 선답을 이어 갔을까? 아니 어쩌면 만경루의 경치와 이광사가 쓴 만경루 편액 글씨에 취해서 묵언의 대화를 나눴을지도⋯⋯.

우리나라 글씨는 뛰어난 작품이 적은데
근래엔 이광사가 있어 그만 홀로 세상에 유명하다.
북쪽 변방 끝에서 남쪽 섬으로 귀양살이 옮겨 와

미개한 천민들에게도 예악과 제도 가르쳤네.

거룩하다 일개 포의布衣로 귀양을 살았지만

우레 같은 명성이 백세를 울리네.

그가 쓴 백련사 편액을 보니

꿈틀대는 용의 기세를 붙잡은 듯하구나.

거칠고 질박한 김생金生은 헛이름만 얻었으니

시골 백성들 계약서나 써 줄 법한 글씨라네.

경수涇水와 위수渭水가 함께 흐르면 청탁淸濁이 더욱 분명해지고

혜장선사 나를 따를 자가 어디 있소

도척盜跖과 맹획孟獲이 함께 있으면 현우賢愚가 더욱 분명하다오.

큰 인재가 외진 바닷가에서 불우하게 죽다니

남긴 자취 처량해서 눈물이 줄줄 흐른다.

명망이 높으면 살인죄라도 풀어 주어야 할 텐데

듣자 하니 임금님도 그날로 화를 풀었다네.

난쟁이들만 배불림도 괴이해하지 말구려

예로부터 부잣집 자제들 모두 소매만 흔들었다오.

옥사장이는 안다오 이 강진현에

선생이 죽어 간 뒤에 우리 형제 있는 것을.

—「이광사의 글씨」 (1807년 작)

만경루 풍광에 취해 멍하니 서 있는 다산과 혜장. 따라온 노인은 서먹한 분위기를 거두려는 듯 스님에게 묻는다.

"스님요, 요 백일홍은 뭣담시 백 일 동안이나 꽃이 핀다요?"

"지가 피고 싶은게 피재! 그렇크롬 태어난 것이지라우. 내가 피라고 혀서 그렇게 피겄소."

혜장은 지나쳐 간 사람이 다산임을 몰랐다. 함께 온 노인이 귀띔해서 알게 된 것일까. 다산이 선문 밖을 나와 대둔사大芚寺 북암北菴을 향해 가고 있을 때 헐레벌떡 뛰어와 손을 끌었다.

"영공, 이 대머리를 속이다니요?"

그날 혜장과 다산이 나눈 『주역』 문답이나 불전에 대한 이야기는 너무나 유명하다. 『주역』을 자기만큼 아는 자가 이곳 강진 땅에 누가 있겠냐고 큰소리치던 혜장이 그날 밤에 다산을 스승으로 모셨으니, 유교와 불교가 허물없이 만나 지대한 영향을 끼친 것이다. 다산은 열 살

이나 어린 혜장을 보며 자신의 젊은 시절을 떠올렸는지 모른다. 혜장 또한 스승인 연담유일蓮潭有一(1720~1799)에게서 들은 다산의 진면목을 하룻저녁에 알아챘다.

색금현塞琴縣 화산방花山坊, 지금의 해남군 화산면의 찢어지게 가난한 집에서 태어난 혜장은 본래 김씨였다. 자는 무진無盡, 호는 연파蓮波, 별호는 아암兒菴(다산이 지어준 호)이며, 혜장은 그의 법명이다. 어려서 출가하여 해남 대둔사(대흥사大興寺)에서 머리를 깎고 중이 되었다. 후에 대둔사 13대 강사 중 12대 강사가 됐다.

혜장선사 나를 따를 자가 어디 있소

춘계천묵春溪天默(대둔사 스님으로 혜장의 스승)을 따라 학문을 배웠으니, 천묵은 불교 이외의 경전에도 널리 통하였고 아암(혜장)은 영특함이 뭇사람 중에 빼어났다. 그래서 학문을 배운 지 몇 년 만에 승려들 사이에서 명성이 떠들썩하게 울렸다. 체구는 작았지만 질박한 성품이어서 불도佛道의 스승들이건 고귀한 신분을 가진 고을의 선생들이건 가릴 것 없이 모두 그 재주를 사랑하고 가까이 지내려 했다.

— 「아암장공탑명」 중에서

혜장은 허튼소리를 들으면 자리를 박차고 일어나 들으라는 듯 큰 소리로 "예끼 순! 예끼 순!"이라는 말을 내뱉었다. 어지간한 사람들은 모두 이런 소리를 들었다. 혜장은 스님인데도 술을 좋아하고 고집불통에다 불같은 성격이어서 기벽으로 소문이 났다. 어찌 보면 볼품없는 외모에다 못된 성격만 고루 갖춘 망나니 땡중이라고 해야 할까. 그러나 머리가 비상하고 집중력이 강한 데다 노력파여서 젊어서부터 인정을 받았다. 그의 불같고 직설적인 성격을 보여 주는 일화가 있다.

"예끼 순! 뭐시냐, 대둔사가 신라 법흥왕 때(514년) 세워졌다고요? 시방 고것을 믿으라고요? 아도화상阿道和尙이요? 누가 뭣땜시 고런 엉터리 역사를 맹근당가요?"

여기저기 자료를 수집해서 일일이 논거를 들어 황당무계한 기록(『죽미기』竹迷記를 말한다)이라고 일축한다. 자신이 기거하는 절이니 눈감고 넘어갈 만하건만 그렇지 않다. 대다수의 절들이 창건 연대를 조작해 오래된 절처럼 포장하는 잘못을 지적한 것이다.

아암은 여러 스승들을 따라서 불경을 배울 때에는 비록 머리를 숙이고 설법을 듣기는 하나 문밖으로 나와서는 입속에서 문득 토해내는 소리가 있었으니 "예끼 순!"이라고 했는데 "예끼 순!"이라 함은 비웃어 버리는 말이었다. 오직 연담이 손수 기록해 준 것이나 설법으로 말해 준 것에 대해서만은 "예끼 순!"이라고 하지 않았다 한다.

—「아암장공탑명」중에서

'예끼 순!'의 정확한 뜻은 무엇일까? 갑자기 놀라서 내는 소리인 '에끼'나 '예기' 혹은 심하게 나무랄 때 쓰는 소리인 '예끼'는 있는데 '예끼 순'이라는 말은 없다. 전라도 사투리다. 내 상식으로 말하면 '말도 안 돼, 집어치워' 정도가 될까.

이런 괴승에게 다산은 푹 빠져 버린다. 아마 혜장은 더 심했을 것이다. 이후 혜장은 다산을 불쑥불쑥 찾는다. 자연히 동문 매반가의 주거 환경이며 다산의 어려운 처지를 눈여겨봤을 것이다. 그리고 무엇인가 도울 일을 찾아 나선다. 그가 존경하는 연담유일 스승의 부탁도 있었다. 혜장은 말동무가 되어 주거나 몸이 쇠약해진 다산에게 질 좋은 차를 대접했다. 더불어 다산이 거처를 옮기도록 도왔다. 환경이 열악한 동문 매반가를 떠나야 다산의 건강이 좋아질 것이었다. 이제 다산도 금곡사에서 살겠다는 꿈을 버린다.

고성암高聲菴은 강진읍 뒤 보은산 정상 부근에 세워진 조그만 암자이다. 1805년 봄 다산이 고성암을 방문하고 나서 지은 시가 있다. 풍성한 나물밥을 먹어 보고 맛있어서 깜짝 놀랐다고 한다. 10월 9일 아들 학연이 강진에 도착했을 때 혜장의 배려로 고성암에 새 거처를 마련했다. 동문 매반가 뒷골방이 두 사람이 기거할 수 없을 정도로 비좁아 서둘러 고성암으로 옮긴 것 같다. 어쩌면 혜장, 다산 두 사람과 고성암에 살고 있는 스님들이 모두 『주역』에 관심이 많았기 때문인지도 모른다(다산의 시에서는 당시 보은산방에 8, 9명의 중이 살았다고 적고 있다).

이곳 고성암 보은산방에서 다산은 본격적으로 『주역』의 강학과 집필을 시작했다. 유교 경전 6경六經 중의 하나인 『주역』은 난해하기로 유명하다. 천재들도 쉽게 접근하기 어려운 학문으로 만상萬象을 음양陰陽 이원二元으로 설명하여 그 으뜸을 태극太極이라 했고, 거기서 64괘를 만들어 철학, 윤리, 정치적인 해석을 덧붙인 것이다. 한마디로 변화를 예견한 학문이다. 그런데 다산은 왜 이런 어려운 학문에 집착했을까?

『주역』의 산실은 말이 없고

우이봉 밑 작은 선방禪房에
담장 넘은 대나무만 쓸쓸하다.
작은 바다 바람과 조수는 낭떠러지와 연해 있고
고을 성의 연화煙火는 산이 첩첩 막았어라.
둥그런 나물통은 중 밥자리 따라다니고
나그네 봇짐은 간략한 책함뿐이라네.
청산이면 어딘들 못 있을 곳이 있나
한림의 춘몽이야 이미 먼 옛꿈이라네.

가경 신유년(1801)에 강진으로 귀양 와서 을축년(1805) 겨울에 고성
암에서 지내다.

—「고성암」 (1805년 작)

　다산이 고성암에서 기거하던 처소는 달랑 두 칸짜리 방이다. 한쪽엔
부처님이, 다른 한쪽엔 다산과 그의 큰아들 학연이 머물렀다. 다산 부자
도 유학자가 부처와 동거하는 이 상황을 다소 기묘하게 여겼으리라. 밤
이 되면 부자는 방 한구석에 처박혀 차가운 겨울 바닷바람을 맞았을 터.
　그래도 두 사람이 함께 기거할 수 있어서 동문 매반가보다는 나았
던 모양이다. 크게 나아지진 않았으나 나란히 누울 수 있으니 마음이
라도 편했을 것이다. 유배 초기 다산이 아들들에게 보낸 편지 내용으
로 보아 학연은 자식들 교육에 관심이 지대했던 다산의 성화에 못 이
겨 내려온 모양이었다. 초라한 행색에 몰라보게 달라진 아들을 보자
다산은 기쁨보다는 걱정이 앞섰다. 다산은 아들에게 고향 소식을 묻는
다. 학연은 처음에는 왕이 써 준 글씨며 그림 등 값나가는 것들을 팔아
생활했고, 혹시 천주학으로 의심받을까 봐 아무런 관련 없는 대경도代
耕圖(농사 이외의 일로 농경 수입을 대신하는 내용의 그림)와 항성의恒星儀(별자리책)
까지 밤에 몰래 불태워서 이웃집의 의심을 사기도 했다고 한다. 지금
은 원포가 그런대로 잘되어 끼니 걱정 없이 지낼 만하고, 마을을 팔아
노잣돈을 만들어 이곳 강진까지 아비를 찾아왔다고 그간의 사정을 이
야기했다. 아들의 말을 듣는 다산의 심정은 어땠을까.
　그나마 혜장이 곁에 있어 다행이었다. 다산은 혜장에게 뼛속까지
시린 못난 아비의 아픔을 토로한다. "대나무 부딪는 소리까지 구슬프
게 들린다"고(「학가가 왔기에 그를 데리고 보은산방으로 가 이렇게 읊다」 중에서). 다

산은 하염없이 눈물을 흘렸을 것이다. 힘든 객지 생활에 아들 입까지 보태게 되니 스님들 보기도 민망했을 터. 그 면목 없음까지 더해서 눈물이 터져 나왔다.

"지혜만으로는 춥고 배고픔을 달랠 수가 없겠구나."(「학가가 왔기에 그를 데리고 보은산방으로 가 이렇게 읊다」 중에서)

다산의 탄식이 들리는 듯하다. 아들 학연의 손을 잡고 보은산 꼭대기에 올라 보지만 매한가지였던 모양이다. 이런 열악한 환경이 다산으로 하여금 『주역』 집필에 몰두하게 한다. 스님들, 제자 황상과 이학래 그리고 아들 학연이 함께했다. 여기에 혜장까지 가세해 수시로 불쑥불쑥 찾아와 말벗이 된다. 그리고 다산의 마음에 닿는 심오한 말들을 툭툭 던지고 간다.

"이만하면 즐거움 이루었으니 굳이 벼슬길 그리워 마소서."

혜장은 다산의 마음까지 다잡아 준다. 가끔 술을 가져와 막힌 머리를 뚫어 주기도 한다.

혜원스님이 술을 마시라 허락했는지
혜장스님은 술을 직접 가져왔네.
앙제盎齊(술 이름)는 옛적 그것과 같으니
문 안에서 장군(缶: 술그릇 이름)에 담아 붓게나.
기쁘게 마셔 취하고 보니
붉어진 얼굴은 창문에 반사되네.
비장한 마음으로 계율은 깼지만
배움 있는 어느 뉘 그대를 탓하랴.

한 잔 올리고 잔 한 번 돌리고

술 마신 수대로 시를 읊는다.

촉나라 삼이 오나라 소금 끌어들이고(촉의 삼과 오의 소금은 둘 다 명품이다.)

조나라 거문고가 진나라 장군(缶) 재촉하네(춘추전국시대 인상여의 고사).

도리 깨치면 시 또한 지극해져

흙담은 잠깐 사이에 대나무 들창으로 변하지.

받기만 하고 보답할 줄 모르면

부처의 세계에서 큰 죄로 여기네.

─「5월 7일 보은산방에 있으며」 중에서(1806년 작)

　　다산은 고성암 보은산방에서 꼬박 10개월 동안『주역사전』집필에 매달렸다. 아울러 스님들과 함께『주역』에 대한 강학 내용을 정리한『승암문답』僧菴問答과 1803년에 쓴『갑자본 주역사전』을 보완한『을축본 주역사전』8권을 다시 보완하여『병인본 주역사전』16권을 완성했다. 이미 동문 매반가 시절에 저술한『상례사전』은 계속해서 보완하고 있었다. 특히 다산은 나중에 완성된『주역사전』24권(1808년 완성)에 대해 "하늘의 도움을 받은 문자다. 백 년 후에 알아볼 사람이 나타날 것이다"라고 말했다.『상례사전』60권과 함께 그만큼 소중히 여기던 책이다. 우리 지성사에 중요한 자리를 차지하는 일들이 보은산방에 머물던 2년 동안 이루어졌다. 그런데 다산의 말처럼 백 년 후에『주역』을 살필 사람은 나타나지 않았다. 나라가 혼란에 빠져 있었기 때문이다. 일제강점기였고 해방 후엔 곧바로 전쟁이 일어났으니 어느 누가 알아보았겠는가. 어쨌든 고성암 보은산방은『주역』의 산실로 자리매김되어야 할 것이다.

십 리 길, 멀다 할 것인가

봄을 머무르게 할 계책이 없으니 오는 여름을 맞이할 수밖에 없다고 한 다산은 1806년 봄을 맞이하기 위해 백련사로 향했다. 고성암 보은산방에서 만덕산 백련사는 십 리 길, 혜장을 만난 그 잊을 수 없는 절을 찾아가는 길이 어찌 멀게 느껴졌으랴!

본디 산과 숲을 좋아하는 다산은 한 병의 술만 있으면 족해서 혜장과 약속도 하지 않고 바다를 끼고 걸어갔다. 모래밭 생선시장에는 생선장수 목청이 바다를 울리고 다리 가엔 막걸리 주막집이 즐비하다. 목롯집 계집들은 왜놈처럼 붉은 머리털이고 물가 누런 띠집엔 약장수 영감이 살고 있다. 버드나무 가지들이 한들한들 바람결에 흔들리는 곳을 대지팡이 울리며 걸어간다. 이심전심, 다산이 올 줄 알았는지 숲을 뚫고 횃불 하나가 나타났다. 혜장과는 참으로 연분이 있어 절간 문을 밤 깊도록 열어 놨다. 아직도 좌우에는 동백꽃이 피어 있고 밤새도록 내리는 영매우(음력 3월에 내리는 비)가 다산을 머물게 했다. 그리고 이야기가 끝없이 이어졌다.

지친 몸 지팡이에 의지하고
천신만고 절 문간에 당도했네.
골이 비어 늘 푸르른 윤이 나고
산이 둘러 쉬 황혼이 된다네.
물을 뜨러 샘물 눈을 찾고
구름 보며 나무뿌리에 앉았다네.
아마도 밀물 때가 가까워 오는지

백련사에서 다산초당 가는 길에 있는 동백숲

창공 밖에 시끌벅적한 소리 들리네.

─「4월 17일 백련사에서 놀다」 중 제2수(1805년 작)

정수사가 고려 도공들과 직접적인 연관으로 흥망성쇠를 겪었다면, 백련사는 간접적인 영향으로 흥망성쇠를 겪었다고 할 수 있다. 고려 말 사회가 혼란에 빠지자 크고 작은 왜구의 침입에 사당리 고려청자 가마가 폐쇄되고, 백련사도 잦은 왜구의 침입으로 불타서 폐쇄되고 말았다. 하지만 경관이 아름답기 때문일까. 조선 세종 8년(1426), 천태종의 영수인 행호行乎스님은 임금의 장수와 복락을 빌면서 세종의 형인 효령대군에게 백련사 재건의 후원을 부탁했다.

"그 먼 곳에서 나를 알아주는 사람들이 있다고?"

효령대군은 기쁜 마음으로 백련사에 시주하여 중창을 도왔으며 후에 8년 동안 이곳에 머물기도 했다.

1813년에서 1814년까지 다산은 자신이 책임 편집자가 되어 백련사의 역사를 정리한 『백련사지』를 펴냈다. 다산이 책 전체를 관장하고, 혜장의 제자인 기어자굉騎魚慈宏과 다산의 제자인 이학래가 함께 편찬했다. 이 중 세 권은 이학래가 직접 지었다. 또 「백련사에서 놀다」라는 시가 문집에 4수나 실려 있을 정도이니 다산이 백련사에 얼마나 자주 오갔는지 알 수 있다.

구름 조각이 닦아 냈는지 바다 하늘 활짝 맑고

냉이밭에 나비들도 하얗게 훨훨 나는데,

우연히 집 뒤의 나무꾼 길을 따라

드디어 들머리 보리밭을 지나왔네.

바다 끝에서 봄 만나니 나도 이제 늙나 보다

외진 마을 벗이 없어 중이 좋은 걸 알았다네.

때로 먼 산 바라보던 도연명 생각이 나서

한두 편 산경山經을 놓고 중과 함께 얘기했네.

—「봄날 백련사에 가 놀다」(1809년 작)

길을 만드는 것은 쉬운 일인가

만덕산 백련사 동백림을 거쳐 오솔길에 접어들었다. 혜장은 차를 좋아해서 차밭을 둘러보며 걸었다. 이 차밭을 지나면 겨우 한 사람이 다닐 만한 오솔길이 구불구불 나 있다. 다산과 혜장이 없을 때는 이 길도 없었으리라.

스승 다산을 만나 새로운 세상을 맛보았으니 오가는 길도 매양 새롭다. 혜장은 소리친다. "요동안 불가 속에서 우쭐했었재. 시상을 모다 안았어, 고게 전부인 줄 알고이. 고런디 뭣담시 울적해지려 한당가!"

기행으로 소문난 혜장은 오늘도 스승을 만난다는 기쁨에 콧노래를 부르며 걷는다. 건들건들! 보는 사람도 없으니 체면 따위는 대웅전에 다 버린다. 호젓함에 취해 갈지자로 어깨춤을 추며 흥얼거린다.

"예끼 순! 예끼 순! 요새 실없는 소리 허는 이들이 엄청 많당께."

실없는 소리는 다 던져 버리고 새로운 세상을 만나러 간다. 스승 다산을 만나러 간다.

발(簾) 밖으로 보이는 산빛은 고요한 속에 곱고
푸른 나무 붉은 노을, 눈에 가득 아름답다.
어린 중에게 부탁하여 차를 달이라 했지만
머리맡엔 원래 지장수(地漿泉)가 있어라.

—혜장, 「산 속에 사는 즐거움」 중 제2수

다산은 다산초당 동편에 있는 동암東庵을 지나 혜장을 만나러 간다. 오솔길을 간다. 아무도 없이 홀로 간다. 편안해진 마음을 꺼내 들고 간다. 편안한 마음이 되니 머릿속에 시가 떨어진다. 수많은 문장들이 나뭇잎처럼 반짝거린다. 붙잡기만 하면 된다.

이 오솔길을 다니는 사람은 혜장과 다산 그리고 이 두 사람을 아는 사람들뿐이다. 호젓할 수밖에 없다. 다산은 배를 내밀고 팔자걸음을 걷는다. 휘젓는 옷소매가 가볍다. 얼마 만에 걸어 본 팔자걸음이냐. 한양에서 마지막으로 걸어 본 게 1800년이니 10여 년 만이로구나. 내가 가장 잘나가던 때가 언제던가.

1794년 그의 나이 33세에 특별히 사간司諫으로 임명되고, 이어서 통정대부通政大夫 동부승지同副承旨로 발탁되었다. 1년에 3품계씩 오를 때이다. 정조는 특별히 병조참의兵曹參議를 제수하고 화성 행차에 시위侍衛해서 따라오도록 했다. 다산의 글솜씨에 탄복한 정조는 화성에 머무르며 연회 때마다 자신이 지은 시에 답시를 짓게 했다. 병조에서 근무할 때에는 밤중에 칠언배율七言排律 100구를 지어 올리라는 명령을 내리기도 했다. 그는 다산의 시를 칭찬하며 "내가 앞으로 약용에게 관각館閣의 일을 맡기려고 먼저 그 뜻을 보인 거다"라고 말했다.

생각이 이에 미치니 가볍던 발걸음이 갑자기 무거워진다. 임금의

백련사와 다산초당을
오가는 오솔길

사랑이 정적들만 늘게 했구나 싶어 마음이 어두워진다. 사실 정조는 다산을 비롯해 채제공, 이가환, 이기양을 아꼈다. 다산처럼 명석하고 바른 이들을 감싸면서 서서히 벼슬자리에 오르도록 만들었다. 그런데 갑자기 세상을 떴으니. '어찌 이런 일도 예견하지 못하고 갑자기 세상을 뜬 것일까.'

부질없는 생각들. 그래 던져 버리자. 이렇게 호젓한 오솔길을 만끽하며 한양에서 찾지 못한 말동무를 만나러 가는데. '혜장을 만나고 나서 마음도 편안해지고 건강해졌지.' 그래 오늘은 혜장이 무슨 재밌는 이야기를 가지고 올까. 기대가 크니 발걸음이 빨라진다. 크게 울던 새소리가 작아지고 옷소매에 나뭇가지들이 흔들린다. 깃대봉 오르는 길, 마지막 고갯마루를 넘어서니 나뭇가지 사이로 백련사의 지붕들이 보이기 시작한다. 지금쯤 혜장은 술독에 빠져 있을까, 아니면 차를 끓여 놓고 나를 기다리고 있을까. 이렇게 좋은 날 한가하게 술독 뚜껑을 졸게 놔둘 혜장이 아닐 터. 취해서 말들이 거침없이 나올 거야. 말려도 소용없네.

자취를 숨기고 산에 있노라니
세상 먼지가 침노하지 않는군. _탁옹籜翁(다산을 가리킴)
눈 뒤에 봄이 금방 오려는지
솔솔 바람이 숲에서 부네. _혜장
솟는 샘이 시냇물 깊게 만들고
솜털 구름에 성城은 그늘이 졌네. _학가學稼(학연의 아명)
번번이 촉재이蜀才易(미상)로 인하여
옛 사총思聰(거문고를 잘 탄 송나라 승려)의 거문고가 생각난다네. _탁옹

고고한 꽃은 때가 묻지 않고

정신이 교감하면 쇠붙이도 끊는 거지. _혜장

험한 산길에 지팡이 끄는 것이

산에 오르기 좋아해서가 아니라네. _학가

황혼에 시내 다리를 건너

대밭에 드니 자던 새들이 놀라네. _탁옹

촛불 밝히고 모두 즐거운 얼굴로

계율을 깨고 솔솔 술을 따르네. _혜장

한적도 하지 학관鶴觀이 있는 곳

처량한 것은 우이봉일러라. _학가

얘기에 취해 잠도 자지 않고

설법하느라 이부자리도 안 챙기네. _탁옹

독누篤耨(약용 식물)에 하늘하늘 연기 피어오르고

포뢰蒲牢(종鐘의 용두龍頭)에는 차가운 음향 잠겼어라. _혜장

세상과는 멀어지고 싶은 심정

고금의 일 두고 슬퍼지기만 하네. _학가

복희 문왕이 다 죽고 없으니

누가 그 전통을 이을 것이란 말가. _탁옹

현인 달사 제각기 제 뜻 말해도

잘 모를 것은 삼성三聖의 마음일러라. _혜장

주현朱弦(붉은색의 거문고 줄)이 진토에 묻혀 있어

옛 가락을 아는 사람이 없네. _학가

생각 못 했다네 마음 알아주는 사람이

바로 청해淸海 물가에 있을 줄은. _탁옹

밤중에 이리저리 거니노라면

별과 달이 차갑게 빛나고 있지. _혜장

수리부엉이는 교만하게 울어대지만

숨어 있는 용은 입이 얼어 못 읊조린다네. _학가

떠돌이 신세 때가 다 가 한이로되

숨어 있는 데는 깊은 곳일수록 좋지. _탁옹

이만하면 쾌락 이루었거니

굳이 벼슬에 연연할 것 없지요. _혜장

─「입춘이 지난 사흘 후 내가 보은산방에 있었는데 혜장이 지나다가 찾아주었다. 학가도 한축 끼었다」(1805년 작)

그동안 말벗이 없다가 오랜만에 말이 통하는 사람을 만났기 때문인지 다산과 혜장은 이틀이 멀다 하고 서로를 찾았다. 서로를 생각하는 장력張力이 얼마나 깊었으면 길이 열리겠는가! "눈 녹아 비탈길은 미끄럽고, 모래 둘러싸여 들집이 움푹하네. 얼굴에는 산중의 즐거움 가득하고, 세월 따라 변하는 몸 마음 안 쓴다네. 말세 인심 대개가 비루하고 야박한데, 지금 이렇게 진실하고 솔직한 자도 있다네." 다산이 지은 「혜장이 오다」라는 시이다. 두 사람은 비가 오나 눈이 오나 개의치 않고 서로를 찾았을 것이다.

그리고 다산은 이렇게 읊었다. "어리석고 덕 없는 사람이야, 조롱도 헐뜯음도 일 까닭 없지만, 재사才士라면 한 번만 삐끗해도, 바로 재승덕하다고 하듯이, 맑은 옥이기에 하자가 잘 보이는 것이지, 흙탕물이야 누가 맑지 않다고 뭐랄 것인가. 그리 생각해 내 허물로 받아들이면, 내 덕이 더욱 높아지겠지." 다산은 「집을 그리는 70운, 혜장에게 부치다」라는 장문의 시를 통해 구구절절 혜장을 칭찬하고 있다. 또한 혜장을 시기하는 사람들에게 스스로를 닦는 길만이 고명高名을 유지하는 최상의 방법이므로 그 뜻을 이해하고 지켜 주길 바란다고 말하고 있다. 이렇게 그들은 서로를 아껴 주었다.

혜장은 그의 문도인 색성賾性을 시켜 다산에게 자주 백련사의 차를 보냈다. 유배의 삶이 곤궁하니 먹는 것이 부실했을 테고, 건강도 신통치 않았으니 차를 약으로 쓴 듯하다.

들기에 석름봉 石廩峰 (만덕산의 봉우리 이름) 아래
예부터 좋은 차가 난다지.
때는 마침 보리 말릴 시절이라
찻잎이 깃발처럼 펴지고 창槍처럼 돋았겠군.
곤궁하게 살면서 장재長齋 (자주 굶주림) 가 습관이 되어
누린내 나는 것 이미 싫어졌다오.
돼지고기와 닭죽은
호사스러워 함께 먹기 어렵고,
다만 근육이 당기는 병 때문에
때로 술에 취해 깨지 못한다오.
기공己公 (차에 일가견이 있다는 당나라 승려 제기齊己) 의 찻잎을 빌려
육우陸羽 (당나라 때 사람. 차를 좋아해 다신茶神으로 불림) 의 솥에다 달였으
　　　면 하오.
보시布施해 주면 참으로 병이 나을 터이니
물에 빠진 사람 건져 줌과 다를 바 없지.
불에 덖어 말리기를 법대로 해 주오.

그래야만 빛깔이 곱게 우러날 테니.

—「혜장이여 차를 보내 주오」(1805년 작)

혜장을 만난 초기에 다산은 그에게 차를 구해서 마셨다. 시뿐 아니라 편지를 통해서도 차를 청했다. 뜬구름이 맑게 갠 하늘에 나타날 때와 낮잠에서 막 깨어났을 때, 밝은 달이 푸른 산골 도랑에 선명하게 빛날 때 혜장이 정성스럽게 만든 차를 맛보았다. 다산은 시를 지어 보내며 혜장에게 고마움을 전했다. 그렇게 보은산방 시절부터 지은 시가 14편에 40여 수 전한다.

시재에 뛰어난 스님들

대밭 속의 부엌살림 승려에게 의지하는데
가엾은 그 승려 수염이며 머리카락 길어져 묶어야 했네.
이제는 불가 계율 타파한 채
싱싱한 물고기 잡아 국까지 끓인다네.

—「다산화사」茶山花史 중 '스님'(1808년 작)

다산이 고성암 보은산방에서 다산초당으로 옮겨 간 후 처음 얼마 동안 혜장은 초당 옆에 초막을 짓고 직접 음식 수발을 들었다고 하는데 이는 과장된 말이지 싶다(혜장이 다른 스님을 시켰다고도 한다). 이렇듯 혜장은 큰 학승으로 말사末寺인 백련사에 머물 무렵부터 물심양

162 | 163

면으로 다산을 도왔다. 다산을 스승 겸 글벗으로 예우하며 유배의 아픔을 달래 주고 말이 통하는 술친구가 되기도 했다. 또한 차를 제공해서 다산이 왕성하게 집필 활동을 할 수 있도록 건강을 지켜 준 은인이었다. 불경 이외에 『주역』 등 유교 경전에도 통달한 혜장은 다산의 학문적 파트너이기도 했다. 다산이 스스로 "그가 찾아오는 것이 더욱 잦았으니, 미묘한 말과 오묘한 뜻을 넓고 크게 얻어 냈다"라고 실토했다.

하지만 정작 혜장은 다산을 만난 후 불법佛法에 대한 의욕을 잃어버렸던 모양이다. "부질없이, 부질없이"를 되뇌며 불가에 들어온 것을 후회하고 술독에 빠져 몸을 망쳤을지도 모른다. 그래서 수룡과 기어 두 제자에게 가사袈裟를 물려주고 뒷전으로 물러났다. 그때 나이 불과 35세였다. 그후 혜장은 시에 탐닉하고, 술에 잔뜩 취해 있는가 하면, 한가롭게 소요하면서 세월을 보냈다.

한동안 발길이 뜸하던 혜장. 정확하진 않으나 병색이 완연한 때였으니 1809년 봄이었을 것이다. 그는 어느 날 초의草衣(1786~1866)를 데리고 수척한 얼굴로 다산초당을 찾아왔다. 초당으로 옮긴 지도 2년이 지나 다산은 생활에 안정을 찾아가고 있었다. 그러나 몸은 풍증으로 큰 곤란을 겪고 있었다. 그래도 다산은 제자들을 가르치며 저술 활동을 멈추지 않았다.

혜장은 쓸쓸하게 말한다.

"초의가 선상님께 인사허겄다구 혀서 개우 몸을 추슬러 같이 왔습니다요. 인제 지가 육신의 껍질을 벗으려나 봅니다이."

"허허, 우리들은 기껏 그 껍질로 만났는데, 껍질을 벗어 버린다면 어쩌라고."

이렇게 해서 초의는 다산의 제자가 되었고 다산 특유의 맞춤 교

육이 시작되었다. 그런데 다산은 이때 은봉恩峰이라는 또 한 명의 스님을 만나게 된다. 후에 다산이 자신의 시 제자로서 칭찬해 마지않은 인물이다.

은봉의 시재는 사람을 크게 놀라게 하는구나. 내가 십 년간 관각에서 노닐었지만 이처럼 신속한 사람은 본 적이 없다. 내가 이미 너 (황상)를 얻었는데, 또 은봉을 얻었으니, 이로부터 시사詩社가 원만하겠구나. 다만 그 필법이 괴악하니, 반드시 모름지기 글자마다 획

마다 단아하게 하도록 힘써서 옛 습속을 통쾌하게 씻어 내야 할 것이다. 이는 네 할 탓이다. 5언 고시를 반드시 그와 함께 짓고, 두시杜詩를 날마다 몇 수씩 읽게 하는 것이 좋겠다. 이 같은 시재는 내가 실로 처음 본다.

―「황상에게 준 편지」 중에서

은봉에 대한 다산의 칭찬이 대단하다. 그 기대감도 대단했으나 정작 은봉 본인은 시에 뜻이 없었는지 서기승으로 자처하며 홀연 시 공부를 그만두고 다산을 떠났다. 다산은 재주는 높은데 뜻은 낮아 즐겨 하천下賤이 되려 하니 어찌한단 말이냐고 탄식했다. 훌륭한 재주를 가졌어도 뜻이 낮으면 그 재주가 꽃을 피우지 못하는 것은 당연지사라, 황상과 같은 훌륭한 시재가 한 사람 사라졌구나.

또 다른 한 사람, 혜장의 소개로 알게 된 대둔사 은봉두운隱峰斗云 스님은 1809년 만일암挽日菴 중건을 주도한 인물이다. 다산은 이 스님의 부탁으로「중수 만일암기」를 지었으며 은봉두운스님이 죽기 전까지 가까이 지냈다. 그와 주고받은 편지에는 1810년 큰아들 학연이 행차 중인 순조 앞에서 꽹과리를 두들겨 아버지의 억울함을 상소했고, 그 결과 석방하라는 은지恩旨가 내려 곧 석방될 것으로 알고 축하하는 내용과 이에 다산도 곧 해배될 것임을 믿고 있었다는 내용이 담겨 있다. 실은 홍명주의 상소와 이기경의 대계臺啓로 인해 해배되지 못했지만 다산은 조만간 해배되리라고 크게 기대하고 있었을 것이다. 그 기대감이 무너졌을 때의 다산을 생각하니 가슴이 저린다. 다산은 뼛속까지 사무치는 소외감을 안고 저술 활동에 파묻혔을 것이다.

어찌됐든 그로부터 2년 뒤인 1811년 가을, 농사일이 한창인 때 혜장의 소식이 다산에게 전해져 왔다. 대둔사 북암에서 세상을 떴다는 것이었다. 그의 나이 이제 겨우 마흔이었다.

"무정한 아암, 부질없이, 부질없이 해 쌌더니 끝내 가고 말았구나!"

다산은 오랫동안 말이 통하는 벗을 잃은 슬픔에 잠겨야 했다. 더구나 대둔사 스님들 사이에서는 다산 때문에 훌륭한 선사 한 사람을 잃었다는 말까지 돌았다. 다산은 이 슬픔을 어찌 참았을까.

빛나던 스님
아침에 피고는 저녁에 시들었네.
훨훨 날던 금시조
앉자마자 날아가 버렸네.

(…)

그 이름은 나이 먹은 어린애인데
하늘이 수명만은 인색했네.
이름은 중이지만 행실은 유학자니
군자들이 더욱 애달파하네.

—「아암장공탑명」 중에서

열두 살에 스승을 만나다

1802년 가을, 이학래李鶴來(1792~1861)는 처음으로 스승인 다산에게
절을 올리고 글을 배우기 시작했다. 공부라는 건 처음 해 보는지라 조
선 시대 모든 아동들과 마찬가지로 천자문부터 배웠다. 다산은 1803년
에 천자문의 잘못된 점을 지적하고 개선하여 새로운 아동교육용 교재
인 『아학편훈의』兒學編訓義를 집필했다. 천자문의 문제점을 정확히 알고
있었으니 쉽게 가르쳤을 것이다.

2천자문인 『아학편훈의』는 유형자有形字 1천자와 무형자無形字 1천
자로 구분하여 체계적 학습이 가능하도록 엮은 책이다. 다산은 12세부
터 16세끼지의 5년간만이 책을 읽는 데 가장 좋은 시기이므로 이내 어
린이를 일깨워야 한다고 주장했다.

황상에게 문사를 공부하라고 했듯이 이학래에게도 그의 영특함을

알고 문사를 공부하라고 권한 글이 전해진다.

금초琴招(이학래의 자)는 열네 살 때 나(다산)의 옆에 있었다. 내가 우
연히 운서韻書를 보다가 시험 삼아서 "대양위달大羊爲羍, 하위소양
何謂小羊"(羍이란 글자는 음이 달이고, 뜻이 소양小羊임)이라는 글귀를 불렀
더니, 금초는 말이 떨어지자마자 "범조위봉凡鳥爲鳳, 고칭신조古稱
神鳥"라고 대답했다. 그의 슬기는 이 같은데 그의 시는 자못 기안氣
岸이 부족하다. 세월의 공부를 더해 간다면 해박해져서 진전이 있
을 것으로 기대된다.

　　　　　　　　　　　　　　　　　　　—「이금초의 시에 제하다」 중에서

제자 이학래　스승이 곁에 없으니

위 글을 보면 이학래는 대단히 영특했던 것 같다. 황상에 비해 영특함이나 시문에서는 조금 뒤졌는지 몰라도, 부지런하고 꼼꼼해서 자료 수집이나 편집, 정리 등에서 탁월한 능력을 보였다. 글을 배운 지 1년여가 지난 1803년 10월, 예禮와 제祭에 관한 내용인『상례사전』중 「상복소기」喪服小記를 정리한 것을 보면 영특하다는 표현만으로는 부족한 듯싶다. 놀랍게도 열세 살 때부터 간행에 참여했기 때문이다.

"가르친 사람이 뛰어난 것인가, 이학래가 천재인가."

다산이 저술한 대부분의 서적은 이학래의 손을 거쳤다고 해도 과언이 아니다. 다산의 저서 중『대동수경』大東水經과『백련사지』같은 경우는 이학래가 주관하고 다산이 검수만 보았고,『사대고례』事大考例는 다산이 범례와 안설案說을 작성하고 이학래가 편집 책임을 맡아 첨삭할 때 다산의 재가를 받는 형식으로 진행됐다.『상례사전』중「상복소기」와『주역』에 관해 다산과 그의 제자들, 스님들이 질의 응답한 내용을 모은『승암문답』, 맹자를 재해석한『맹자요의』孟子要義,『다산문답』茶山問答,『주역사전』,『역학서언』,『시경강의보유』詩經講義補遺,『대동수경주』大東水經註,『현산어보』,『악서고존』,「사대고례제서」事大考例題敍 등은 다산과 이학래가 분담해서 정리했다.

다산은 가는 곳마다 황상을 데리고 다녔지만, 이학래를 데리고 다녔다는 기록은 없다. 다산은 상대방이 하는 몇 마디 말과 행동을 통해 그 사람의 성격과 특징을 금방 파악했다. 그는 이학래가 유람보다는 앉아서 글 읽고 정리하는 것을 좋아하고 잘한다는 사실을 알아챈 것이다. 나이도 황상보다 세 살이나 아래여서 어린애 티를 벗지 못해 데리고 다니기도 불편했을 것이다.

이학래는 3년 동안 다산 곁에서 학문을 배우고 저술을 돕기도 하다가 열다섯 살 되던 해에 스승을 자기 집으로 모셨다. 조선 시대에는 보통 16, 7세가 되면 장가를 갔기 때문에 지금과 비교할 수는 없지만, 열다섯 살이면 아직 생활력이 없는 소년인 것만은 분명했다. 그런 그가 독자적으로 스승을 집으로 모셨을 것 같지는 않다. 다만 생활에 여유는 있었을 것이다. 왜냐하면 생활에 여유가 없었다면 이학래가 1803년 이후 스승 곁에서 저술 활동을 돕고 뒷바라지하는 일이 불가능했을 것이기 때문이다.

"자식한테만큼은 설움이라는 단어를 물려주지 말아야재."

요즘 사람들이 자식 교육에 목숨 거는 것처럼 이학래의 부모가 적극적으로 아들 교육을 지원했을 수도 있다. 다산에게 자식이 똑똑하다는 말을 들은 만큼, 이학래의 부모는 자식만이라도 중인 신분에서 벗어나기를 바랐을지 모른다. 또한 이학래는 부모를 닮아 출세 지향적 성격을 지녔다고도 전한다. 이런 제자 집에 기거하게 된 것이 다산 또한 부담스러웠을 것이나 열악한 환경에서 벗어나는 것이 우선이라 이주할 결심을 했을 것이다. 어찌됐든 자라 온 환경과 생활, 신분이 다른 사람을 집으로 들인다는 것은 대단한 용기가 필요한 일이다. 원칙주의자에 머리 회전이 빠르고 깐깐하며 그른 것은 그냥 지나치지 못하는 데다 부지런하기까지 한 사람을 한집에서 수발한다는 것은 어지간한 결심으로는 어려운 일이다. 더군다나 2년이면 결코 짧은 세월이 아니었다.

전에 머물던 보은산방은 앞서 말했듯이 두 칸짜리 방에 한쪽에는 부처가, 다른 한쪽에는 다산이 기거했다. 신자가 드나들고, 이따금 특별 행사가 벌어질 때면 시끄럽기까지 했다. 아마도 보다 못한 이학래가 아버지를 설득해 다산을 모셔 왔으리라.

그런데 이상하게도 다산은 동문 매반가나 보은산방에서의 생활에 대한 기록은 남겨 두었는데 이학래가에서의 생활에 대한 기록은 남겨 두지 않았다. 심지어 시문에서도 찾을 수 없다. 기록을 좋아하는 다산이 이학래가에 대해서는 자세한 기록을 남기지 않았다는 것에는 의문이 남는다. 또한 이학래가에 머무는 동안 시는 지었으나 저술 활동은 활발히 하지 않았다. 「형자학초묘지명」兄子學樵墓誌銘과 『예전상구정』禮箋喪具訂 6권, 「일발암기」一鉢菴記, 「사촌서실기」沙村書室記를 지었을 뿐이다. 보은산방에서 『주역사전』을 짓느라 지쳤던 것일까.

다산이 이학래가에 머문 기간은 1806년 가을에서 1808년 봄까지이다. 이때 지은 시들을 살펴보면 특별한 사항은 발견되지 않는다. 이학래가로 오자마자 월출산을 다녀왔고 1807년 봄에는 혜장이 찾아왔다. 혜장의 얼굴에는 산중의 즐거움이 가득했다. 다산은 인심 야박한 이 세상에서 참 진실한 사람이라고 혜장을 칭찬하고 있다. 황상 아버지의 만사를 짓고 정수칠丁修七과 읍성에서 막걸리를 마셨다. 1년 후 정수칠은 다산의 제자가 된다. 유배 중인 작은형 약전에게 편지를 쓰고, 이광사가 쓴 백련사 글씨를 보고 시를 짓고 백련사에 가서 놀았다. 고질병이던 옴도 나았고 궁한 신세라 찾아오는 사람이 싫은데 다정한 벗 윤규렴尹奎濂이 와서 함께 즐겼다.

이놈의 옴 근질근질 늙도록 낫지 않아
몸뚱이를 차 볶듯이 찌고 쬐고 다 했네.
데운 물에 소금을 타 고름도 씻어 내고
썩은 풀 묵은 뿌리 뜸 안 뜬 것이 없다네.
벌집을 배게 걸러 거기에서 즙을 짜고
뱀 허물을 재가 안 되게 살짝만 볶은 다음,

단사 넣어 만든 약을 동병상련 마음으로

현산(손암 정약전)의 사환 오기만 두고서 기다린다네.

내가 앓고 있는 고질적인 옴이 근래에는 더욱 심해 손수 신이고神異膏
를 만들어 바르고는 나았으므로, 이를 현산에게도 나누어 주었다.

—「유합쇄병을 부쳐 온 운에 화답하다」(1807년 작)

1807년 4월 보름날에는 고을 사람 몇이 구십포에 놀러 가자고 해
함께 가서 즐겁게 놀고 월고지로 해서 돌아왔다는 내용의 시가 있다
(「남포행」南浦行). 대강 내용을 살펴보건대 특별한 일 없이 즐겁게 지낸
것 같다. 갈수록 부담을 주는 이학래 부모 때문에 저술에 몰입할 분위
기가 아니었던 것일까.

목리인가 학림인가

이학래가 강진 어디에 살았는지는 지금까지 자료가 발견되지 않았
다. 강진읍성 서편 4킬로미터쯤 떨어진 곳에 위치한 학림鶴林마을은 이
학래가 그곳에 살았기 때문에 이학래의 호인 학림을 따 마을 이름을
지은 것이 아닐까 추정할 뿐이고, 읍성 동남쪽 탐진강 하구언에 있는
목리牧里마을 사람들도 뚜렷한 근거 없이 목리가 이학래가 살았던 곳이
라고 주장하고 있다. 목리냐 학림이냐는 앞으로 향토사학자들이 밝혀
내야 할 과제다. 그가 살았던 곳이 어디이든 다산이 기거했던 이학래

의 집이 어떤 환경과 모습이었는지 상상해 보자. 이는 다산이 어떻게 생활했는지 알기 위해서다.

상상해 보건대 다산은 일반 농가의 한쪽 구석진 방이나 사랑채에 기거하지 않았을까. 다산이 1807년에 지은 시에 "사랑채 아래 세 두둑 장다리밭"(「장다리꽃의 나비를 읊다」 중에서)이라는 내용이 있는 것으로 볼 때 이학래가는 사랑채가 있는 집이었고 다산이 그 사랑채에 머물지 않았을까 생각된다.

새 삶터 꽤 맘에 들게
초목이 둘러 있어 푸르르네.
하나 안된 것은 담장 안에
대나무가 전혀 없는 것이었네.
남새밭을 몇 발쯤 떼 내어
터가 줄어든 것 아예 걱정도 않고,
물 주고 북 주는 것 손수 해야지
객지에 심부름할 동자도 없으니.
쓸쓸하게 서너 네댓 그루지만
마음과 눈 맑히기에 족하다네.
이렇게 아마 몇 해가 가고 나면
대나무가 눈앞에 가득 보이리.
부슬부슬 하룻밤 내린 비에
죽순이 대여섯 개나 돋았으니,
두고두고 보자던 본뜻과는 달리
효과가 그렇게 빠를 줄이야.
잘 가꾸어 울타리가 되도록
녹용을 키우듯이 키워야겠네.
이웃에선 날 어리석다 비웃으며
산골짝 천지가 왕대라고 하네.

— 「대를 심고」 (1807년 작)

위 시 말고 또 다른 시에서도 "푸르고 무성한 초목들이, 고운 자태
로 집 주위를 둘러 있고"(「자유의 초추初秋 운에 화답하다」 중에서)라고 읊은

것을 보면 이학래의 집 주위는 초목들로 둘러싸여 있었던 것으로 보인다. 하지만 대나무가 없어서 다산은 동네 사람들의 비웃음을 무릅쓰고 자신이 좋아하는 대나무를 심었다. 대나무를 심을 정도라면 이학래 집 주변 땅이 넓었던 것 같다. 다산은 이학래 집에서도 꽃을 심고 정원을 가꾸고 남새밭을 다듬은 것이 아닌가. 그렇게 갖고 싶던 채마밭이었으니 아마 이학래 집안이 그의 채마밭이 되었을 것 같다.

이런 이학래가에서 만일 다산이 불편함을 느꼈다면, 다산에 대한 이학래 부모의 기대감과 함께 이학래의 어머니 때문이었을 것이다. 신분이 다르고 문화가 다르면 생각과 행동이 다르게 마련이다. 양반 규수들은 가정교육을 철저히 유교식으로 받아서 행동거지에 무게가 있다. 절제와 배려도 한다. 표현 방법에도 절도가 있다. 그러나 그런 교육을 받지 못한 사람은 행동에 거리낌이 없어 다산의 입장에서는 불편했을지도 모른다. 싸우는 것처럼 큰소리로 떠들거나 이웃집 아낙과 남을 흉보고 쌍스런 소리를 해 대며 부부간 모자간에 막말하는 모습을 보고 불편함을 느꼈을 것이다.

이학래가의 자료들이 발굴되면 당시 다산의 생활상을 속 시원히 알 수 있을 텐데 아쉽기만 하다.

하늘도 무심했다

이학래는 1802년 다산을 스승으로 모신 이래로, 1821년 봄에 마재에서 『사대고례산보』事大考例刪補의 저술을 도왔다는 데까지 기록에 남아 있다. 그리고 그후 다시 스승을 찾았다는 기록은 없다. 어쨌든 이때 까지만 계산해 보아도, 이학래는 배움을 시작한 다음 해인 열세 살부 터 스승을 돕기 시작하여 동문 매반가, 보은산방, 자신의 집, 다산초 당, 해배된 뒤 다산의 고향 마재에서까지 서른 살이 넘도록 무려 20년 넘게 다산을 도왔다.

스승 밑에서 오래 가르침을 받고 함께 생활하면 닮는 법. 이학래도 어떤 면에서는 스승을 닮았다. 특히 경전과 역사, 지리 방면의 문헌 수 집에 탁월한 재능이 있어 자료를 비교하고 검토하여 정리하는 일을 도 맡아 했다. 다산의 저서는 대부분 이학래의 손을 거쳐 정리되었다고 해도 과언이 아니다. 10년도 어려울 텐데 20년씩이나 언제 빛을 볼지 모를 스승의 저술 활동을 도왔으니 참으로 대단하다. 이학래 외에도 저술 활동을 도운 제자들은 많다. 그러나 이학래만큼 많은 부분을 도 운 사람은 없다. 이학래의 도움이 없었다면 과연 다산이 6백여 권의 저 서를 지을 수 있었을까.

이학래 집안이 다산 해배 후 얼마 만에 한양으로 이사했는지는 알 수 없으나, 자식의 신분 상승을 위해서 한양으로 온 것만은 분명하다. 다산초당에서 공부한 양반 자제들은 거의 대다수가 과거 시험에 매달렸 다. 그중 몇몇은 시험에 합격해 벼슬을 얻었다. 조선 시대에 관리가 된 다는 것은 대단한 영광이었다. 말직까지 포함해 고급 관리가 모두 6백 여 명이었으니 지금의 몇 만 명과는 비교할 수가 없다(일반 관리까지 포함하면 3천여 명이었다). 동문 매반가 제자들 중에서도 이학래와 김 종金礦 두 사람은 과거 시험에 매달렸다. 다산이 황상에게 준 편지에 "학래가 망령되이 과거를 보려 하기에 만류하였으나 말리지 못했다. 소견이 몹시 걱정스럽구나"라는 내용이 있는 것으로 보아 이학래는 저술 활동을 돕는 틈틈이 스승에게 과거 시험 보는 요령이나 내용 등을 문의하며 시험을 준비해 온 모양이었다. 다산은 대놓고 반대하지는 않았지만 이학래의 행동을 못마땅하게 여겼다. 황상에게는 권하고 이학래는 반대한 이유가 무엇이었을까? 이학래에게 어떤 문제가 있었을까? 왕조 말기이고 한참 안동 김씨가 판을 치는 어지러운 때라 매관매직이 성행하고 과거 시험에서도 부정이 판을 치고 있었다. 아무리 이런 혼란스런 상황이라도 신분의 한계를 넘는 건 쉬운 일이 아니었다. 그 문제 때문이었다면 황상에게 "과거 기한이 이제 가까웠는데, 너는 금년에는 마음을 먹지 못하는 게냐?"라고 권할 리가 없다. 이학래의 시문에 대한 능력이 황상에 미치지 못해서였을까?

다산이 해배되어 마재로 떠난 해 이학래는 스물여덟 살이었다. 한참 학문적 성취나 의욕이 넘칠 때였다. 훌륭한 스승의 수제자로서 많은 것을 배운 이학래는 그 지식을 활용하고 싶었을 것이다. 동문인 양반 자제들이나 스승 주변의 인물들을 보아도 자신만 한 학식을 겸비한 사람은 별로 없다고 판단했을지도 모른다.

이학래가 1821년 마지막으로 마재를 찾았을 때 그의 나이는 31세였다. 그 이후로는 스승을 찾지 않았다. 지금까지 갈고닦은 실력으로 거듭 과거 시험을 보면서 스승 다산에게 건 기대가 실망으로 변하여 멀어졌을 수도 있다. 출세욕이 대단한 이학래는 스승이 해배되었으니 조정에 나아가 큰 벼슬을 하고 자신도 끌어 주길 기대했는지 모른다. 황상을 포함한 몇 명을 제외하고 대부분의 제자들이 그런 생각을 가지고 있었을 것이다. 과거를 보면서 이제나저제나 하다가 지치지 않았을까. 한때는 추사와 가까이 지내며 추사 글씨체를 흉내 내기도 하고 권세가들과 어울리며 화려한 생활을 하기도 했다. 그러면서 자신이 신분의 벽을 넘어설 실력을 갖춘 데다 과거 시험 정도는 혼자 실력으로 거뜬히 치를 수 있다는 확신도 가졌을 것이다.

> 하늘가에서 만나 악수하니 마음 서로 어떠한가
> 두 백발 늙은이 어린 시절 이야기 꽃피네.
> 천 리 길 행장을, 그대여 웃지 마오
> 20년 사제 간의 의리, 나의 발 딛는 곳.
> 지금 광하廣厦에서 명사들과 종유하노니
> 일찍이 외로운 등불 아래 여관의 편지 받았노라.
> 선생님의 유고遺稿가 마냥 방치되어 있거늘
> 잘 자고 잘 먹고 편히 지낼 수 있느냐?
>
> —황상, 「이금초를 만나서」

황상이 두릉과 과천 추사 집을 오갈 때 우연히 이학래를 만났던 모양이다. 이학래가 한때는 추사에 빠져 추사 흉내를 냈으니 만날 법도 하다. 그리고 위의 시를 지었다. 매섭게 질책하는 시다. 황상과 이학래도 스승을 놓고 사이가 좋지 않았던 것 같다. 특히 다산의 큰아들 학연의 첨언이 이를 말해 준다. "금초는 응당 이 풍자의 뜻을 알지 못하리라." 의미심장한 글이다. 말년에 창을 들고 방으로 뛰어들어 와 헐뜯고 욕하면서 배반한 자도 있었다는 정학연의 진술 속 인물이 이학래는 아니길 바랄 뿐이다.

"지 학래 머리가 세도록 밤 패서 저술 돕고잉! 집에까장 모시면서 하늘맹키로 떠받들었는디, 시방 지 몰골이 뭡니꺼? 우라질 이리 혀도 됩니꺼?"

만덕산 정상에서 본 강진만 운해

이렇게 큰소리치며 스승에게 대드는 이학래가 그려지니 자꾸 몹쓸 곳으로 생각이 기우는 것 같다. 황상에게는 과거 시험을 보라 하고 자신에게는 보지 말라 했던 스승, 시험 보는 요령을 알려 주지도 시험관을 소개해 주지도 않는 스승, 뼈 빠지게 저술을 도와도 똑똑한 자신 하나 책임지지 못하는 스승. 과거 시험에 계속 낙방하자 모든 게 남의 탓이 되어 히스테리 발작을 일으켰는지도 모른다. 그렇지 않더라도 1821년 이후 이학래가 마재를 왕래한 흔적이 보이질 않으니 좋지 않은 일이 있었던 것만은 분명하다. '좋아! 아직 서른한 살이야!' 어금니를 꽉 물고 스승과 절교했을지도. 스승의 저술 활동을 곁에서 가장 많이 도왔던 제자인데 스승의 방대한 서적이 빛을 못 보고 방치되어 있거늘 우리가 어찌 마음 편히 살아갈 수 있겠느냐는 책망을 들을 정도가 되었으면……

그러나 이학래에게는 운이 따르지 않았다. 자그마치 40년, 70세까지 과거 시험에 매달렸다. 장안에 내로라하는 명사들과 어울리면서도 과거 시험은 계속 보았을 것이다. 스승에게 20년, 과거 시험에 40년을 투자한 그의 인내와 끈기는 초인적이라 할 만하다. 진짜 신분의 벽에 걸려서 낙방했을 수도, 실력이 부족해서 낙방했을 수도 있다.

"아! 이 매스꺼운 세상, 시방 때를 잘못 만난 거여!"

그의 가슴에 고인 한은 인내와 끈기로 이겨 낼 수 없었나 보다. 결국 그는 자살을 택하고 만다. 우물에 몸을 던진 것이다. 만일 그때까지도 이학래 곁에 다산이 있었다면 죽음을 택하도록 놔두지 않았을 텐데. 아마도 남은 생애 저술 활동을 하도록 이끌지 않았을까. 이학래의 죽음에 관해서는 자살이 아니라 실수로 우물에 빠져 죽었다는 이야기도 있다.

"지는 죽는다 혀도 글은 안 읽을 것이여. 아버지마냥 되고 싶지 않응께!"

이학래의 아들은 아버지의 좌절을 보고 글공부를 하지 않았다. 그래서 기록이 없는지는 모른다. 추사의 제자 이상적李尙迪(1804~1865)은 『은송당집』恩誦堂集의 속집에 "학래가 나이 칠십에 또 낙방해서, 시를 지어 그를 위로한다"라는 글과 함께 시를 남겼다.

> 곤궁한 인생길 한 번 삐끗하여 황천행 하다니
> 하늘가에서 술잔 올리노니 수선水仙이여! 내려오소서.
> 70년 세월 저술을 많이도 하였거늘
> 어찌 '정관편'井觀篇으로 절필絶筆을 하시었소?
>
> —이상적, 「학래가 우물에 빠져 죽음을 듣고」

갈대의 울부짖음을 아는가

강진읍 남쪽 끝자락에 있는 남포(옛이름 남당포)에는 다산과 관련된 조선 근대의 슬픈 역사가 서려 있다. 옛날에는 갈대와 갯벌들이 넓게 펼쳐진 쪽에 돌 징검다리가 있었다. 만덕산 주변의 마을 사람들은 이 돌 징검다리를 건너 강진읍으로 나갔다. 그러던 어느 날 이 징검다리 옆 갈대밭에 시체들이 산더미처럼 쌓이기 시작했다. 그것도 총이나 칼에 맞은 것이 아니라 불에 탄 사체들이. 단순히 시위에 참여한 죄밖에 없는 농민들도 이곳에 끌려와 산 채로 화장당했다.

일본군들은 농민들의 등에 일일이 짚을 올려놓은 후 기름을 붓고 불을 질렀다고 한다. 일본 군인들은 괴로움에 몸부림치다가 죽은 농민들을 갈대 개흙 속으로 처박았다. 그렇게 시체가 산더미처럼 쌓였다고 한다. 그러다가 시체 중 일부는 바닷물에 쓸려 가고 일부는 갈대에 걸려 썩어 나가고, 또 일부는 까마귀와 물고기의 밥이 되었다. 따라서 사람들은 낮이나 밤이나 이곳을 지나다니길 꺼렸다고 한다. 한참 동안 사람 뼈들이 굴러다녔을 테니 오죽했을까.

다산은 강진을 떠날 때 제자 이학래와 초의를 조용히 불렀다. 그리고 두 제자에게 각각 『방례초본』邦禮艸本(『경세유표』의 초고)을 주었다. 이 책을 주면서 다산이 제자들에게 무슨 이야기를 했는지는 전해지지 않는다.

다산이 스스로 『방례초본』에 대해 다음과 같이 설명했다.

> 『경세유표』는 어떤 내용인가. 관제官制, 군현제郡縣制, 전제田制, 부역賦役, 공시貢市, 창저倉儲, 군제軍制, 과제科制, 해세海稅, 상세商稅, 마정馬政, 선법船法 등 나라를 경영하는 제반 제도에 대해서 현재의 실행 가능 여부에 구애되지 않고 경經을 세우고 기紀를 나열하여 우리의 구방舊邦을 새롭게 개혁해 보려는 생각에서 저술한 것이다.
>
> —「자찬묘지명」 중에서

한마디로 썩은 나라를 개혁하는 것은 어려운 일이 아니라 현 상황에서도 얼마든지 할 수 있으며 개혁을 해야 잘살 수 있다는 뜻이었다. 이것이 천주교인 남종삼南鍾三과 윤세환尹世煥 등에게 전해지고 급기야는 전봉준全琫準(1855~1895)과 김개남金開南(1853~1895)의 수중에 들어가 동학농민운동의 지침서가 되었다 한다. 그리고 이 사상으로 무장한 농민들이 '동학농민운동'이라는 이름으로 궐기한다.

동학농민운동이 실패한 후 다산의 저서가 농민을 선동했다는 혐의를 받자, 강진의 양가들과 사찰들이 불시에 수색을 당했다. 『경세유표』를 강진에 퍼뜨린 사람이 이학래인지 초의인지는 알 수 없지만 그들은 스승의 개혁 사상에 공감하고 그렇게 되길 원했기 때문에 이 책을 전했을 것이다. 다산과 두 제자들은 자신들이 행한 일이 이렇게 엄청난 결과를 불러올 것이라고 상상이나 했을까.

나라의 입장에서는 반역에 해당하지만, 농민들의 입장에서는 당연한 주장이었다. 그러나 항상 힘없는 사람이 죄 값을 치르게 마련이다. 이런 치욕의 역사가 되풀이되지 않도록 남포 갈대밭에 펼쳐졌던 그 일을 잊지 말아야 할 것이다.

대도가
크게 드러나도록
하겠습니다

초의 의순

띠에다 써 두렵니다

부자는 사람을 떠나보낼 때 재물을 주고
어진 이는 사람을 떠나보낼 때 말(言)을 준다 하는데,
지금 선생께 하직하려 하지만
저는 마땅히 드릴 게 없으니,
먼저 공경하게 누추한 마음 펼쳐
은자의 책상 앞에서 말씀을 드립니다.
참다운 풍교風教 멀리 가 버리고
큰 거짓이 이에 일어나니,
마을마다 선비는 가득하지만
천 리에 현인賢人은 한 사람도 없습니다.
이미 마을마다 욕심이 차 있으니

문명이 부족한 나라에 당연한 이치입니다.

저는 이런 시대에 태어나

자질 또한 이러하니 감당 못하겠습니다.

그래서 나의 도리를 행하려 해도

누구에게 물어볼 인연이 없었습니다.

현인과 군자의 방 찾아다녀 보아도

모두 비린내 나는 생선 가게였고,

남쪽에 있는 온갖 성을 다 돌아다녔지만

청산의 봄을 아홉 번이나 헛되이 보냈습니다.

어찌 바닷가라 하겠습니까

하늘이 맹자 어머니 같은 이웃을 내려 주셨습니다.

덕성과 학업이 나라의 으뜸이요

문장과 자질이 함께 빛나며,

편안히 머물 때도 항시 의로움을 생각하시고

실천에 나서면 어짊을 보이셨습니다.

이미 넉넉하면서도 모자란 듯하셨고

항시 비우고 남을 포용하셨습니다.

군자는 때를 만남을 귀히 여기지만

때를 만나지 못해도 원망하지 않습니다.

도道가 커서 원래 용납되지 않고

어려움에 처해서도 오히려 온화하고 평안하셨습니다.

내 이런 도를 구하기 위해

멀리 와서 이 정성을 드립니다.

이제 또 헤어지는 자리에

초의 의순 대도가 크게 드러나도록 하겠습니다

옷매무새를 가다듬고 정중히 가르침을 청합니다.

혹 수레가 떠날 때 주신 말씀은

가슴에 깊이 새기고 또 띠에다 써 두렵니다.

—초의, 「탁옹선생에게 드리다」 (1809년 작)

1809년경, 초의艸衣 의순意恂(1786~1866)은 그의 나이 스물네 살 때 아암 혜장선사를 통해 다산을 처음 만났다. 초의는 다산을 무척 만나고 싶었다고 전한다. 연담유일이나 아암에게 다산은 비린내가 나지 않는 사람이라고 들었기 때문일 것이다. 그후 초의는 대둔사에서 다산의 가르침을 받고 다산초당으로 돌아가는 스승에게 드리는 시를 썼다(위의 시 「탁옹선생에게 드리다」). 이 시 한 수에 당시의 시대상과 다산의 학식과 인품, 초의가 다산을 생각하는 모든 것이 들어 있다.

초의는 현인과 군자의 집을 찾아다녀 보았지만 모두 비린내 나는 생선 가게였으며, 현인을 찾아 9년 동안이나 돌아다녔으나 헛걸음만 했다고 말했다. 9년이란 초의가 출가하여 다산을 만나기 전까지의 기간이다. 그러던 중 다산을 만나게 되자 하늘이 맹자 어머니 같은 이웃을 내려 주셨다고 기뻐했다. 이때는 다산이 유배 온 지 9년째, 다산초당으로 옮긴 지 1년이 지난 후로 생활에 여유가 있을 때였다. 관직에 있을 때처럼 앞뒤 가리지 않고 내달리지도, 처음 강진으로 내려왔을 때처럼 어려움에 놓여 있지도 않았다. 산전수전 다 겪은 후 다산의 인품이나 학문 수준이 최고의 경지에 올라 있던 시기였다.

다산은 이미 넉넉하면서도 모자란 듯하고 늘 자신을 비우고 넘의 이야기를 들으며 채울 준비를 하고 있었다. 아마 이것이 초의에게 준 최고의 가르침이고, 6백여 권의 저서를 짓게 한 바탕이 아니었을까.

결론적으로 다산의 인품과 학문 그리고 교육이 초의에게 얼마나 신선한 충격을 주었는지를 알 수 있다. 다산을 스승으로 모시게 된 것을 천운으로 여겼던 초의는 자신을 위해 먼 길을 찾아온 스승을 빈손으로 전송해야 하는 아픔을, 스물네 살 초의다운 글에 담았다.

초의선사는 1786년(정조 10) 4월 5일에 전남 무안군 삼향면에서 태어났다. 모친이 큰 별이 품 안에 들어오는 꿈을 꾸고 초의를 잉태했다고 한다. 다섯 살 때 강변에서 물놀이를 하다가 급류에 휘말린 적이 있는데 마침 인근 사찰의 스님이 살려냈고 그 스님의 권유로 열다섯 살 무렵 나

초의 의순 대도가 크게 드러나도록 하겠습니다

주군에 있는 운흥사雲興寺에 출가했다고 한다. 이후 9년 동안 스승을 찾아 헤매다 다산을 만난 것이다. 운흥사에서 어머니를 뵈러 가는 도중 월출산에 올랐는데 보름달이 바다 위에서 솟자 가슴이 탁 트이는 느낌을 받게 되었고 그것이 개안開眼의 순간이었다. 천재답게 빠른 개안이었다.

초의의 속성은 장씨張氏이다. 법호인 초의에는 그 유래와 관련해 몇 가지 설이 있다. 야운野雲선사의 『자경문』自警文의 "풀뿌리와 나무열매로 주린 창자를 달래고, 송라와 풀옷으로 몸뚱이를 가린다"(草根木果 慰飢腸, 松蘿草衣遮色身), 중국 『사략』史略의 "굴을 파서 즐겨 살며 나무를 얽어매어 집을 삼고 나무 열매를 먹고 풀옷을 입는다"(穴居陶居構木爲巢, 食木實衣草衣), 신헌申櫶의 「사호보제존자초의대종사의순탑비명」賜號普濟 尊者艸衣大宗師意恂塔碑銘에 기록된 "초의는 그 염화의 이름이다"(草衣其拈 花之號也)라는 설이 그것이다.

내 몽둥이나 받아라

다산은 아들 교육에 철저했지만 제자 교육에도 철저했다. 학문에 대한 교육은 물론이고 정신 무장도 철저하게 시켰다. 황상에게 가르친 삼근이나 병심확 등이 그에게 평생의 가르침이 된 것처럼 말이다. 다산은 초의를 친아들 이상으로 대하고 가르쳤다. "배우는 사람은 반드시 혜慧와 근勤과 적寂 세 가지를 갖추어야만 성취함이 있다."(「초의에게 준 말」 중에서) 즉 지혜롭지 않으면 굳센 것을 뚫지 못하고 부지런하지 않으면 힘을 쌓을 수가 없으며 고요하지 않으면 정밀하지 못하다고 가르쳤다. 또 "재주와 덕 둘 다 없는 것은 세상이 온통 그런지라 없다고 욕할 것이 없다. 오직 재주가 있는 뒤라야 덕이 없다는 비방이 있게 된다. 그래서 재주와 덕은 서로 떼어 놓을 수가 없다. 덕을 갖추지 못한 재주는 오직 비방이 있을 뿐이다. 그러므로 얕은 재주를 함부로 뽐내지 말고 오로지 덕을 갖추기 위해 노력하라"(「초의에게 준 말」 중에서)고 가르쳤다. 초의는 다산의 둘째 아들 학유와 동갑이었다. 초의를 아들로 생각했던 다산은 엄하게 교육시켰다. (이하 「초의에게 준 말」을 포함한 독서법, 시론, 선문답 관련 인용문은 정민 교수의 논문을 인용하였다. 이 자료들은 정민 교수가 처음 발견한 것이다.)

인간 세상은 몹시도 바쁜데, 너는 늘 동작이 느리고 무겁다. 그래서 1년 내내 서사書史의 사이에 있더라도 거둘 보람은 매우 적다. 이제 내가 네게 『논어』를 가르쳐 주겠다. 너는 지금부터 시작하도록 하되, 마치 임금의 엄한 분부를 받들 듯 날을 아껴 급박하게 독책督責하도록 해라. 마치 장수가 뒤편에 있으면서 깃발을 앞세워 내몰아 황급한 것처럼 해야 한다. 호랑이나 이무기가 핍박하는 듯이 해서 한순간도 감히 늦추지 말아야 할 것이다. 오직 의리만을 찾아 헤매고, 반드시 마음을 쏟아 정밀하게 연구해야만 참된 맛을 얻을 것이다.

— 「계유년 10월 19일 탁옹」 중에서

추상같은 가르침이다. 게으름 피우지 말고 노력하고 또 노력하라, 그리고 부지런하라, 마음을 모아 정밀하게 연구하라. 다음의 시를 보면 스승의 날카로운 지도에 정신을 바짝 차린 초의의 모습이 그려진다.

내가 자하동을 좋아하는 것은

초의 의순   대도가 크게 드러나도록 하겠습니다

거기에 화초와 함께 어르신(다산)이 계신 때문인데,

마침 장마철이 되어서 가지 못하고

행장을 꾸려 놓은 지 스무 날이 지났네.

어르신께서 간곡히 불러 주셨는데

이 지경이니 뭐라 변명할 것인가.

한밤에 별과 달이 사뭇 빛나고

머물던 먹구름이 새벽 되자 흩어지네.

너무나 기뻐 지팡이 짚고 일어나 보니

물색들 참으로 신선하구나.

장삼 자락 걷어잡고 시냇물 건너고

머리 숙여 대나무 숲도 뚫고 지났네.

가까스로 만폭교에 다다르니

하늘색 갑자기 찌푸려지는데,

골짜기 바람에 나무는 휘청이고

그 기운이 벼랑 깊이까지 미치는구나.

바람 불고 물방울 수면을 튀고

가느다란 물무늬는 비늘처럼 솟구쳐,

그만 도중에 돌아오고 말았으니

서글픈 심사 토로하기 어렵구나.

열흘이 지나도록 이 지경이니

어이하면 세상을 짐짬히 할까.

슬프다 7척의 이 한 몸뚱이

가벼이 날고자 해도 방법이 없네.

—초의, 「비에 갇혀 다산초당에 가지 못하다」 (1813년 작)

얼마나 가르침이 철저하고 핵심을 꿰뚫었으면 이런 시까지 지었을까. 초의는 이렇게 대선사가 되어 간다.

시란 것은 뜻을 말하는 것이다. 뜻이 본시 낮고 더러우면 비록 억지로 맑고 높은 말을 짓는다 해도 이치를 이루지 못한다. 뜻이 원체 하잘것없으면 비록 억지로 통 큰 말을 한다 해도 사정이 꼭 맞지 않는다. 시를 배우면서 그 뜻을 쌓지 않는 것은 똥 덩어리에다 맑은 샘물을 거르는 것이나, 냄새나는 가죽나무에서 기이한 향기를 구하는 것과 다를 바 없다. 죽을 때까지 해도 얻을 수가 없을 것이다.

—「초의에게 준 말」 중에서

초의에게 준 시론詩論이다. 이런 가르침이 모여 시 또한 높은 경지에 올라 초의는 당대의 시인으로 만인의 추앙을 받았고, 추사나 학연 형제와 교유하며 시를 짓고 차를 마셨다.

다산이 초의에게 가르친 내용 중 가장 놀라웠던 점은 유학자인 다산이 불교 이론에도 상당한 수준에 있었다는 점이다. 불교와 유교를 비교해 가르치기도 하고, 불교 논리를 끌어내 불교를 공박하기도 했다. 불가의 허망함을 지적하여 유가 쪽으로 이끌려는 욕심도 감추지 않았다. 여기에 사랑까지 곁들였음에야.

대둔사에는 한산전寒山殿이라는 전각이 있다. 한산寒山은 당나라 때 천태산 국청사國淸寺에 살았다는 승려의 이름으로 그가 나무와 바위 등에 써 놓은 시를 모아 엮은 시집이 전한다. 다산은 이 시를 초의에게 선문답으로 가르쳤다.

옥당에 구슬발이 걸려 있으니
그 속에 어여쁜 사람이 있네.
모습은 신선보다 훨씬 더 낫고
얼굴은 도리桃李와 다름없었네.
동쪽 집은 봄 안개에 잠겨 있는데
서쪽 집엔 가을바람 일어나누나.
다시금 30년이 지나고 보니
마침내 사탕수수 찌꺼기 됐네.

의순(초의)이 말했다. "어떤 것이 봄 안개이고 가을바람입니까?"
스승은 말한다. "동쪽엔 피리와 북에 붉은 얼굴이 어여쁘고, 서쪽엔 여곽藜藿이 흰 터럭을 가렸구나."
의순이 말했다. "어떤 것이 사탕수수의 찌꺼기입니까?"
스승은 말한다. "단물이 다 빠지면 쓴 물이 나온다네."
의순이 말했다. "어떻게 방편을 냅니까?"
스승은 말한다. "분귀粉鬼를 매질하고, 홍마紅魔를 야단치리."

화려한 장식으로 꾸민 좋은 집에 사는 여인이 있었다. 신선 부럽지 않고 복숭아와 오얏보다 어여쁘다. 하지만, 자욱한 봄날의 안개 속에 도취되어 있다 보면 어느새 가을바람 앞에 서게 되는 것이 인생이다. 30년만 지나고 나면 저나 나나 모두 단물 다 빠지고 남은 사탕수수 찌꺼기 같은 존재가 되고 만다는 내용이다.

초의는 먼저 봄 안개와 가을바람의 분별에 대해서 묻고 다산은 각각을 잔치자리의 곱고 붉은 얼굴과 콩깍지 묶음을 들고 선 삶에 찌든

흰 살적(구레나룻)에 대비해 말한다. 사탕수수 찌꺼기의 의미에 대해 묻자, 단물이 다 빠지고 난 뒤 쓴물이라고 말한다. 그렇다면 어찌해야 하느냐고 물으니 마귀를 몰아내 청정한 마음의 주인이 되어야 한다고 답했다. 다산은 무엇을 가르치려고 했을까? 사탕수수의 찌꺼기가 되기 전에 청정한 마음으로 젊어서부터 열심히 노력하고 노력하라고. 선문답에도 일가견이 있는 다산이다.

> 어여뻐라 노씨 집 고운 아가씨
> 예전의 이름은 막수莫愁였다네.
> 욕심스레 적화마 올라타고서
> 즐거이 연밥 따는 배 곁에 섰지.
> 앉은 자리 초록 곰가죽 자리요
> 몸 기댄 건 푸른 봉황의 갖옷이라네.
> 슬프다 이 모든 것 백 년도 못 돼
> 산언덕에 돌아감을 못 면할 텐데.

의순이 말했다. "이렇게 해야만 산언덕으로 돌아가고, 이렇게 하지 않으면 산언덕에 돌아가지 못합니까?"
스승은 말한다. "내 몽둥이나 한 방 받아라."

여기서도 어여쁜 여인이 등장한다. 근심 걱정이 없다는 뜻의 '막수'라는 아가씨가 화려한 적화마 타고 연밥 따는 배 곁에서 청춘의 한때를 즐긴다. 곰가죽 방석을 깔고 앉아 푸른 봉황의 모피로 안을 댄 옷을 입고 있으니 화려하기 짝이 없다. 하지만 모두 백 년이 못 가서 흙

속에 누울 인간들이 아닌가. 의순은 알면서도 짐짓 장난스럽게 묻는
다. "사람이 이렇게 살아가야 산언덕에 묻히고, 이렇지 못하면 산언덕
에 묻히지도 못한다는 말이겠지요?" 다산은 알면서도 시치미를 뚝 떼
는 의순에게 "요놈아!" 하면서 꿀밤을 한 방 먹인다. 그렇다. 청춘이란
말을 누가 만들었는지 그 단어가 없어져야 하지 않을까. 웃음이 오가
는 사제의 모습이 너무나 아름답게 그려진다. 이것은 사랑 없이는 불
가능한 가르침이다.

　　"법신法身이란 유가에서 말하는 대체大體(정신)이다. 색신色身(몸)은

유가의 소체小體에 해당한다. 도심道心은 불가에서 말하는 진여眞如(있는 그대로의 참모습)이고, 인심人心은 불가에서 무명無明(모든 괴로움을 일으키는 번뇌)이라 한다"(「초의에게 준 말」 중에서)는 등 다산은 유교와 불교를 비교하며 초의를 가르쳤다. 얼마나 머릿속에 쏙쏙 잘 들어왔을까. 초의는 대단한 스승을 만난 것이다.

다재다능함은 어디서 왔을까

초의는 시詩, 서書, 화畵, 다茶에 뛰어나 4절四絶이라 불렸으며 장 담그는 법, 단방약(한 가지 약재로 약을 조제하는 것), 화초 기르는 법 등 일상사에까지 다재다능한 면모를 보였다. 특히 그림을 잘 그렸는데 불화, 인물화 등 대둔사에 있는 그림은 거의 대부분 초의가 그렸다고 할 정도로 뛰어났다. 초의는 남종화의 거두인 허유許維(일명 허련許鍊, 1808~1893)를 길러 내기도 했다.

초의의 이런 다재다능함은 어디서 왔을까? 본인의 능력도 중요하지만 스승인 다산의 가르침, 그중에서도 삶의 기본 철학에서 왔을 것이다.

초의는 다산초당에서 1810년에서 1815년 사이에 길게는 6개월 동안 함께 생활하며 배웠다. 이는 그에게 큰 행운이었다. 다산의 모든 것을 배울 수 있었기 때문이다. 1812년에는 백운동에 다산 그리고 다산의 제자인 감천紺泉 윤종심尹鍾心과 함께 가서 그림과 시를 짓고 풍류를 즐기는 등, 지근거리에서 자식보다 더 깊은 애정으로 스승의 다재다능함을 배웠다.

인생 백 년은 몹시도 빨리 지나간다. 뉘라서 이를 즐겨 하겠는가? 하지만, 질곡에 얽매여서 눈을 내리깔고 손을 모아 마치 며느리가 엄한 시어머니를 모시는 것처럼 하면서, 모여서 가르치며 모두 그만그만한 생활을 하는 것은 결단코 해서는 안 된다. 대장부는 마땅히 물병 하나와 바릿대 하나로 호탕하게 떠다니며 우주 안에서 소요하고 만물의 밖에서 노닐어, 문틈 사이로 지나가 버리는 세월을 보내야 한다. 눈앞에 닥친 강사의 작록이야 어찌 족히 사모하겠는가? 스스로의 미혹함도 깨치지 못하면서 하물며 남의 미혹함이야 말해 무엇하랴?

—「초의에게 준 말」 중에서

가난한 농사꾼의 자식을 붙들어 와 엉겁결에 머리털 깎고 부처님 앞에 절하게 한다. 그렇게 승려가 된 그렇고 그런 이들이 가사를 걸쳐 입고 불경 몇 권 배우고 나면, 진眞이니 망妄이니 하고, 공空이니 색色이니 하며, 깨달음도 없이 입으로만 외우고, 그만그만하게 제 몸뚱이를 이롭게 하려는 생각뿐으로 살아간다. 그래서는 안 된다. 더하여 호탕하게 물병 하나와 바릿대 하나로 우주를 소요하며 인간의 삶에서 깨달음을 찾아야 하니 하찮은 지위인 대둔사 강사 자리에 연연하지 말아야 한다. 스스로 길을 잃고 헤매는 처지에 다른 사람을 어떻게 깨우치겠느냐.

이런 가르침이 기본이 되어 초의는 전국을 유람하며 선비들과 유학자 등을 가리지 않고 만나 시를 읊고, 다도를 가르치고, 서화를 그렸

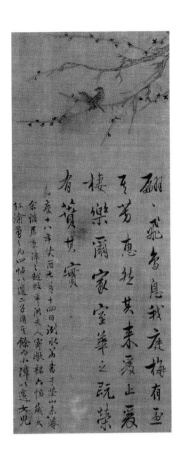

다. 또한 부인들을 만나 맛있는 장을 담그는 법, 화초 기르며 인생을
즐기는 법, 생활에 필요한 잡다한 기구를 만드는 법 등에 대해 이야기
했다. 이처럼 대선사와 어울리지 않는 일들을 하며 초의는 삶을 깨우
쳐 갔다. 훌륭한 스승 한 사람의 올바른 가르침이 어떤 결과를 가져오
는지 보여 주는 좋은 본보기이다.

오래 소식이 끊겨 마음이 좋지 않았다. 근자에는 무슨 일을 하고

있느냐? 들으니 동쪽으로 지리산에 놀러 가서 스승을 구해 강講을
마치려 한다더구나. 이름난 중이 있어 능히 수백 리 밖에 있는 이
미 잘 아는 승려를 끌어당길 수 있을지 모르겠구나. 세월은 황금과
같고, 학업은 하나도 이룬 것이 없으니, 빠져 즐김이 이러해서는
안 될 듯싶다. 다시 더 생각해 보아 후회하지 않도록 해라.

―「초의에게 준 말」 중에서

초의를 자신 곁에 붙들어 두고 가르치려 한 다산의 노력이 대단하
다. "너와 헤어져 오래 기다리려니 그리운 마음을 견디기 어렵다"라는
편지도 있고, 어느 날 초당에서 초의를 생각하자 그가 나타났다는 글
도 있는 것을 보면 가르치는 열정도 대단했지만 제자에 대한 사랑이
얼마나 대단했는지 알 수 있다. 이처럼 애정을 기울였으니 혹시나 다
른 길로 갈까, 곁을 떠나지 않을까 하여 가르침에 더욱 열성을 쏟았을
것이고 그 결과 다산의 가르침이 두루 미쳤을 것이다.

우리는 흔히 다산을 6백여 권의 책을 저술한 유학자나 사상가로만
생각한다. 거기에 과학과 의학, 천문학, 지리학 등에 능통하며, 배다리
와 화성을 설계하고 거중기 등을 만든 발명가로서의 다산을 덧붙인다.
하지만 정작 다산은 뛰어난 예술가였다. 뛰어난 시와 산문은 더 말할
것도 없고 서예와 그림에도 뛰어났다. 그의 시나 산문을 보면 관찰력
이 대단하다는 것을 알 수 있다. 남이 보지 못한 부분이나 스쳐 지나가
는 부분까지도 꼼꼼히 볼 뿐 아니라 남과 다른 시각으로 사물을 봤다.
국내 최초로 옵스큐라 카메라로 사진을 찍기도 하는 등(「칠실관화설」漆室
觀畵說) 호기심도 대단해서 앞선 문명이나 이기를 받아들여 금방 우리
것으로 만들기도 했다.

이런 스승에게 가르침을 받았으니 초의 또한 다재다능한 데다 뛰어난 예술 감각을 갖는 것은 당연한 일이었다. 더구나 초의는 실학의 영향을 받아 생활에 필요한 잡공雜工에도 능한 사람이 되었다. 당대의 내로라하는 석학들과 교류했고 헌종憲宗까지 그를 만나고 싶어 했던 것을 보면 나재다능함이 세상 구석구석까지 미쳤음을 알 수 있다.

초의는 무엇을 도왔을까

일지암은 다산이 해배되어 마재로 떠나고도 한참 후인 1824년경에 초의가 말년을 한적하게 보내기 위해 지은 암자다. 초의는 이곳에서 입적할 때까지 40년 넘게 차를 마시고 글을 쓰고 그림을 그리며 살았다. 산 아래 산 위를 자유롭게 왕래하며 살았다. 일지암과 다천茶泉은, 볼 때마다 다산초당의 원모습이지 않을까 하는 생각이 든다. 예전에는 다산초당처럼 앞에 채마밭이 있었다고 하니, 다산초당을 너무 닮았고 그만큼 영향을 받았음을 느끼게 된다.

초의선사는 왜 다성茶聖으로 불릴까? 초의선사는 올바른 제다법製茶法과 끽다법喫茶法을 손수 익혀 무너진 다풍茶風을 일으키고 차를 생활화하는 데 앞장섰으며 평생 다도를 실천했다. 또 중국의 육우陸羽가 쓴 『다경』茶經과 장원張源이 쓴 『다록』茶錄을 원본으로 한, 청나라 때 저술된 『만보전서』萬寶全書와 이덕리李德履(1728~?)가 저술한 『동다기』東茶記 등을 참고하여 차를 연구, 보급하면서 『동다송』, 『다신전』 등을 집필했다. 이뿐만 아니라 당시 사대부들과 교류하며 다시茶詩를 짓고 이를 세간에 유포시킴으로써 이 땅에 다풍을 다시 일으키는 데 지대한 공헌을 했다.

다산은 스스로 혜장선사와 초의에게 차를 배웠다고 말했다. 그런데 혹자는 다산이 차를 어디에서도 배운 흔적이 없으며, 강진 유배 전 벼슬살이하던 시절부터 다인茶人이었다고 주장한다. 이을호 교수를 비롯한 학계의 일반적인 주장인 유배 후의 음다설에 반론을 제기한 것이다. 그들의 주장에 따르면, 다산의 차에 대한 이론이나 지식은 혜장이나 초의를 만나기 전부터 확립되어 있었으며, 다산은 차의 이론가로

그치지 않고 종다種茶, 전다煎茶, 제다製茶, 음다飮茶를 실천하고 교육했다고 한다. 또한 다산은 평생 다인으로 살았으며, 다도관을 확실하게 확립하고 있었다고 한다. 나는 다산이 젊은 시절 백아곡白鴉谷에서 난 작설차를 어렵게 얻었다는 내용을 접하고 이를 확인하기 위해 백아곡 근처를 찾아갔다. 차나무는 발견하지 못했지만 어쨌든 다산이 젊은 시절 작설차를 접한 사실은 확인할 수 있었다.

초의보다 두 살 적은 이규경李圭景(1788~?)은 「도다변증설」茶茶辨證說에서 "강진현에 있는 만불사萬佛寺에서 차가 나온다. 귀양살이하던 정약용이 찌고 덖어서 작은 떡 모양으로 빚는 법을 가르쳤다. 명칭을 만불차萬佛茶라 한다"고 적고 있다. 또 "강진의 다산에는 명차가 나는데 정약용이 만들기 시작한 것으로 차의 품질이 좋다"고 했다. 고종 때의 문신인 운양雲養 김윤식金允植(1835~1922)은 강진의 '금릉월산차'金陵月山茶도 다산의 제다법으로 만든 차라고 말했다. 이로보아 다산이 다산초당에서 직접 차를 만들기도 했음을 알 수 있다.

또한 다산은 『다암시첩』茶盦詩帖, 「다신계절목」茶信契節目 등을 썼으며, 강진으로 유배 가기 전 16편 47수의 다시茶詩를 남겼다. 다산의 저서인 『아언각비』雅言覺非나 『경세유표』에서도 차를 다루었다. 일부 내용에는 다세茶稅를 거두어 중국의 좋은 말을 구하자는 아이디어도 있다. 차의 단점도 지적하고 있지만 반면 차를 마시면 병病이 없어지고 근심이 사라져 편안하다고 했다. 다산의 글을 보면 차를 즐겼던 것은 사실인 것 같다.

스승의 생가를 방문하고

1815년 처음으로 한양 나들이를 한 초의는 남양주군 마재로 다산의 생가를 찾아갔다.

"와! 요렇크롬 아름다운 곳에서 스승이 살았단 말인가."

후에 초의선사가 수종사水鐘寺(경기도 남양주시 운길산 소재 사찰)를 자주 찾는 것을 보면, 남향으로 앉은 집들과 넓게 펼쳐진 자갈밭, 한강 위에 떠 있는 배 등 그 모든 아름다운 풍광에 놀랐던 것 같다.

초의는 다산의 큰아들 학연의 학식과 인품에 끌려 후에 평생지기가 됐으며 학연의 당호이기도 한 만향각靈香閣에서 시를 지었다. 나이 서른에 선리禪理를 체득한 초의선사는 자신의 시에서 책을 가까이 하거나 차를 마시는 것도 선禪의 실천이며, 시끄러운 저잣거리나 대둔사의 고요한 선방도 모두 선이라고 했다. 이로 보아 초의선사는 장소 따위에 구애받는 꽉 막힌 선승은 아니었던 모양이다. 나중에 다산초당으로 돌아가서 다산에게 마재 주변 풍광에 대해 뭐라고 말했을까?

초의는 처음 한양을 방문한 이후 계속 전국을 유람했다. "다만 물병 하나만 있다면 어디엔들 샘이 없겠느냐. 지팡이 하나만 있다면 어디 산들 길이 없겠느냐"라는 다산의 가르침에 따라 지인들과 담소하며 다도를 알리고 자신을 다듬어 나갔다. 그리고 1830년 겨울 수종사에 머물며 해배되어 마재에 칩거하고 있던 스승 다산을 찾아뵙고 그의 가족들과 차를 마시며 담소를 나누었다. 1831년에도 학연, 학유, 홍석주洪奭周(1774~1842), 신위申緯(1769~1845) 등의 선비들과 어울려 지내면서 두릉시사杜陵詩社에서 시를 주고받거나 뱃놀이를 즐겼다.

일생의 참선 수행 금년에야 마쳤으니
북창에 편히 누워 낮잠 자도 무방하리.
백병산 산봉우리 홀로 물에 비치고
황효강 빛 고요히 하늘에 닿았네.
봄바람 속 책상에는 다기가 따스하고
약 찌꺼기 옅은 향내에 가벼이 취했네.
지공誌公(중국의 고승)의 득도 실상을 이미 믿나니
시끄러운 곳이나 고요한 곳이나 모두 선禪임을 아는 것이지.

—초의, 「만향각에서 유산과 함께 읊다」 중에서

1833년 추사 김정희의 아버지 김노경은 고금도 유배에서 풀려 돌아가는 도중 아들의 친구인 초의를 만나기 위해 일지암으로 갔다. 초의의 인격에 반하고 덕행의 뛰어남을 알게 되었던 것이다. 1835년에는 김정희의 편지를 받고 후에 남종화의 시조가 된 허유(허련)가 찾아와 그림을 배우기 시작했다. 허유는 이때부터 3년 동안 꾸준히 초의선사로부터 화법과 시학, 불경과 다도를 배웠다.

1839년 초의는 다시 한양에 올라가 다산의 생가와 묘소를 참배하고 학연 형제들과 담소한 후 청량사에 머물렀다. 이때 허유의 그림을 김정희에게 보여 긍정적인 답변을 들은 후 허유를 상경토록 했다. 이 일로 허유는 김정희의 제자가 됐다. 다산을 시초로 하여 초의선사를 비롯한 신관호申觀浩, 권돈인權敦仁, 김정희 등과 인연을 맺지 않았다면, 그들의 살뜰한 배려가 없었다면 훗날 허유가 남화南畵의 종주가 되어 수많은 화가를 길러 내는 일도 없었을 것이다. 이런 점에서 다산, 초의선사가 우리나라 화단에 끼친 공적은 아주 크다.

"세상을 떠들썩하게 하는 대가는 거저 만들어지는 것이 아니다."

1866년(고종 3) 8월 2일 일지암에 몸져누워 있던 초의는 시자의 부축을 받고 일어나 서쪽을 향해 가부좌를 하고 앉은 채 홀연히 입적했다. 법문에 든 지 65년, 그의 나이 81세였다. 그는 가는 곳마다 화제를 뿌렸으며 많은 저서를 남겼다. 또한 대둔사 13대 마지막 대종사를 지내며 그곳에도 많은 흔적을 남겼다. 현재 대둔사에 보관되어 있는 영정신상影幀神像은 거의 대부분 그의 작품이다. 단청에도 조예가 깊었는데 오늘날에도 남아 있는 대광명전大光明殿과 보련각寶蓮閣을 통해 그의 솜씨를 엿볼 수 있다. 추사와도 일생 동안 가까이 지냈으나 그에게 영향을 받지 않고 자신만의 필법을 이루어 냈다. 초의는 특히 예서隸書를 잘 썼다. 또한 초의는 한국 전통차를 융성시킨 중흥조이자 다성茶聖으로까지 추앙받는 인물이 되었다. 스승의 이름을 빛낸 대선사가 된 것이다.

축 늘어진 초의草衣와
풀어헤친 민둥 머리에,
너의 중 껍데기 벗겨 버리고
너의 유자의 뼈 드러내었다.
묵은 거울 이미 갈고 닦았고
새 도끼는 무디지 않아서,
이미 밝게 깨치었으나
이것은 곧 제이월第二月(두 번째 달. 즉 무의미함을 뜻함.)이로세.

─「 '경인년 제석에 여러 벗들과 함께 운자를 각자 정하여 짓다' 중 다섯 번째 시 '초의선草衣禪에게 주다'」(1830년 작)

한눈에 반하다

다산초당이 있는 귤동마을은 어쩌다 고기잡이배나 갯벌에서 조개 잡는 아낙들이 들렀다 가는 이름 없는 산기슭이었다. 시기는 알 수 없으나 이름 없는 이곳이 귀라리貴羅里에 살던 윤단의 할아버지 윤취서尹就緖(1688~1766) 옹의 눈에 띄었다. 누가 옮겨 올까봐 서둘러 자리를 잡고 귤나무를 심었다. 그래서 귤동마을이 됐다. 이후 뒷산 채동에다 산정을 짓고 '다산초옥'茶山草屋(혹은 다산서옥)이라 편액을 붙이니 이것이 다산초당의 시초가 된다.

음력으로 3월 중순이면 봄이 절정일 때다. 윤종하尹鍾河(해남 윤씨로, 다산의 먼 인척이 된다. 다산이 유배지에서 가까이 지낸 인물이다.)가 쇠약한 몸을 회복시키려고 다산초옥에서 쉬고 있었다. 윤단尹慱(1744~1821)인지 아들들인 윤규로尹奎魯 형제들인지는 알 수 없으나 1808년 3월 16일, 다산

을 다산초옥으로 초대했다. 다산은 이곳을 보고 한눈에 반한 듯하다.
다산은 이곳에서 이틀간 머물 예정이었지만 열흘 넘게 머물렀다. 다산
은 이 다산초옥에 욕심이 생겼던 것 같다. 어떻게 하면 머물 수 있을까
나름대로 궁리를 하다가 시를 지었다.

사는 곳 일정치 않아 안개 노을 따라다니는 몸
더구나 이 다산이야 골짝마다 차 아닌가.
하늘 멀리 물가 섬엔 수시로 돛이 뜨고

윤단 가족 손자들 교육 매낄 만헌디

봄 깊은 울 안에는 여기저기 꽃이로세.

싱싱한 새우무침 병 앓는 자 입에 맞고

못과 누대 초초해도 이만하면 사는 게지.

뜻에 맞는 이 놀이가 내 분수엔 넘치나 싶어

북인北人을 향해서는 자랑하지 말아야겠네.

숲이 짙고 산이 깊어 몸놀림이 느긋하고

조용하게 감상하는 맛 떠드는 곳에 댈 것인가.

조수는 봄빛처럼 왔다가는 다시 가고

꽃은 나라의 권세처럼 성했다가 곧 시들지.

송시宋詩를 슬슬 보며 골라 볼까 생각하고

조용히 『주역』 들고 이 마음 의탁한다네.

단 한 가지 두고두고 서글프게 만든 것은

못에 가득 푸르르게 연을 심지 않은 것이네.

송시를 호되게 배척하는 사람이 있었기 때문에 시에다 언급하였다.

ㅡ「3월 16일에 윤문거의 다산서옥에서 노닐며」(1808년 작)

싱싱한 새우무침과 연못, 누각 등이 짐짓 자신의 분수에 맞지 않나
싶어 한양 사람들에겐 자랑하지 말아야겠다는 다산의 말로 보아, 다산
은 이곳이 무척 마음에 들었던가 보다. 골짜기에 꽉 찬 차나무에 놀라
고 지나가는 돛단배를 보노라면 글이 저절로 써진다. 풍광만 아름다운
게 아니라 친구 윤서유의 집이 십 리 내에 있고, 혜장도 곁에 있으니
어찌 좋지 않으랴. 금곡사에 살고 싶어 했던 이유가 그러했듯이 다산

초옥도 강학과 저술 활동을 하는 데 적지였을 것이다. 채마밭도 일굴
수 있었고 윤단 가족의 보살핌으로 안정적인 생활도 가능했다.

유자 동산 서편에 그윽하고 예쁜 다산
천 그루 소나무 속에 흐르는 시내 하나.
시냇물이 처음으로 발원한 곳 가면
깨끗한 바위 사이에 조용한 집 있다네.

사랑 아래다 새로이 조세 없는 밭을 일궈
층층이 자갈을 쌓고 샘물을 가두었지.
금년에야 처음으로 미나리 심는 법을 배워
성안에 가 채소 사는 돈이 들지 않는다네.

이 동산에서 누리라고 하늘이 보낸 선생
봄에 자고 또 취하고 문을 열지 않는다네.
산정에 일색으로 이끼가 덮였는데
수시로 사슴 지난 자국 있을 뿐이라네.

—「다산화사」 20수 중 1, 18, 20수(1808년 작)

다산학 산실의 초석을 놓다

윤취서 옹이 귤동마을에 정착했다면 손자인 귤림처사 윤단은 귤동

마을을 발전시켰다. 성품이 곧고 온화하며 글재주가 뛰어난 윤단은 1772년 성균관 진사에 합격하고 대과에 응시했다. 당연히 합격하리라 확신했으나 안타깝게도 낙방하고 말았다. 무엇인가 부정의 낌새가 엿보이고 낙방한 연유가 석연치 않자, 그는 꿈을 접고 은거 생활을 시작했다. 책을 벗하며 서당골 유운각에서 유유자적하는 동안 해남 윤씨들은 귤동마을에 완전히 뿌리를 내렸다. 윤단은 아들들에게 과거 시험을 보지 못하게 하고 함께 살았다.

아버지 윤단의 뜻에 따라 과거에 매달리지 않았지만, 글을 읽고 열심히 학문을 닦은 귤원처사 윤규로는 마음 맞는 지기를 만나고 싶었다. 그리고 다산을 만났다. 윤규로는 자신보다 일곱 살이나 어린 다산을 서당골 유운각에 모셔다 놓고 속마음을 터놓고 지냈다. 오로지 초야에 묻혀 살다 보니 가슴이 답답했으리라. 전서, 예서를 잘 쓴 것을 보면 윤규로는 침착하고 온유하며 예술적인 감각이 있는 데다 도량도 넓은 사람이었던 것 같다.

'다산을 통해서 바깥세상의 진면목을 보자. 한양의 시궁창도 들여다보고.'

다방면으로 해박한 데다 정조의 측근이었던 다산의 많은 경험들이 윤규로에게는 신선한 자극제가 되었다. 그리고 이때부터 귤동 해남 윤씨는 다산을 돕기 시작했다. 당시 다산은 이학래의 집에 기거하고 있었다. 그리고 강진에 유배 온 이후 저술과 강학에 적합하며 원포를 가꾸어 생활고를 해결할 수 있는 장소를 얻기 위해 노심초사하고 있었다. 하지만 다산의 이런 꿈은 쉽게 이루어지지 않았다. 누군가가 선뜻 그런 장소를 제공하지도 않았을뿐더러 집을 살 돈도 없었기 때문이다. 오로지 시문에다 각오만 써 놓았지, 집도 채마밭도 구하지 못한 채 시

간만 흐르고 있었다. 그러던 차에 윤단 가족과 만난 것이다.

　　다산초옥에 머물게 됐을 때 다산은 그 기쁨을 어떻게 표현했을까? 펄쩍 뛰며 기뻐하다 짐짓 아닌 척 애쓰느라 얼굴이 벌게지지 않았을까. 1808년 봄 다산초옥(후에 다산초당)에서 십여 일을 함께 지내며 다산의 인품을 살핀 윤단은 심사숙고한 후 다산에게 손자들의 교육을 맡길 만하다고 판단했다.

　　"아버지! 참말로 사람 볼 줄 안다니께! 워매 기쁜거!"

　　1808년 봄, 47세의 다산은 다산초옥으로 옮기면서 감개가 무량했

을 것이다. 강진으로 귀양 온 뒤 두 사람이 눕기도 힘든 동문 매반가 골방에서 4년, 부처님과 함께 지낸 보은산방에서 2년 그리고 이학래의 집에서 2년, 모두 8년 동안 이곳저곳을 옮기며 잘 견뎌 온 보람이 있었다. 이제야 제대로 된 곳에서 살게 된 것이다. 게다가 해남 윤씨 가족의 보살핌까지 받게 되었으니 앞으로는 생활에 대한 걱정도 덜 수 있었다.

　다산은 다산초당으로 옮겨 오자마자 새 단장을 시작했다. 8년 동안 그가 그렇게 갖고 싶어 하던 채마밭부터 일궜다. 초당 입구 쪽이 경사가 심해 흙이 쓸려 내려가므로 비탈을 아홉 계단으로 평평하게 만들었다. 층마다 무와 부추, 파와 배추, 쑥갓, 가지 등을 심었고 남은 빈터에는 잡초를 뽑고 명아주와 비름, 구기자를 심었다. 노루가 뜯어먹지 못하도록 울을 엮고 담장도 둘렀다. 그 기념으로 자축파티도 열었다.

다음으로 초당 동편에 있는 연못을 넓히고 주변에 단풍나무와 느릅나무를 심었다. 초당 위쪽에 샘물을 파서 홈통으로 이어 연못에 물이 들어오게 했다. 놀란 혜장선사가 연꽃을 가져와 못에 심었다. 연못 위에 구불구불 물이 흐르도록 석가산과 폭포를 만들고, '丁石'(정석) 두 글자를 바위에 새기고, 집 뒤편에 모래땅을 파서 석천이라는 우물을 만들었다. 굽지 않은 벽돌과 돌로 차 부뚜막을 만들어 '茶竈'(다조)라고 글씨도 새겼다. 18명의 제자들이 공부할 초당을 손보고 장서 2천여 권과 함께 자신이 기거할 동암東庵을 지었다. 앞마당이 비좁았으나 담장 밑에 꽃과 나무를 심고 돌담과 대나무 사립문을 손봤다. 동네 사람들이 우려해도 "나중에 죽순 달란 소리나 하지 마소" 하고 대나무를 심으며 죽순 요리를 꿈꾸었다. 8년 만에 꿈을 이뤘으니 다산은 힘든 줄도 몰랐다.

해남 윤씨 가족은 다산을 가족 이상으로 생각했던 것일까? 서당 선생을 초빙하여 가르치는 비용이나 대 주고 장소나 빌려 주면 그만이라 할 수도 있지만 해남 윤씨 가족은 다산의 식사 수발을 들어 주고, 함께 유랑하며 술을 마시고, 다산이 어려움에 처했을 땐 제일 먼저 도와주었다.

덕분에 해남 윤씨의 손자 여섯 명은 다산의 가르침을 받을 수 있었다. 이들 중에는 저서를 남기고 후에 진사시에 합격하거나 음직蔭職으로 통정대부에 오르며 당대에 학자로서 이름을 날린 이도 있었다. 윤단은 자신이 이루지 못한 꿈을 손자들이 대신 이루어 주어 좋았고 다산 또한 저술에 혼신을 기울일 수 있어 좋았다. 어쨌든 다산의 열정이 윤규로 형제를 움직였다. 힘이 센 막내 규은奎殷은 초당 개축 일을 돕다가 다친 것도 기쁨으로 여겼다. 이런 윤규로 형제들의 열정까지 더해 다산초당은 새 모습으로 변모했다.

모래톱 기이한 돌 모아 봉우리 만드니
본래의 모습 실어다 가짜 모습 만든 것이라.
험준하면서도 교묘하고 안정된 3층 탑인양
움푹 패인 곳엔 소나무 한 그루 심었네.
빙 두른 기이한 모습 봉황새가 쭈그린 듯
뾰족한 곳 얼룩 무늬엔 죽순 등걸이 솟았다.
샘물을 끌어와 연못을 만드니
잔잔한 물속에 하늘이 잠겼구나.

내가 다산에 와서 처음으로 살게 된 다음 해에 윤문거尹文擧(윤규로)와 함께 걸었다. 그때에 정자에서 출발하여 신부둑(新婦埭)까지 갔고 되돌아서 농어 낚시터에도 갔으며, 데리고 다닌 사람은 6, 7명이었다. 조수가 닿는 바닷가에는 신기하게 생긴 돌들이 많았다. 그래서 사람의 모습을 닮은 돌 수십 매를 배에다 싣고 돌아와 산처럼 만들었다.

— 「다산사경」茶山四景 중 제1수 '석가산' 石假山(1808년 작)

다산은 서쪽에 이끼 낀 바위가 있어 정석丁石 두 글자를 새겨 놓고 차 달이는 차 부뚜막 다조를 만들고, 정자 서북쪽 모퉁이에 샘을 만들고서는 "가래 삭이고 고질병 나아 몸에도 맞겠으며, 그 밖에도 푸른 샘물로 차 달이기 좋겠네"라고 읊었다(「다산사경」 중 제3수 '약샘'藥泉). 그때의 즐거움이 다산초당에 와서 지은 30여 수의 시에 고스란히 남아 있다.

1808년에 10수의 시를 지었으며, 윤서유의 산장을 거닐고 「용혈기」龍穴記(원제는 '다산초부유용혈기'茶山樵夫遊龍穴記)를 지었다. 정수사와 수정사 그리고 제자의 집을 돌아보았으며, 환경이 나아지자 아들들 교육 걱정에 둘째 아들 학유를 내려오게 했다. 그리고 두 아들에게 주는 가훈을 짓는가 하면, 혜장에게 '아암'이라는 호를 지어 주고, 형 정약전에게 12통의 편지를 썼다. 본격적인 저술 활동을 시작한 것은 물론이다.

제자들과 『주역』에 관해 주고받은 문답을 정리한 『다산문답』과 우리나라 사대부들의 제사 지내는 법이 경전의 예법에 어긋나는 점을 고증하여 밝힌 『제례고정』祭禮考定을 지었다. 겨울에 『주역심전』周易心箋 24권을 완성했는데, 아들 학유를 시켜 정리하도록 했다. 1803년 여덟 권으로 시작한 『주역』에 대한 저술은 거듭 수정 보완하여 1805년 큰아들 학연과 제자 이학래를 시켜 24권으로 완성했다. 다시 보니 이 또한 미흡한 점이 있어 대폭 수정한 것이다. 제가의 주설注說을 취하여 조리에 맞게 논한 『주역서언』周易緒言 12권을 완성했고, 『주역』의 깊은 뜻을 예별로 정리, 설說을 묶어 편집한 「독역요지」讀易要旨 18칙과 「역례비석」易例比釋을 지었다. 이 밖에 「춘추관점보주」春秋官占補注, 「대상전별휘일편전해」大象傳別彙一編箋解, 「시괘전」蓍卦傳, 「설괘전」說卦傳 등을 지었다. 이는 1808년 한 해에만 저술한 책들이다. 좀 더 빨리 이런 환경이 만들어졌다면 다산은 또 얼마나 대단한 업적을 남겼을까.

열기가 침묵을 만든다

다산은 1808년 다산초당을 꾸미고 은밀하게 제자를 모았다. 다산의 학식이 뛰어나다는 소문이 퍼져 글을 부탁하거나 만나고 싶어 하거나 자제를 부탁하는 사람들이 늘어났기 때문이었다. 그래서 다산은 특별한 부탁이 아니면 인척 이외에는 제자를 받지 않았다. 아마 교육의 효율성을 높이고 저술에 전념하기 위해서였으리라.

강진 유배 때 다산을 따르던 제자들은, 초당 주인 윤단의 손자 여섯 명을 포함하여 다신계茶信契 계원 18명과 백운동 이석휘李錫輝의 아들 이시헌李詩憲(1803~1860), 오정해吳鼎海, 정사욱鄭士郁, 황지하黃之夏, 윤정기 등 인척 및 양반 자제들, 읍성 시절 제자들과 혜장으로 연결된 초의 등의 스님들이었다. 대략 40여 명 정도였다. 중간 탈락자와 이학래 이외 읍성 시절 제자들을 제외하고 실제로 다산초당에서 교육받은 제자들은 20여 명이었을 것으로 추정된다.

다산초당 초기부터 강학과 저술은 병행되었던 것으로 보인다. 읍성 시절부터 저술을 도와 온 이학래가 다산의 지시를 받아 저술 활동을 계속했다. 시간이 지나자 개개인들의 특성이나 학문 수준이 드러나 그에 맞게 강학을 하면서 저술에 대한 임무가 주어졌다. 또 때로는 강학 내용이나 질문 내용을 이학래가 받아 적어 이를 다시 책으로 묶어 출간했다. 다산초당 안에는 고요한 열기가 가득 차올랐다.

1809년 가을부터 『시경』 강의가 시작되었다. 그리고 그 내용을 이학래가 받아 적었다.

"시란 간림諫林이라 한다, 왜인가?"

"임금님이요, 착한 것을 들어서라우 감발시키게크롬 허고요, 악한 것은 듣고요 잘못을 뉘우치게 허기 때문이지라우."

"왜 시가 없어지고 나서 『춘추』가 제작되었는가?"

"임금님이요, 시를 너무 무서워해서지라우."

이렇게 질의응답이 계속되면서 잘못된 점은 수정하고 새롭게 안 사실이나 의문점은 메모해 두었다가 의문점을 제시한 제자에게 자료를 말해 주어 직접 그 의문점을 찾도록 했다. 몇몇 제자는 책을 뒤져서 초록하고, 몇몇은 자료를 정리하고 감수했다. 이 일은 이학래가 주관하여 정리하도록 했다. 이렇게 해서 만들어진 책이 1809년의 『시경강의』, 1810년의 『시경강의보』다. 또 『시경강의』를 저술하면서 『춘추』에 대한 의문점이 나왔고 1차분의 정리 책임은 둘째 아들 학유가, 재고본의 정리 책임은 이강회가 맡았다. 이 책이 1812년에 완성된 『춘추고징』春秋考徵이다. 이런 일들이 어떤 때는 새벽닭이 울 때까지 며칠씩 계속되기도 했다.

『시경강의』를 저술한 1809년에는 큰 가뭄이 들었지만, 저술 활동은 중단되지 않았다. 『시경강의』에 이어 『예전상복상』禮箋喪服商의 정리를 마친 것도 이해이다. 다산은 "1809년 호남지방에 봄부터 가을까지 비가 한 방울도 내리지 않았고, 들에는 푸른 풀포기 하나 없었다. 6월 초부터 유랑민들이 길을 메웠는데, 차마 눈 뜨고는 볼 수가 없었고 그들은 살아날 가망이 없었다"라 하며 유배된 몸이라 나라에 알리거나 어떤 조치도 취할 수 없음을 통탄하고 있다. 그래서 눈앞에 보이는 일들을 시가詩歌로 묶어 '전간기사'田間紀事(농촌에서 벌어진 일)를 썼다. 그리고 아전들의 탐학貪虐이 갈수록 심해지자 같은 해 6월에는 함께 벼슬살이를 했던 벗 김이재에게 편지를 보내기도 했다. 이외에도 「대전」佃田, 「한전」旱田, 「삼정三政의 문란」, 「저리」邸吏, 「강진의 아전」 등의 글을 썼다.

이런 점에서 보면 다산은 참 실학자답다. 그는 저술에 매우 경제적으로 접근했다. 작은형 약전에게 무료로 감수를 받고, 혜장선사와 대화하며 아이디어를 얻고, 제자들에게는 스스로 문제를 제기하고 참여토록 유도해서 열성을 끌어냈을 뿐 아니라 개개인의 특성에 맞춰 업무를 분담해 효율성을 추구했다. 이런 치밀함과 뼈를 깎는 노력이 없었다면 다산은 6백여 권에 달하는 책을 지을 수 없었을 것이다.

고마운 마음을 가슴에 묻고

다산은 초당에 와서야 주변을 돌아볼 여유가 생겼던 모양이다. 초당으로 오기 전 8년 동안에도 주변을 보지 못하거나 생각하지 못한 것은 아니나 그것들은 토막 난 조각들일 뿐 마음의 여유를 가질 형편이 아니었다.

"잊지 않고 편지를 보내는, 아! 죽란시사竹欄詩社 친구에게 미안하고 미안하네."

다산은 해마다 시와 편지를 부쳐 오는 윤지범尹持範에게 답을 못하고 있었다. 그래서 달 밝은 밤, 달을 쳐다보며 미안한 마음과 함께 그리움에 젖어 시를 지었다. "다른 때 용을 잡던 솜씨가, 주평만朱泙漫(주周나라 사람. 천금을 주고 지리익支離益에게서 용龍 잡는 기술을 배웠으나, 결국 써먹을 곳이 없었다는 고사. 『장자』「열어구」列御寇)이 되고 말았다니. 그래도 그대를 이리로 오게 하여, 이 방지芳池 가에다 두고, 실컷 마시며 천 편 시를 지어, 입이 닳도록 서로 연찬하고 싶더니만, 그 생각도 이제 쇠락하고,

나이 들어 머리털만 변해 갔네."(「남고 윤 지평(지범)에게 써 보내다」 중에서) 윤 지범은 주변에 있던 많은 친구들이 멀어져 갔지만 언제나 변함없이 곁을 지켜 준, 마재에 두고 온 자식들까지 돌봐 준 고마운 친구였다. 윤지범 외에 또 생각나는 친구가 있었다. 함께 유배길에 올랐던 이학규다.

신유년(1801) 봄 내가 장기로 귀양 갈 때 성수惺叟(이학규)는 능주綾州 (나주)로 가서, 나는 영남으로 그는 호남으로 갔다. 그러다가 그해 겨울 내가 강진으로 배소를 옮기자 성수는 또 김해로 옮겨 가 호남, 영남이 서로 바뀌었다. 이렇게 두 사람이 다 옮겨 다니는 통에 끝까지 서로 가까이 있을 수가 없었으므로 우선 시에다 뜻부터 밝힌 것이다.

—「성수에게 보내다」, '원주' 중에서(1809년 작)

"제아무리 좋은 풍악 한꺼번에 울린대도, 좌중의 객들이 다 귀머거리인 것을. 살아서 이별이라 처절하기 그지없어, 언제나 이 이별 끝날 때가 있을는지. 적막한 섬돌에 물풀들이 춤을 추고, 가을벌레 우는 소리 홀로 앉아 듣는다네."(「성수에게 보내다」 중에서) 다산이 성수에게 보낸 시의 끝부분이다.

이렇게 친구 생각에 젖어 있다가 달빛을 보니 생각이 고향으로 치달았다. 누구보다도 자식들이 걱정이었다. 못난 애비 때문에 두 아들의 앞길이 막혔으니 아들들에게 속죄하고자 밤낮을 가리지 않고 글을 썼다. 그러나 아들들이 그 내용을 알아보지 못한다면 하나 마나 한 일이 되고 말 것이리라. 그래서 초당으로 옮긴 후 둘째 학유를 내려오게하여 가르치고 저술을 돕게 했다. 그리고 학유가 마재로 돌아갈 때는 이것저것 두서없이 훈계를 써 주었다.

남들이 모르게 하려면 안 하는 것이 최고고, 남들이 못 듣게 하려면 말하지 않는 것이 최고다. 이 두 개의 문장을 평생 동안 외우고 다닌다면 위로는 하늘에 떳떳하고, 아래로는 집안을 지킬 수 있다. 세상의 재앙이나 우환, 천지를 뒤흔들며 자신을 죽이고 가문을 전복시키는 죄악이 모두 몰래 하는 일에서 빚어지는 것이다. 일을 하거나 말을 할 때는 반드시 치열하게 반성해 보아야 한다.

─「학유에게 노자 삼아 주는 훈계」 중에서(1810년 작)

그리고 시간이 날 때마다 두 아들들에게 편지를 써 가르쳤다.

나는 너희들에게 전원을 물려줄 수 있을 정도로 벼슬은 하지 못했다. 하지만 생활을 넉넉하게 하고 가난을 구제할 수 있는 두 글자의 부적이 있어 지금 너희들에게 주노니, 너희들은 하찮게 생각하지 마라. 한 글자는 '부지런할 근勤' 자요, 또 한 글자는 '검소할 검儉' 자다. 이 두 글자는 좋은 논밭보다 훨씬 나아서 평생토록 써도 다 쓰지 못할 것이다.

─「두 아들에게 주는 훈계」 중에서

또 "사람이 세상에 살면서 귀하게 여겨야 하는 것은 성실함이니, 모든 일에 속임이 없어야 한다", "다만 딱 한 가지 속여도 되는 일이 있다. 그것은 바로 자기 입을 속이는 것이다"라는 가훈을 지어 부치고 이렇게 덧붙였다.

"올해 여름 내가 다산에 있으면서, 상추 잎으로 밥을 주먹만 하게 싸 먹었다. 어떤 손이 '쌈을 싸 먹는 것이 절여 먹는 것과 다릅니까?' 하고 물었다. '이건 다산선생이 입을 속이는 방법일세' 하였다." 아들 교육에 노심초사하는 다산이 그려진다. 다산은 때때로 작은형 약전에게도 편지를 보내 소식을 전했다.

자식들과 작은형님 걱정이 지나가자 고향의 절경들이 떠올랐다. 눈앞에 아른거렸다. 그도 그럴 것이 그가 태어난 고향 마재의 달밤은 절경이었다. 달빛에 싸인 마을이며 달이 꽂힌 강물이며, 고깃배들……. 이곳 강진만도 달빛에 반짝이는 바닷물이며 성냥갑처럼 엎어진 마을이며 바다에 부유하는 죽도와 가우도 등이 마재와 겨루어도 우열을 가리기 어려울 정도였지만, 고향은 고향이었다.

원래 다산초당의 동암은 어떻게 생겼을까? 20명이 넘는 제자와 가족들의 식사를 준비하려면 대단한 살림들이 필요했을 텐데. 새벽닭이 울 때까지 저술에 매달릴 때가 많았을 테니 그 식사와 간식을 수발하는 것이 쉬웠겠는가. 아마 초당 정리가 끝나고 난 뒤부터 홍임 모가 그 일을 묵묵히 해냈을 것이다. 동문 매반가에서부터 지금까지 몇 년인가. 다산은 미안하고 고마운 마음을 애써 가슴에 묻어 두었다. 늙어서 본 딸은 눈에 넣어도 아프지 않다던가. 시간이 날 때마다 명석한 딸의 재롱을 보며 딸을 조금씩 가르쳤을 것이다. 이렇게 열정이 있던 이때가 다산은 가장 행복하지 않았을까.

산언덕 의지해서 집을 짓고
샘물 파고 진펄 밭 개간하고,
전답도 한 뙈기 사서

올해 찰벼를 심어 보았더니,

닷 말이나 거뜬히 수확하여

그것이면 식량도 족하다네.

골 깊어 인적은 뜸하고

지나는 것이라곤 노루 사슴이라네.

1천 권이나 많은 서책들만

산골집에 가득 쌓여 있는데,

육예六藝만을 전공하느라

사부四部 섭렵할 겨를이 없다네.

알기 어려운 주역의 단상彖象 뜻을

삼參으로 오伍로 짝 맞추며 연구하노라면,

마음이 더할 수 없이 즐겁고

때로는 나 혼자서 손뼉을 친다네.

하늘이 내게 주신 탕목읍湯沐邑(세금을 거두던 제후의 봉지封地)이

바로 이 탐진 포구에 있으니,

죽으면 의당 이 땅에 묻히면서

가래 한 자루 동자에게 주면 되지,

무엇하러 꼭 썩은 살을 끌고

길손들에게 수모당하며 갈 것인가.

―「치교에게 부치다」 중에서(1810년 작)

실력이 친구를 만들다

다산이 머무는 다산초당은 언제나 열기가 가득했다. 어쩌다 머리가 아프면 친구와 제자 집을 찾아 유람을 떠나기도 했으나 그것도 잠시, 오로지 저술을 위해 태어난 사람처럼 매달리니 제자들 또한 뒤따르지 않을 수 없었다.

1814년 4월, 다산에 대한 대계臺啓가 처음으로 정지되었다(죄인 명부에서 다산의 이름이 처음으로 빠졌다). 장령 조장한趙章漢이 사헌부에 나가 특별히 정지시켰던 것이다. 그때 의금부에서 관문關文을 발송하여 석방시키려 했는데, 강준흠姜浚欽의 상소로 발송되지 못했다. 다산은 한때곧 해배될 것이라는 기대에 들떠 있었지만 지금은 마음을 비웠다. 왜그들은 집요하게 다산의 앞길을 막았을까? 사도세자 때문이었을까?이런들 저런들 다산은 이해에 그저 저술에만 매달려 지냈다. 신들린사람처럼.

한참『맹자요의』저술에 매달려 있는데 백련사에서 연락이 왔다.약속한 손님이 오셨다고 했다. 백련사로 난 낯익은 오솔길을 걸으며생각했다. 어떤 사람일까? 다산은 평생지기가 된 문산文山 이재의李載毅(1772~1839)를 처음 봤을 때 어떤 느낌을 받았을까? 이재의는 범상치않은 인상을 가진 학자였다. 그뿐 아니라 다산을 보자마자 시를 짓는재미있는 사람이었다. 다산은 당파도 다르고 학문의 근원도 다른 사람이 자신과 같은 죄인을 찾아왔다는 사실에 매우 놀랐다. 이재의의 행동에 감동한 다산은 그를 다산초당으로 모셔 왔다.

봄이 오니 죽오정이 갑갑하기만 해서

회포를 풀고자 저녁 느지막이 들녘으로 나선다.
맑은 햇살, 산들바람 방초는 싱그럽고
지는 꽃, 우는 새, 먼 산이 푸르도다.
수마睡魔에 시달린 객은 객사 깊은 곳으로 가고
시상詩想은 사람을 재촉하여 술병을 따게 한다.
필마에 홀로 가는 오늘 밤의 약속
누구 있어 나보다 먼저 소림小林에서 쉬느냐?

내가 낭주 관아에 있을 때 다산이 은거하는 곳으로 좋다는 소문을
듣고 한번 보기를 바랐으나 실행하지 못했다. 하루는 백련사에서
만나기로 약속했는데 때는 봄이 바야흐로 무르익고 경치는 정히
아름다웠다. 지는 꽃과 신록이 어우러져 비추어서 온 산이 비단 폭
을 이루었다. 경치를 보고 흥이 일어 말 위에서 즉시 시를 지어 감
회를 편다.

―「이산창화집」 24수 중 첫 번째(문산 이재의가 지었다)

가경 갑술년(1814) 3월 4일에 문산文山(이재의의 호)이 처음 다산으로
나를 찾아와 도중에서 지은 시 한 편을 남겨 두었는데 그가 돌아갈
때에 차운하여 작별시로 삼았다.

돌투성이 방죽에 외나무다리
다산에서 동쪽으로 만 보의 거리도 안 된다.
산은 빗기운을 머금어 봄 나무를 싹트게 하고
바다는 돌부리를 삼키며 만조를 몰고 온다.

어리석게 차를 품평하여 육우陸羽를 따르고자 하는데
누가 연꽃을 맑게 그려 참료參寥(송나라 때의 스님 도잠道潛)에 필적할까?
해마다 꽃 소식은 선루禪樓로 오르는데
내마內馬에 금 안장 타고 조회 가던 시절 그립네.

—「이산창화집」 24수 중 두 번째(다산이 지었다)

　두 사람은 만나자마자 서로를 알아보았다. 그래서 시로 인성人性 논쟁을 시작했다. "예를 강론함에 어찌 웅변조로 말해야 하리, 진실로 자신이 재단하고 택하면 두루 통하게 될 것을" 문산이 읊자 "남쪽의 왕숙王肅 북쪽의 정현鄭玄이 각각 우위를 다투었으나, 삼례三禮, 미언微言 양쪽 모두 통하지 못하였다"고 다산이 읊으며 『예기』에 관한 논쟁을 하고, "어리석은 사람에게 꿈 이야기함은 바보 같은 짓이니, 시험 삼아 복희씨가 그은 팔괘도를 살펴보라" 문산이 읊으면 "구가九家의 문호가 계승자를 잃었는데, 평생토록 하도河圖를 천착하고 있도다"라고 다산이 읊으며 『주역』에 관한 논쟁을 벌였다. 모처럼 지기를 만난 것이다.
　이렇게 강한 인상을 주고 헤어진 문산은 이해 9월 다시 다산을 찾아왔다. 같은 당파 사람들도 죄인이라고 멀리하는 세상인데 노론 가문의 이름난 선비가 다시 찾아왔으니 다산은 또 한 번 감격했다. 그리고 오랜 지기처럼 시를 짓고 인성 논쟁을 하며 짧게 느껴지는 시간을 잡지 못하고 헤어졌다. 문산은 이듬해 봄에 또 다산을 찾았다. 여전히 말 위에서 시를 읊으면서 말이다. 아마 이별주도 손에 들고 왔는지 모른다. 호방한 문산과 깐깐한 다산의 인성 논쟁은 평행선을 그었으나 둘은 만나면 즐거워서 어쩔 줄 몰랐다. 다산은 영암현감에서 물러나는 큰아들을 따라 멀리 떠나가는 문산을 부러워하며 이별주를 마셨다. 그러고도 부족해서 두 사람은 편지를 통해 논쟁을 이어갔다. 어쩌면 편지로라도 만나고 싶었는지 모른다. 그리고 두 사람은 평생지기가 되었다.

"실력이 당파를 넘어서고 학문의 근원을 넘어 친구를 만들었구나."

무슨 말을 그리하는가!

1818년 봄, 다산은 『목민심서』 48권을 완성했다. 그리고 여름에는 『국조전례고』國朝典禮考 2권을 완성했다. 후덥지근했던 날씨가 얼마 전부터 제법 서늘해졌다. 하늘이 파랗다 못해 투명해져 강진만 바다도 함께 투명해 보인다. 음력으로 8월 초, 양력으로 9월 초니 날씨가 좋을 때다. 날이 좋으니 능률도 오른다. 다산은 마지막 개혁서인 『경세유표』를 정리하기 위해 이것저것 챙기고 있었다. 이때 제자 이학래가 헐레벌떡 뛰어 들어오며 소리쳤다.

"선생님, 해배요! 해배되었어라우!"

이곳저곳에서 작업을 하고 있던 제자들이 계단 쪽을 바라보며 순간 멈칫했다가 누군가의 환호 소리가 들리자 일제히 일어서서 함성을 질렀다. 그리고 아수라장이 되었다. 얼마나 기다리고 기다리던 일인가. 다산보다는 제자들이 더 기다렸을 것이다. 그 이틀 뒤 두 아들이 파발마처럼 빠른 말을 타고 들이닥쳤다. 다산초당은 다시 잔칫집이 되고, 여기저기서 소문을 듣고 온 사람들로 인산인해를 이루었다. 덕담을 받고 너털웃음을 지으며 농담을 했지만 정작 다산은 담담했다. 8년 전이었다면 아주 기뻐했을 것이다. 그때는 틀림없이 해배되리라고 생

각했다. 주위 사람들로부터 축하 인사까지 받았다. 그런데 해배되지 않았다. 끓어오르는 분노로 얼마나 많은 밤을 잠 못 이뤘던가. 그때 생각을 하면 지금도 분노가 치밀어 오른다.

그런데 정작 해배되었다고 하니 담담하다. 두렵기까지 하다. 이곳에 뼈를 묻겠다고 작정했는데……. 그러나 어쩌랴. 헤어짐은 자명한 사실. 다산은 아쉬운 이별을 다신계茶信契로 대신한다. 누구의 세안이었는지는 알 수 없으나 다산이 초안을 작성한 것으로 보아 그가 처음 발의한 것으로 추정된다. 18년 동안 다산을 묵묵히 뒷바라지해 준 강진 사람들에게 누구보다도 다산이 고마움을 느끼고 있었다.

　　북쪽 사람이 나를 위해 슬퍼하며 걱정하여 말하기를,

"탐진(강진)은 탐라의 나루이며, 축축하고 더운 땅에서 생기는 독기가 서린 고장으로 죄인을 귀양 보내는 곳이네. 그대는 어떻게 살 수 있겠는가" 하기에 내가 이런 말을 하였다.

"아아, 어찌하여 이런 말을 하는가. 탐라의 원통함이 한결같이 여기에 이르렀단 말인가. 내가 5년 동안 탐진에 살면서 더위는 북쪽보다 덜한 것을 느꼈고, 특이한 점은 겨울 추위가 그리 매섭지 않은 것이었네. 생각건대, 귤橘이 회수淮水를 넘으면 탱자가 되듯이, 지금 탐진에는 귤과 유자가 생산되는데 월출산 북쪽만 가면 곧 변하여 탱자가 된다네. 그러므로 이 탐진 땅은 거의 중국 회남과 더불어 그 남북의 위도가 같은 셈이지. 일찍이 중국 사람 중에 회남 땅을 일러 축축하고 더운 땅에서 생긴 독기가 서린 곳이라고 말하는 자를 보았는가.

탐진은 북쪽으로 한양과의 거리가 8백 리로, 북극北極과의 위차位差가 한양과 3도 남짓 차이가 난다네. 그러므로 겨울 해는 한양에 비해 조금 길어서 두어 자 되는 서까래 길이에도 창문의 해는 그 중간에 있고, 여름 해는 한양에 비해 조금 짧아서 점심밥을 늦게 먹으면 저녁밥이 맛이 없다네. 대개 여름을 갈라 겨울에 붙이는 것은 북쪽 사람들의 지극한 소원이요 몹시 좋아하는 것이지. 지금 탐진이 이와 같으니 이 어찌 좋은 고장이 아닌가.

―「탐진에 대한 대답」 중에서

또 강진(탐진) 사람들의 온후함을 이야기하면서 "탐진 백성들은, 벼 베기가 끝나면 농토가 없는 가난한 백성들이 곧바로 그 이웃 사람의 논을 경작하기를 마치 자기 논밭처럼 하여 보리를 심는다", "보리를 반으로 나누느냐, 세금을 부담하느냐, 품앗이로 보답하느냐, 어느 것도 아니다"라고 놀라움을 드러낸다. 또한 관가에서 세전을 거둬들일 때 각 집마다 12전을 물려도, 25전을 물려도, 오늘 내고 내일 내라고 해도 들어준다며 그 어질고 후덕한 풍속에 놀란다.

다산은 강진 사람들의 첫인상이 좋지 않았다. 그러나 실제로 살아보고, 김해로 유배 간 이학규의 편지를 받아 보며 많은 것을 느꼈다. 어쩌면 자신이 강진으로 유배 온 것은 하늘이 도운 일이었다고 생각하지 않았을까. 하늘이 돕지 않고서야 어찌 그 많은 책을 지을 수 있었겠는가.

윤단이 1808년 봄 다산에게 초당을 내어 주고 손자들을 가르치게 한 것이 결과적으로 실학의 산실인 다산학단을 낳으리라고 상상이나 했을까? 윤단, 윤규로 부자로 인해 다산초당은 6백여 권의 책 대부분을 저술한 기적의 산실이 되었다. 우리나라 5천 년 역사에 문文에는 다산, 무武에는 충무공이라는 칭송을 들을 수 있는 초석을 윤단 부자가 만들었다는 점에서 다시 한 번 머리가 숙여진다.

돌
아
왔
다
고

미
용
이

태현 정약현

17년 만에 다시 만나다

　　조선 시대에는 삼남 지방이나 동북 지역에서 육로로 오는 물류가
송파에 집결되고 송파나루를 통해 한양으로 옮겨졌다. 송파나루는 많
을 때는 백여 척의 경강선이 정박해 있을 정도로 번성했다. 이웃의 삼
전도나루는 인조가 청나라 태종에게 세 번씩이나 머리를 조아린 병자
호란을 겪으면서 쇠퇴했다.

　　1818년 9월 14일, 다산은 이 송파나루를 향해 아들, 제자 들과 함
께 우마차를 끌고 왔다. 상상해 보건대, 그날이 마침 장날이었다면 무
척 복잡했을 것이다. 지금 송파1동 자리가 송파장터인데 그 아래 일신
여상 서쪽으로 우시장이 있었고 마을 가운데는 곡물장과 가축상이 있
었다. 노천에서 나루터까지 쭉 늘어선 가점포에는 대장간 등 수공업
점포와 2백여 개의 여각, 객주, 술집들이 어우러져 있었고, 나루터에는

송파에서 두릉 가는 길에 있는 두미협

짐꾼을 비롯해 우마차들이 우글거렸다.

이런 복잡한 길을 뚫고 다산 일행은 다산의 이삿짐을 싣고 나루터로 향했다. 함께 온 제자들은 장꾼들과 쌓여 있는 물건들에 놀라고 송파산대놀이나 남사당패의 마당극과 풍물놀이, 꼭두각시놀음에 발걸음을 놓아 버렸을 것이다.

정신을 잃고 있었을 제자들과 달리 다산은 17년 만에 만나는 부인 홍씨 생각과 오랜만에 맡아 보는 고향 냄새에 마음이 붕 떠 있지 않았을까. 그리고 배에 올라서 한강물을 보자 가슴이 울컥했으리라. 얼마나 보고 싶던 강이던가. 오랏줄에 묶여 끌려가던 때가 엊그제 같은데 중죄인의 몸에서 벗어나 다시 한강을 거슬러 오르다니. 한강물은 예전과 같은데 그 물에 비친 자신은 큰 골이 패인 주름살투성이에 하얗게 수염이 센 늙은이라. 이 몰골을 아내는 알아볼 것인가. 어찌 강물은 그대로이고 나만 늙어 버렸단 말인가. 자신의 얼굴과 배의 그림자가 함께 강물을 미끄러져 간다. 강물에 비친 얼굴을 보며 양손으로 뺨을 문질러 보지만 달라지겠는가. 20년 가까이 지났는데도 오가는 배와 사람이 많아진 것뿐 풍경은 마재와 서울을 오가던 그때와 별반 달라진 게 없다.

"왔다매, 한강이 이렇크롬 크당가, 인제 스승님 댁이 쬐끔 남았나벼."

"송파장 소문이 강진까지 났으니께 큰 줄은 알었는디 요 정도까장 바글바글거릴 줄일랑 누가 알았겠소잉, 난장도 볼만허던디 또 구경가야 쓰겄어."

함께 온 제자들 떠드는 소리가 미끄러져 가는 배의 물결 소리를 삼킨다. 양쪽 산들이 덮쳐 올 것 같은 두미협의 협곡이 저만치 보인다. 암초들이 강바닥에 널려 있는 것 같다. 아름다운 경치에 떠들던 제자들의 말소리가 사라진다. 경치가 말을 앗아갔다. 다산도 말이 없다. 왜인지 이런 기쁜 날에 자꾸 눈물이 나 몰래 훔치며 쑥스러워한다. 유배 초기 강진에서 흘린 많은 눈물이 아직도 남아 있나 보다.

강진에서 마지막 밤을 딸과 함께했는데 벌써 그립다. 나이 오십 넘어 본 늦둥이 딸이니 얼마나 귀여웠겠는가. 더구나 딸의 귀여움을 처음 맛보았으니 더할 수밖에. "뭣담시 난중에 가야? 와따, 아부지와 함치 가고 싶은디!" 떼쓰는 딸을 달래고 왔다. 딸의 모습이 눈에 선하다. 동문 매반가 시절부터 묵묵히 뒷바라지해 온 홍임 모에게도 따뜻한 말을 전하며 코가 시큰했다. 홍임 모 또한 참았던 눈물을 흘렸다. "봄이 되면 오너라, 내 편지하마." 더듬거리며 마지막 말을 남기고 떠나왔는데 집에 도착하기도 전에 보고 싶으니. (일설에는 함께 상경했다고도 한다.)

강진 다산초당에서 9월 초이튿날 떠나서 오늘이 14일이니까 빨리 온 셈이다. 짐이 많지 않으리라 생각했는데 막상 꾸리고 보니 소달구지로 하나 가득이다. 가장 부피가 큰 것이 책이다. 그동안 모은 것과 저술한 6백여 권, 필사본, 초서한 자료 등을 합하니 3천여 권이 넘는다. 초당에 있거나 모은 책 천여 권과 생활에 쓰던 식기류, 이불, 장 등은 놓고 꼭 필요한 물건과 그림 등 선물들만 추려서 짐을 꾸렸는데도 소가 낑낑거릴 정도다. 지친 소를 달래 가며 부지런히 왔다. 송파나루에서 배를 빌려 타고 마재로 향하고 있다. 가을바람이 알맞게 불어서 이대로 가면 해 떨어지기 전에 집에 도착할 것이다.

두미협을 지나 마재가 가까워 왔다. 갈수기 때가 가까워 오니 강물이 많지 않다. 가끔 짐을 가득 실은 범선들이 오가거나 고깃배들, 벌목나무를 엮은 뗏목들이 오고 갔다. 마재는 인근에서 가장 넓은 강폭에

호수처럼 잔잔한 강물이 흐르는 곳이다. (현재는 팔당댐 때문에 이런 모습이 사라졌다.) 두미협만 지나면 위험한 뱃길은 없는 셈이다. 해가 서서히 한양 쪽을 향해 기울자 마재가 보이기 시작했다.

배가 강기슭을 향한다. 멀리 점점이 보이던 민가들이 크게 다가왔다. 속도를 늦추고 다가서는 동안 두 사람이 쏜살같이 달려가는 모습이 보인다. 순식간에 집 앞 자갈밭에 사람들이 가득 찼다. 배는 소내나루터로 미끄러지듯 밀려가고 사공은 삿대로 나루터에 서서히 배를 댔다. 눈에 익은 얼굴들이 띄엄띄엄 보인다. 하인들과 동생 약횡若鑛, 얼굴도 못 알아보게 달라진 며느리들과 처음 보는 손자손녀들 사이로 너무나 늙어 버린 마누라와 형수님들 모습이 보였다. 늙어 버린 동생 약횡이 뱃전을 향해 다가왔다.

"아이구 형님, 그동안 얼마나 고생 많으셨습니까. 불편한 곳은 없으신지요?"

손자들도 할아버지를 보고 꾸벅 인사를 했다. 하인들도 나서서 큰절을 한 후 짐을 옮기며 분주히 움직였다.

"여보, 그동안 너무 고생 많았소!" 목이 메어 우물거리며 말을 잇지 못한다. 한창때의 싱그러운 모습은 어디로 갔나. 이제 환갑이 얼마 남지 않은, 주름살만 늘어난 마누라를 쳐다보며 다산은 한마디 했다. 그뿐, 반가운 표정은 역력하나 말을 삼킨다. 갑자기 소내나루터가 왁자지껄해졌다. 윤종심尹鍾心을 비롯한 다산의 제자들이 안면이 있는 소내마을 사람들과 얼싸안고 반가움에 겨워 고함을 지르고 큰소리로 웃었다. 다산에게는 20년 만의 기쁨이다.

"이제 대감마님이 돌아오셨으니 고생은 끝났지요, 암 끝나고말고."

덕담들을 뒤로 하고 모래 섞인 긴 자갈밭을 지나 그사이 훌쩍 커 버린 버드나무, 느티나무 들을 쳐다보며 집에 들어섰다.

다산은 처음 본 가족들의 절을 받았다. 그들이 건네는 덕담과 웃음소리가 마재 골짜기로 퍼져 나갔다. 인사가 끝나자 다산은 집에서 50미터 정도밖에 떨어지지 않은 큰형님 댁을 찾았다. 큰형 약현은 동생을 보고 싶은 마음을 누르고 사랑채에 앉아 있었다.

"형님 저 왔습니다. 그동안 심려를 끼쳐 드려 죄송합니다."

"고생 많았다. 몹쓸 사람들, 죄 없는 너를 이렇게 늙게 만들다니!"

어지간한 일에는 미동도 하지 않는 큰형 약현도 늙어 버린 동생의 모습을 보며 눈시울을 붉혔다. 큰형 약현 또한 집안을 이끌면서 마음 고생을 많이 했다.

신미년(1801) 이후 천주교로 인한 고통의 나날이 계속되고 있었다. 약현의 처남 이벽李檗(1754~1786)으로부터 시작된 천주교와의 인연 때문에 세 형제들에다 조카들, 제수씨, 매제, 사위, 사돈 등 수난을 당하지 않은 사람이 없었다. 더구나 죽음을 당한 두 사위 중 한 명인 황사영은 능지처참을 당하고, 귀여워하던 딸 명련은 한창나이에 종으로 팔려 갔다. 똑똑하고 장래가 촉망되는 천재라고 생각해 딸을 주었는데……. 죽은 사람이야 그렇다 쳐도 그로 인해 아직까지 고통을 받고 있는 인척들, 종 노릇을 하고 있는 딸자식을 생각하면 가슴이 찢어지지 않겠는가. 가슴에 묻은 한이, 자랑스러운 동생 미용(정약용의 어릴 때 이름)이 돌아온 것으로 조금은 위안을 받았다. 지켜보는 사람이 고통을 당하는 사람보다 더 괴롭다고 했다. 천주교라는 날벼락을 맞아 집안이 온통 풍비박산 났으니 기구한 운명이었다. 형 약현 또한 이런 시련이 주름살 골에 두루 스며 있었다. 금세 어두워지는 짧은 하루 때문에 두 형제는 다음 날을 기약해야 했다.

첫날은 이렇게 훌쩍 지나가고 다음 날에는 귀어촌에 사는 사위와 딸, 손자들이 달려왔다. 가까운 인척들과 서울에 사는 친구 윤서유도 왔다. 어떻게 소식을 들었는지 여기저기서 편지들이 날아왔다.

그 옛날 맑은 강 빛이
해마다 사람을 생각하게 하누나.
백사장은 벌창한 물에 따라 변하고
고기잡이 길은 물가에 새로 났네.
옛일을 회상하니 묵은 자취 슬퍼라
의기소침한 이 몸이 애석하구려.
못가에 우뚝이 서 있는 돌이여
늘그막에 너와 서로 친하자꾸나.
　　　―「윤서유 감찰을 대동하고 바위 밑에서 작은 배를 띄우다」(1818년 작)

친구이자 사돈인 윤서유와는 사라담紗羅潭에서 배를 띄우고 이런 저런 이야기를 나눴다. 그에게 요즈음 기울어 가는 조정의 이야기도 들었다. 모처럼 따뜻한 날이었다.

며칠이 지나자 마재는 다시 평온을 되찾아 정적에 빠졌다. 며칠 전 제자들이 강진으로 떠난 뒤 집안이 텅 비어 버린 것 같다. 조금 조용해지자 다산은 이것저것 묻는다. 약종 형 가족들의 안부도 물었다. 셋째 형수와 일곱 살 때부터 집에서 자란 하상이가 보이시 않아서였다.

"하상이와 딸 정혜, 형님은 지금 어디 가 있는지! 북경을 밥 먹듯이 드나들면서 천주학 포교 활동을 하느라 정신이 없대요. 온 집안이 풍비박산 나고도 계속 천주학에 미쳐 있으니 또 언제 폭풍이 몰아칠지, 모두가 조마조마하답니다."

그해 가을과 겨울은 바쁘게 지냈다. 큰형과 인근의 일감정—鑑亭에 다녀오고 용문 인근에 사는 당숙부에게 시를 지어 올리고 인척 집에 인사를 다니느라 분주했다. 친구들이 방문해서 덕담으로 즐거운 시간을 보내고 아들 친구들의 인사를 받으며 웃음꽃이 피었다.

이 심사를 누구에게 말하리오

집안에서 왁자지껄하게 피어나던 웃음소리에 언제부터인가 공허감이 더해지기 시작했다. 덕담을 건네는 목소리에 힘이 없어지고, 빛나던 눈빛에 빛이 줄어드는 것을 다산은 다른 가족들보다 절실히 느꼈다. 길어지는 밤, 불빛과 함께하는 시간도 늘어 갔다. 책을 펼쳐 놓았으나 책장 넘기는 소리는 들리지 않았다. 말소리도 줄어들었다. 가끔 나쁜 일 하다 들킨 사람처럼 아내의 눈치를 봐야 했다. 왜 강진에 있을 때보다 외롭고 쓸쓸한 걸까! 그렇게 보고 싶은 가족과 슬프도록 아름다운 고향 산하가 품 안에 있는데도 모두가 낯설게 느껴지니. 가끔 딸의 얼굴을 떠올리면 바로 곁에서 목소리가 들리기도 하고, 홍임 모의 맛깔스런 음식 냄새가 코를 벌름거리게 하기도 한다. 엉뚱하게 귀양살이를 계속하는 것이 더 낫지 않았을까, 라는 생각이 들 때는 마음을 다잡느라 허벅지를 꼬집어야 했다.

"고향에 돌아왔으나 새해가 되기도 전에 양식이 떨어졌고, 늙은 아내는 추위에 굶주리고 아이들 얼굴빛이 처량하다"고 한탄하는 다산의 귀에 두 형수의 푸념 소리가 들린다.

"그가 온다 그가 온다 하더니 오고 나도 달라진 게 없네."(其來其來來 亦然矣 ; 「작은형에게 부친 편지」 중에서)

18년 동안 유배지에서 이보다 더한 어려움도 참고 살아왔는데, 가족들의 말 한마디 한마디는 더 괴롭게 가슴을 찌른다.

구사일생으로 돌아와 실망의 뜻 그지없어
지팡이 짚고 다시 강변에 기대섰나니,
한 떨기 누런 잎새 그윽한 마을엔 비 내리고
개인 산봉우리엔 석양빛이 걸려 있네.
거룻배는 정히 이 늙은이를 실을 만하고
갈매기와는 모쪼록 여생을 함께할 만한데,
아, 무릉에 돌아가 제사 지낼 날이 없어라
현몽한 이가 백발의 신선인가 의심스럽네.

―「동고에 올라 저녁 경치를 관망하다」(1818년 작)

다산의 고통과는 아랑곳없이 가을은 깊어 갔다. 한강물에 비친 검단산과 백병산의 붉은 단풍도 서서히 옷을 벗고 집 주변의 단풍들도 빛을 잃어 갔다. 가을비가 촉촉이 내린 후 날이 맑아지자 하늘이 푸르다 못해 검다. 거기에 낙조를 받아 남아 있는 단풍들이 짙은 화장을 했다. 길게 늘어진 산 그림자가 강을 메우사 다산의 가슴도 시커멓게 타들어 갔다. 큰 기대는 하지 않았지만 해배되어 돌아왔으면 조정에서 사면시켜 주는 정도의 배려는 해 줄 줄 알았다. 당연히 죄인의 올가미를 벗겨 주고 다음 벼슬에 대한 언질을 줄 것이라 기대하고 있었는데 철저히 내동댕이쳐졌다. 그래서 마음 한구석에 서운한 마음이 똬리를 틀고 앉아 있었다. 강진에서 지은 시를 읽고 이러쿵저러쿵 말들이 많았는데 그때가 더 나았던가. 이제는 관심을 가져 주는 사람도 없다. 수많은 저서를 보자는 사람도 없다. 18년 동안 바닷가 외진 곳에서 기적적으로 살아온 사람에게 너무 모진 것 아닌가.

주변을 이리저리 둘러보아도 달라진 게 없는 고향인데 자신만 달라져 버렸는가. 그렇게 그리던 고향이었건만, 가난과 소외와 슬프도록 아름다운 산하만이 자신을 반긴다. "하늘땅 꽉 막히니 시절이 서글프고, 저녁노을 날아올라 아쉬울 따름. 시든 나무 풀뿌리도 죄다 묻히니, 어디에서 천기를 징험할른지"라며 이웃 사마리의 신 학사申學士 형제(신작申綽·신현申絢)에게 시를 지어 시커멓게 타들어 간 자신의 가슴을 터놓고 있다.

사경四更이 될 때까지 산집에서 배회하노니
마당 가운데 물풀에서 가는 무늬 생기누나.
달은 이렇게 밝아도 보는 사람이 없는데
여울은 무슨 원한이 있어 밤새껏 울어 대는고.
예악은 2천 년 동안을 어두워져 왔고
풍파는 3만 리를 종횡무진 하였어라.
이 끝없는 심사를 누구에게 말하리오
홀로 심지 후비며 짧은 등경 마주하노라.

—「10월 13일 밤에 읊다」(1819년 작)

1819년, 새해가 밝았다. 마재 앞 언 한강에 쌓인 흰 눈이 하루가 다르게 낮아지고 있다. 몹시도 추운 겨울의 긴긴밤을 마음을 다잡으며 지냈다. 날씨가 추운 것보다 마음이 더 추웠다. 강진 유배 초기처럼 타는 마음과 굶주림, 주변의 싸늘한 시선에서 벗어나야만 했다. 아무리 궁리를 해도 가난에서 쉽게 벗어날 길은 없었고 돈 들어갈 곳은 많았다. 자신이 책임져야 할 입들은 널려 있었고 빛나던 형수님들의 눈빛도 시들해져 가고 있었다. 거기에 강진에 남겨 놓은 홍임 모녀 걱정까지 덧붙여 있으니.

"임자가 좋아하는 누에치기를 늘리는 수밖에 없네. 단기간에 이 많은 식솔들을 먹여 살릴 길이라곤 그것밖에 없는데 임자의 고생이 늘어나니 어떻게 해야 하나."

"시집와서부터 해 온 일인데 새삼 무슨 말씀이오. 내 할 일이야 열심히 하겠습니다만 저 형님네들 바람을 어떻게 충족시켜야 할지……."

마누라까지 가난에다 형수들 핑계를 대며 조정의 출사를 기대하고 있었으나 다산은 아무 말도 할 수 없었다. 이미 강진의 홍임 모녀는 마재를 향해 떠났을 텐데.

"근데 말이오. 아, 아니오."

다산은 꺼내려던 말을 멈추고 다음으로 미뤘다. 좋은 일이 있으면 자연스럽게 말할 수 있을 텐데, 그런 기대는 어렵고, 드센 마누라를 설득하기는 쉽지 않을 것 같고.

그렇다고 가만 앉아 있을 수는 없었다. 부지런히 움직여야 했다. 다산은 뽕나무와 과수, 야채를 심고 인근에 있는 농원의 논농사도 직접 살폈다. 남쪽 강진에서 배운 장점을 접목하여 효율성을 기하느라 바삐 움직였다. 늙은이부터 아이까지 온 가족이 발 벗고 나서도록 독려하며 분주하게 고향에서의 첫 봄을 맞이했다. 틈틈이 장손자인 열세 살 대림이와 여섯 살이 된 외손자 윤정기 등을 가르치고, 그 외에는 강진에서부터 자료를 모으고 써 온 『흠흠신서』欽欽新書에 매달려 글을 쓰고 정리했다.

봄비가 주룩주룩 내리는 날이었을까, 화창한 봄날이었을까. 홍임 모녀가 제자 윤종심과 함께 마재로 왔다. 다산은 순간적으로 반가워서 어쩔 줄 몰라 하다가 냉정을 되찾았다. 가끔 꿈속에서도 만나는 귀여운 딸과 고마운 홍임 모가 왔으나…….

그러나 한기가 느껴질 정도로 싸늘한 부인 홍씨의 눈초리와 주변 인척들의 냉랭함은 어쩔 수 없었다. 홍임 모녀도 어느 정도는 각오하고 왔을 것이나 이런 분위기에 주눅이 들어 버렸다. 아마 딸 홍임이를 달래느라 애태웠을 것이다. 부인 홍씨는 잠자리가 마땅치 않다는 핑계로 작은 형수 집으로 홍임 모녀를 쫓아 보냈다. 그리고 어떻게 내칠까, 궁리하기 시작했다. 이렇게 되지 않도록 다산이 좀 더 뻔뻔했어야 하는 건데.

형님과 함께 한강에 몸을 담고

점점 한강물의 수위가 높아 갔다. 봄이 깊어진 것이다. 해배되어 돌아왔으니 하담荷潭 선영을 찾아 부모님께 인사를 드려야 했다. 그리고 그 길에 답답한 마음을 남한강에 묻고 싶었다. 어렸을 때부터 다녔던 길이니 특별히 준비하느라 부산을 떨 필요는 없었다. 그래도 큰형

약현을 모시고 가느라 작은 어선을 세내어 간략한 준비를 했다. 이때
지은 「충주기행」 시를 보면, 배에다 장막을 두르고 비바람과 5월 중순
의 따가워지기 시작한 햇빛을 막는 지붕을 얹으니 정자가 되었다고 했
다. 여기에 식기와 식품, 차 등 음료를 싣고 떠났다.

　　강둑 위에는 세 그루 버드나무요
　　울타리 밑으로는 모래사장이 십 리라네.
　　그 속에 숨겨진 누대 좋기만 한데

돌아보니 바로 우리 집안 누대라오.
―「4월 15일에 맏형님 약현을 모시고 고기잡이하는 집의 조그마한 배를 타고 충주로 향해 가면서 전기錢起의 강행江行 절구시를 본받아 짓다」 75수 중 제4수 (이하 「충주기행」, 1819년 작)

다산은 「충주기행」 제21수에서 "깊은 못은 반드시 여울물을 쏟아 내고, 골짝이 좁아야만 들이 열리는 건데, 다스려짐과 어지러움이 늘상 이와 같거니와, 궁하고 통함도 그러함이 있다오"라고 노래했다. 한 강가에 살면서 강과 인생살이를 논한 다산의 말이 마음으로 다가온다.

양평군 앙덕리仰德里 앙덕나루를 지나면서 다산은 이곳에 은둔한 이원익李元翼을 떠올리고 바로 아래 구미리龜尾里의 구미포를 지나면서는 수군영水軍營과 원호元豪장군을 떠올렸다. 구미포는 임진왜란 때 격전지였다. 다산은 이곳 구미포 인근에 배를 정박하고 포구에 있는 주막에서 하룻밤을 보냈다. 모처럼 형님과 단둘이서 술상을 마주하지 않았을까.

"명련의 근황은 듣고 계십니까?"

"저들이 눈을 번뜩이고 있는데 어찌 제주도 종이 되어 간 딸에게 손을 댈 수 있겠느냐! 능지처참 당한 사위와 같이 죽는 게 나았을 텐데⋯⋯. 다 그 아이 팔자지. 그나저나 내 처남(이벽) 때문에 모두가 이 고생을 하는구나."

"아닙니다. 천주교는 다 핑계고 저 때문입니다. 저를 죽이려다 죄 없는 사람들도 다친 것입니다. 형님! 어찌 이 고통을 잊을 수 있겠습니까만, 그래도 다 잊고 건강하셔야지요."

"그래! 모처럼 즐겁게 술이나 마시자꾸나."

큰형 약현은 이벽이 천주교를 끌고 들어와 온 집안이 풍비박산 났다고 생각했다. 참으로 아끼던 똑똑한 사람이었는데 그로 인해 이런 불행이 오다니. 큰형은 모처럼 거푸 술잔을 들이켰다.

"이벽 형님은 때를 잘못 만난 것이지요. 예, 때를 아주 잘못 만났어요."

다산도 이벽이 생각났는지 형님과 함께 술잔을 들이켰다. 다산은 고통을 감내하며 지내는 형님께 드릴 따뜻한 위로의 말을 생각하며 그 밤을 보냈다.

권력은 역사도 바꾼다

빛깔 짙어 아름다운 여주驪州 고을은
긴 장대 일자로 가로지른 듯하다.
붉은 누각이 푸른 물 마주 대했으니
경기도 안에선 여주목사가 청관淸官이라네.

―「충주기행」 중 제46수

다산은 긴 장대처럼 일자로 가로지른 여강의 짙은 빛깔이 더없이 아름다웠다. 여주는 들이 넓고 물산이 풍부한 데다 왕릉까지 있는 곳이다.

여주팔경으로 꼽는 현재 영월루에 오르면 신륵사神勒寺가 한눈에 들어온다. 신륵사는 고려 말 나옹선사懶翁禪師(1320~1376)가 입적한 후 유명한 절이 되었다. 나옹선사는 적극적인 현실 참여, 실천하는 선禪으

로 지혜의 완성을 추구했다. 따라서 앉아서 참구參究하는 수행법을 멀리하고 속세에 뛰어들어 중생을 만나고 제도했다. 그런 면에선 다산은 나옹선사를 닮았다. 나옹선사는 회암사檜巖寺를 고려 말 전국 사찰의 총본산으로 만든 장본인이었다. 당시 회암사에 있던 승려 수만도 3천 명이 넘었다. 그러나 국가에 반하는 옳은 소리를 했음인가. 나옹선사는 누군가에 의해 신륵사에서 입적했다. 다산은 나옹선사 석종 부도 앞에서 눈물을 흘렸을까. 나라를 걱정하고 세상을 바꾸고자 노력하는 사람들이 겪는 아픔을 함께 느끼며 우러러보지 않았을까.

태현 정약현 미용이 돌아왔다고

　　아니면 마암馬巖에 서서 남한강을 바라보며 이곳에서 억울하게 죽은 목은牧隱 이색李穡(1328~1396)을 떠올렸을까. 이색과 제자들은 마암 앞에 배를 띄우고 유람하다 이성계가 선물한 술을 마셨다. 그리고 그 술을 마신 이색은 세상을 떠났다. 이색의 제자들은 태조를 도와 조선 건국을 주도한 정도전鄭道傳과 조준趙浚이 꾸민 계획이라고 주장했지만, 그들의 주장은 힘을 가진 자들에 의해 세월에 묻힐 수밖에 없었다. 역사를 바꾸기도 하는 권력이니 이런 일쯤 누워서 떡 먹기였을 것이다. 다산은 오늘의 자신을 돌아보았다. 이색 또한 때를 잘못 만난 것인가.

다산은 여주 신륵사를 지나 절경들이 펼쳐지는 이호나루를 거쳐 강천때川 부근에서 하룻밤을 보냈다. 그리고 삼국시대의 전쟁터로 유명한 문막文幕을 지나며 그가 자주 간 법천사法泉寺를 떠올렸다. 고려 시대에는 조선 시대와 달리 주로 승려들이 남한강을 오르내리며 강학을 했다고 한다. 지광국사智光國師(984~1067)가 이곳에 국사로 있을 때는 법천사 폐사지도 많은 강학생들로 붐볐으리라. 조선 시대에는 내로라하는 학자들이 강학을 하였고, 다산은 16세 때인 1777년 이곳을 지나다가 해좌海左 정범조丁範祖(1723~1801)를 찾아뵙고 시를 지었다. 다산은 이후 하담을 오갈 때마다 해좌를 찾아뵙고 시문을 배웠다. 1796년 4월 16일에도 법천사에서 해좌를 만나 시를 짓고 담소하였으며 이 관계는 1801년 해좌가 세상을 뜰 때까지 지속되었다.

수양버들 늘어진 두 갈래 강어귀에
이름난 동산이 목계鶩溪를 가로질렀네.
옛 친구 가운데 그 누가 남아
노쇠한 백발로 암석 사이에 살고 있을까.

우륵于勒이 신선놀이 하던 곳
탄금대彈琴臺 온통 푸르기만 하구나.
어버이 산소가 멀지 않음 알겠으니
사휴정四休亭이 나는 듯이 나타나는군.

— 「충주기행」 제74, 75수

다산은 「충주기행」 마지막 두 수에서 목계나루에 살고 있을 옛 친구

를 회상했다. 아마 좌랑佐郎 김상우金商雨를 생각하지 않았을까. 1797년
경, 다산은 목계로 친구를 찾아왔다가 만나지 못하고 떠나며 시를 지
었다. "한백년 시와 술로 함께 숨자 꾀했는데, 삼도三島(동해바다 속에 있다
는 봉래·방장·영주로, 신선이 산다는 곳)의 풍연風煙 찾아 섭섭할손 혼자 갔네.
성군 때엔 빠뜨려진 인물 적다 하지만, 세상에선 아직도 이 사람의 이
름 몰라."(「목계에서 김 좌랑을 찾아갔다가 만나지 못하다」 중에서) 지금 친구는 자
신을 버려두고 풍연, 즉 바람과 안개 속 선경에서 혼자 노닐고 있다며
먼 길을 찾아와 친구를 만나지 못한 서운함을 읊었다.

다산은 멀리 보이는 탄금대와 사휴정을 보고 어버이 산소가 가까
워졌음을 알았다.

우두커니 선 채로 눈물만 흘리네

눈물로 묘소 앞에 아뢰옵니다
멀리멀리 찾아온 불초 이 자식.
오늘 밤은 법천서 묵을 것인데
거년엔 금정에서 돌아왔습니다.
시속 사람 오히려 말도 많지만
임금만은 유달리 인재를 사랑.
애달파라 마음속 하고픈 얘기
아무래도 황천에 알릴 길 없습니다.

―「하담에 당도하여」(1796년 작)

하담은 다산의 선영이 있는 곳으로 목계나루 위쪽 충주호 중앙탑 가기 전에 위치하고 있다. 부모님 손에 이끌려 어렸을 때부터 다닌 곳으로 명절 때나 어머님이 돌아가셨을 때, 유배 길에도 들러서 눈물을 뿌린 곳이다. 흔히 '두담', '세담', '도담' 등 '담'潭 자가 들어가는 곳이 다 그렇듯이, 하담은 남한강이 굽이쳐 돌아가는 아름다운 곳이다. 이 하담에는 선영을 관리하던 사람이 살고 있고, 시묘살이 하던 곳인 망하루望荷樓와 하강서원菏江書院이 있었다.

하강서원은 모당慕堂 홍이상洪履祥(1549~1615) 선생의 유덕遺德을 기리는 후배 유생들에 의해 1786년(정조 10) 5월에 창건되었다고 한다. 이때는 다산이 한참 성균관에 다니며 과거 시험 공부를 할 때이다. 다산은 성묘를 오가며 유생들의 공부하는 모습을 보았을 것이고 모현정慕賢후에서 풍월을 읊는 모습도 보았을 것이다. 그리고 자신도 모현정에 올라 아름다운 주변 풍광을 보며 시를 읊지 않았을까. 모현정에서 휘돌아 가는 남한강의 뛰어난 풍광을 보고 하담에 선영이 있음을 자랑스럽게 생각했을 것이다. 지금은 그 슬픔의 흔적만 남아 있다.

다산은 스물두 살의 젊은 나이에 좋은 성적으로 진사 시험에 합격하고, 고향에서 큰 잔치를 연 다음 하담을 찾았다. 하늘을 날 듯한 기분이었겠지만 이곳에 오면 어머니 생각에 슬퍼지는 다산이었다. "지난날 죽마 타고 놀던 이곳에, 남포(쪽빛 관복을 말한다.) 입은 빛나는 오늘이로세"라고 하면서도 "그 누가 사랑하리 방황하는 몸, 우두커니 선 채로 눈물만 흘리네"라고 읊었다(「하담에 이르다」 중에서).

다산은 형님과 함께 해배되어 돌아온 기쁨을 부모님께 고했다. 술을 따라 올리고 맛있는 음식을 무덤 주위에 던지며 "18년 만에 온 저를 용서해 주십시오"라고 울먹였을 것이다. 형님 또한 "미용이 건강하게

돌아왔습니다. 살아생전 제일 귀여워한 아들이니 아버님께서 잘 보살
펴 주시고 다시 큰일을 하게 해 주십시오"라고 했을 것이다. 하담에 머
물며 두 형제는 어떤 이야기를 나누었을까? 부친을 회상하며 덕담을
주고받았을 것이다.

　　"미용이 너는 다시 조정에 중용될 것이니 조정에 좋은 인상을 심
어 줄 수 있도록 하고, 어지러워져 가는 세상을 바로잡기 위한 준비도
철저히 해라."

　　"제가 처세를 잘못하여 아직도 정적들이 많으니 쉽지 않을 것 같

습니다."

하담 인근에 사는 인척과 지인 들도 달려와 한마디씩 거들었다. 분
위기는 즐거웠으나 다산의 가슴은 무거웠으리라.

나는 정기를 늦게 받아 태어났기에
아버지께선 내 막내아들이라 하셨지요.
순식간에 30년이 흘렀는데
아버님 뜻을 기쁘게 해 드리지 못했습니다.

무덤 속이 비록 저세상이지만
옛사람은 여묘 살며 모셨다는데,
아직도 생각납니다. 신유년(1801) 봄에
통곡하며 묘소를 하직했지요.
말 먹일 겨를도 없이 떠나면서
의금부의 관리에게 핍박당하고,
귀양지에서 떠돌다 보니
어느새 18년이 흘렀습니다.
봉분 앞에 서 있는 한 쌍의 나무는
가지와 잎새가 예전처럼 푸른데,
사람의 생애는 저만도 못하여
버림받는 게 어찌 그리도 쉬운지요.

—「어버이 무덤에 오르며」(1819년 작)

형님을 떠나보내고

　　다산은 부지런히 움직였다. 그렇게 하지 않고서는 답답한 심사를 견디기 어려웠다. 일민으로 살아가겠다고 몇 번이나 굳게 마음을 가다듬었지만 어디 쉽게 잊히겠는가. 더구나 20여 년 넘게 마음속에 응어리진 옹이인데. 집 마당을 서성거려 보아도, 모래사장을 거닐며 찬 강바람에 온몸을 얼려 보고, 배가 끊긴 언 한강물 위의 눈을 밟아 보아도 답답한 가슴은 뚫리지 않았다.

이렇게 1819년을 보내고 1820년 봄 다시 형님과 함께 다산이 그렇게도 보고 싶어 하던 북한강을 여행했다. 약현 형님의 아들 학순學淳의 납채례에 동행하게 된 것이다. 다산은 그동안 『아방강역고』我邦疆域考와 『대동수경』大東水經 등을 저술하며 글로만 접한 춘천과 북한강을 직접 답사하여 저술에 대한 확신을 갖고 싶었다. 10여 일 동안 춘천과 소양호, 청평사 등을 유람하고 온 다산은 활력을 되찾았다. 북한강의 남성적인 기상을 보며 마음을 다잡았으리라. 그리고 많은 은둔자들과 만나 대화하며 시절을 논하고 길을 찾았을 것이다. "속세에 취해 깨지를 못하여서, 시절을 슬퍼해 어쩔 것인가. 머리가 희도록 경전이나 파련다"(「협곡을 나오며」 중에서)라며 북한강을 다녀와서 일민으로 살아갈 뜻을 굳히기도 했다.

강진 시절부터 자료를 모아 온 속담집인 『이담속찬』耳談續纂을 지으며 여름과 가을, 긴 겨울을 보냈다. 흰 눈이 쌓여 있던 한강물이 녹으면서 1821년, 고향에 돌아와 세 번째 봄을 맞았다. 마음에 여유를 찾기 위해서였는지 집 앞 동편에 있는 연못과 실개천 근처 채화정菜花亭 주변 꽃밭을 다듬고 꽃을 심으며 봄단장을 했다. 그리고 저술로 새해를 시작했다. 『동문휘고』同文彙考와 『대전회통』大典會通, 『통문관지』通文館志 등을 바탕으로, 중국과의 사대관계에 따른 복잡한 의례와 절차를 종류에 따라 모으고 중복된 것을 산삭하여 26편으로 정리했다. 12세에 제자가 된 이학래가 30세가 되어도 마재를 오가며 저술을 도왔다. 이때 이학래는 마재에 머물며 편찬을 맡았고, 삭제와 보충은 하나하나 다산이 점검하고 결정했다. 책장 넘기는 소리가 마재를 울리는 가운데 봄이 훌쩍 지나갔다. 하지만 이후로 이학래가 다산의 저술을 도왔다는 기록은 보이지 않는다.

여름 6월에 병이 들어 위급했는데 사간원 정원으로 제수하여 임명
장이 내려오자 이불에서 조복을 입고 임명장을 받고 잠깐 뒤 운명
하였으니, 즉 7월 초하루였다.

— 「옹산 윤서유 묘지명」 중에서

다산은 조정에서 도감ㄓㄣ 벼슬을 하고 있는 친구 윤서유가 몸겨누
워 있다는 소식을 사위로부터 전해 듣고 걱정이 되었다. 6월부터 몸겨
누웠으나 설마설마했다. 다산보다 두 살 아래인 58세, 평소 건강을 걱
정하지 않은 사람이었기 때문이다. 젊었을 땐 자신보다도 건강하고 듬
직한 사람이었는데 갑자기 병들어 시름시름 앓다가 가 버렸다. 다시
만나 이웃이 된 지 3년 만에 죽다니. "바람 앞의 촛불처럼 번쩍 켜졌다
꺼지는 부싯돌처럼 손가락 퉁기는 짧은 시간에 죽어 버렸으니 슬픈 일
이로다." 다산은 묘지명에서 허망함을 토로했다.

그런데 얼마 후 더 슬픈 일이 일어났다. 집 주변의 낙엽들이 길에
누워 달빛에 반짝이고 있었다. 중추절에 함께 차례를 지낼 때만 해도
형님은 건강해 보였다. 유행병이 화제가 되어 덕담을 나누기도 했다.
그런데 그 형님이 유행병으로 인해 손써 볼 틈도 없이 9월 초나흗날 돌
아가시고 말았다. 갑자기 당한 일이라 다산은 슬픔에 젖어 있을 여유
도 없었다. 다산의 「자찬묘지명」에는 유행병이 번지고 있었다고 쓰여
있는데 어떤 유행병인지는 적지 않았다. (1821년과 1859년에 가장 심
했던 전염병은 괴질이었다. 통계를 내는 것 자체가 무리일 정도로 괴
질로 인해 몇 십만 명이 죽었다고 한다.) 향년 71세이니 당시로서는 천
수를 누린 셈이다. 그래도 유행병만 아니었던들 더 오래 사셨을 텐데
하며 다산은 안타까워했다.

신유년, 우리 형제 세 사람이 모두 기괴한 화란에 걸려들어 한 사람은 죽고(약종), 두 사람(약전, 약용)은 귀양 가 버렸으나 공(약현)은 횅뎅그렁하게 물의物議의 가운데 들어가지 않고 우리 가문을 보호하고 우리 집안 제사를 이어갔는데 한세상에서 공공연히 칭송하여 어려운 일이라고들 하였다. 그러나 하나의 목숨을 어쩌지 못하여 마침내 초췌하게 죽어 갔으니 오호, 슬프도다.

—「선백씨 묘지명」 중에서

세
상
은
그
렇
게
단
순
하
지
않
다

심재 서용보

과연 술수에 능한 사람이었을까

　다산은 유배에서 돌아온 직후 들뜬 분위기 속에서 손님을 맞았다.
"서 정승 댁에서 손님이 왔는데요, 이쪽으로 뫼실까요?"

　만나 보니 뜻밖에도 서용보徐龍輔(1757~1824)가 보낸 사람이었다.
다산의 석방과 해배를 끝까지 반대했던 서용보가 사람을 보내 축하 인
사를 전하다니. 가까운 인척과 친구 외에는 아무도 축하 인사를 보내
는 사람이 없던 차에 축하를 해 주니 반갑기는 했으나 다산은 무덤덤
하게 예의를 지켰다. 그러면서도 자신을 구렁텅이에 몰아넣은 사람이
왜 안부를 전해 왔을까, 의아한 생각이 들었다. 해배되어 돌아온 지 얼
마 지나지 않아 정신이 없었기 때문에 깊이 생각하지 않고 지나쳤다.
아니 가슴에 맺힌 원한이 쉽게 풀리지 않아 흘려버렸다. 그러나 이제나
저제나 조정에서 좋은 소식이 올 것이라 기대하고 있던 형수님이나 하

인들은 눈빛을 반짝였다. 오히려 무덤덤한 다산과 부인 홍씨, 학연 등의
태도에 다른 사람들이 의아해했지 싶다. 이렇게 해가 짧은 가을이 지나
갔다.

　해배되어 마음이 더 추운 겨울을 보낸 뒤 굶주림에서 벗어나기 위
해 분주하게 움직일 즈음인 1819년 봄, 서용보가 영의정에 올라 서울
조정에 가면서 다시 하인을 보내 안부를 전했다. 아직 사면을 받지 않
은 상태라 다산에게 안부를 전해 오는 사람은 거의 없었다. 그런데 서
용보는 벌써 두 번이나 안부를 물어 오니 다산으로서도 이런 서용보에

대해서 깊이 생각하지 않을 수 없었을 것이다. 다산보다 다섯 살 위인 서용보는 1774년(영조 50) 불과 18세의 나이로 증광 문과에 급제했다. 다산과 다섯 살밖에 차이가 나지 않았지만 벼슬로는 15년이나 선배인 셈이었다. 과히 천재란 소리를 들을 만한 사람이었다. 이런 사람이 아직 완전히 사면되지도 않은 다산에게, 그것도 정승의 신분으로 두 번씩이나 안부를 전했다는 것은 뭔가 다른 뜻이 있다는 걸 의미했다.

　다산과 서용보의 악연은 1794년에 시작된다. 한참 혈기 왕성했던 다산은 아버지 시묘살이를 끝내고 2년 만에 홍문관 수찬으로 복귀하면서 암행어사에 제수되었다. 1794년 10월 29일부터 11월 15일까지 경기도 적성, 마전 등 네 고을을 돌고 그 결과를 임금께 보고했다. 암행하는 동안 농촌의 피폐함과 관리들의 부정부패를 보면서 다산은 분개했다. 서릿발 같은 원칙에 입각하여 부정부패에 연관된 관리들을 철저히 고발했다. 고발한 강명길康命吉과 김양직金養直 같은 실력자들의 처벌이 미약하자 다시 정조에게 장계를 올릴 정도였다. 이때 서용보는 경기도 감사로 근무하고 있었다. 효자인 정조는 아버지 사도세자를 뵙기 위해 자주 화성에 행차했는데 이 때문에 길을 잘 닦아야 했다. 그런데 서용보가 이를 빌미로 관청 곡식을 비싸게 팔아서 착복한 게 다산의 눈에 들어왔다. 더구나 정조의 화성 행로를 과천이 아닌 금천이라 속이고 이를 핑계 삼아 착복했던 것이다. 다산은 당연히 귀경하자마자 정조에게 이 사실을 고했고 이후 서용보는 다산에게 철저히 보복했다. 이런 잘못을 저지르고도 서용보는 정조가 죽은 뒤 정승까지 지내며 승승장구했다.

　신유사옥 때도 모든 관원들이 다산 형제를 풀어 주는 데 찬성했으나 서용보만은 끝까지 반대했다. 유배에서도 계속 서용보의 반대로 풀려나지 못하다가 1818년 그가 정승직에서 물러나자 풀려날 수 있었다. 그리고 1819년 서용보가 다시 영의정에 올랐다. 이런 사람이 두 번이나 다산의 안부를 물어 왔다. 마치 지금까지 다산을 걱정해 온 것처럼. 이것을 어떻게 받아들여야 할까? 혹시 나를 찾아와 고개를 숙인다면 용서해 주겠다는 신호는 아니었을까?

실제로 해배 후 다산은 조정에서 비변사備邊司 양전사量田使로 천거되었으나 이 일은 곧 무산되고 말았다. 당시에 비변사라면 막강한 권력을 쥐고 있는 곳이었다. 국가의 중요 업무를 총괄하고 모든 인사권을 쥐고 있는 핵심 기구였기에 후에 안동 김씨 김조순 일파의 세도정치에 이용되기도 했다.

다산이 해배되어 돌아왔을 때 조정은 어떻게 돌아가고 있었을까? 연약한 순조純祖는 왕권을 되찾기 위해 몸부림쳤으나 반대 세력에 의해 철저히 따돌림을 당하고 있었다. 다산보다 더 외톨이였던 모양이다.

"담당자들이 할 일이지 임금이 나설 필요가 없다."

시파時派 인사들은 거침없이 이런 말을 토해 냈다. 이러니 순조가 화병이 나지 않았겠는가. 실어증에다 불면증, 거기다 건망증 증세까지 보이니 김조순 일당들에겐 오히려 좋은 핑계거리가 되었다. 순조가 하나뿐인 견제 세력으로 믿었던 외가 박종경朴宗慶(1765~1817)까지 조정에서 쫓겨나자 이제 김조순 일당의 세상이 되었다. 60년 안동 김씨의 세도정치가 시작된 것이다. 김조순의 딸은 순조의 왕비, 김조근金祖根(1793~1844)의 딸은 헌종憲宗의 왕비, 김문근金汶根(1801~1863)의 딸은 철종哲宗의 왕비가 되어 왕들을 허수아비로 만들었다.

다산이 해배되어 돌아와 있던 1819년, 젊은 간관 임선任璿이 용기 있게 순조에게 건의했다. "하나의 벼슬자리와 하나의 과거 시험도 척

족붙이나 권세 있는 집안 사람이 아니면 뇌물이 그 지름길이 되고 있습니다."(『순조실록』 19년) 이어 모든 관아의 돈이나 곡식은 문서에만 올라 있지 실제로는 텅텅 비어 있고, 연줄이나 뇌물을 쓰지 않고는 벼슬을 얻을 수 없으며, 온 나라 사람들이 온통 연줄을 찾아다니는 세상을 통탄했다. 임선은 이제 임금이 나서야 한다고 주장했지만 결국 유배형에 처해지고 말았다. 옳은 말 하는 선비가 벌을 받는 세상이니 말해 무엇하겠는가.

답답한 마음을 용문산에 묻고

다산은 조정에 오갈 때마다 안부를 전하는 서용보 때문에 화가 나기도 하고 신경이 쓰이기도 했다. 갈수록 초조해지는 마음을 가다듬기 위해 강진에서처럼 여유당에 앉아 글을 쓰면서 18년 만에 마재에서 맞는 여름을 보내고 있었다. 강진에서 거의 완성한 『명청록』明清錄을 다시 목민관이 형벌을 다스리는 방법과 절차로 조목조목 나눠 정리해 『흠흠신서』 30권으로 완성했다. 불철주야 강진 다산초당에서 저술하던 때를 생각하며 글 쓰는 데 집중하자 더운 여름이 훌쩍 지나갔다. 세상을 다스리는 일표이서─表二書(『경세유표』, 『목민심서』, 『흠흠신서』)가 완성된 것이다. 하지만 다산은 완성된 이 책들이 실제로 나라를 다스리는 데 활용될 수 없을 것 같다는 생각에 밤잠을 설쳤다.

그래서 용문산으로 친구를 만나러 갔다. "기묘년(1819) 가을에 사천사斜川寺에서 놀고 절벽 위의 수월암水月菴을 경유하여 마침내 백운

봉白雲峯에 올랐으니 여기가 바로 용문산 남쪽의 절경인 것이다. 또 때로 벽계蘗溪의 동점銅店에서 노닐곤 했는데 여기도 용문산 서쪽 기슭이다."(「춘추春秋에 대하여」 발문) 다산이 양평, 용문산을 유람하고 쓴 글이다.

8월 28일, 양력으로 10월 초쯤 용문산 가는 길에 양평 노인 김정기金廷基의 집에서 하룻밤을 자고, 다음 날 두 친구와 함께 사천사를 구경했다. 친구를 만나서 노닥거리고 상큼한 숲 냄새에 취하다 보니 울적한 기분이 풀리는 것 같았다.

다산은 사천사에서 하룻밤을 머물렀다. 그리고 사천사의 수운법사와 촛불 심지가 다하는 줄도 모르고 환담을 나누었다. 절에서 지냈던 옛 생각이 절로 났을 것이다. 다음 날 새벽 친구들과 함께 용문산 백운봉을 향해 출발했다. 두 팔에서 휙휙 소리가 날 만큼 가벼운 차림으로 출발했다고 쓰여 있으니 노인답지 않게 기운이 넘쳐흘렀을 것이다. 환갑이 다 된 58세에 천 미터가 넘는 용문산을 올랐다면 그 당시로선 놀라운 일이다. 그때만 해도 오십대면 노인에 속했다. 다산초당을 수없이 오르내리거나 강진에 있는 산들을 탔던 경험이 다산을 건강하게 만들었던 모양이다.

우뚝 솟은 백운봉은
이 용문산 주봉이라오.
우뚝한 봉우리 푸른 하늘 찌르고
두 날개 흘려 보좌를 삼았네.
(…)
인생이란 풀잎의 이슬 같아
아침 햇살에 사라짐과 같다오.

60년을 되돌아보건대

내가 한 일 어찌 그리도 거칠었던가.

세상에선 제멋대로 날뛰다가

끝내는 초라한 썩은 선비 되었지.

육예六藝의 학문도 자질구레하고

경전의 뜻 주석한 것 누가 읽으리오.

한 백성도 이 덕택 못 입었으니

군자가 어떻게 이를 취택하리오.

울퉁불퉁 옹이 많은 나무가 오래 사는 건

자귀나 도끼에 베이지 않기 때문이라네.

ㅡ「용문산 백운봉에 오르다」 중에서(1819년 작)

다산은 친구들과 함께 시끌벅적 떠들면서 용문산의 절경 속에 묻혀 괴로움을 잊고자 했으나 그럴수록 외로움은 더욱 또렷해졌다. 젊은 시절 자기 고집대로 날뛰다가 초라한 선비가 되었다고 후회하고, 세상을 바꾸겠다고 써 온 책은 누구 하나 읽어 주지 않아 한 사람에게도 혜택을 주지 못한다고 한탄했다.

다산은 용문산 백운봉을 오르면서 친구 집에 들러 술과 음식을 대접받고 저물녘에 사천사로 들어갔다. 그리고 산에서 내려와 계속 친구 집을 돌며 즐거운 시간을 보냈다. 사천에 있는 이연심李淵心의 집에도 들르고(「이연심의 초당에 머물며 짓다」留題李淵心草堂) 이순경李舜卿의 집에도 머물렀다(「이순경의 초당에 머물며 짓다」留題李舜卿草堂). 그리고 사곡沙谷 친구 윤양겸尹養謙의 회갑 잔치에 참석하여 떠들썩하게 덕담을 나누고 시를 짓고 축하해 주었다(「사곡 친구 윤양겸에게 적어 부치다」簡寄沙谷尹友養謙). 그래도 쓸쓸한 소외감은 사라지지 않았다. 고향으로 돌아온 지 1년밖에 안되었으니 그럴 수밖에 없었다.

무너져 가는 기대감

용문산에 다녀오고 나서 다산은 벌거숭이가 된 나무들을 보며 여유당에 앉아 조용히 글을 썼다. 쓸쓸한 겨울이었다.

이때 다산을 양전사로 재임용하자는 조정의 논의가 있었다. 경전經田 하는 일에 다산만큼 밝은 사람이 없다는 중신들의 의견이 모아졌던 것이다. 그러나 다산의 집 앞을 지날 때마다 안부를 묻던, 기회만 있으면 다산을 적극 옹호할 것 같던 서용보가 적극 저지하고 나섰다. 다시 다산의 출사가 무산되었다는 전언이 날아왔다. 아, 악연! 다산은 이런 악연이 언제쯤 끝날 것인가만 탄식하고 있었을까? 후회는 없었을까? 명석하고 매사에 적극적인 사람이 자신의 일에는 어찌 그리 소극적이었을까.

처음에 나는 다산이 출사에 대한 뜻을 접고 은둔해 살고자 했다고 생각했다. 너무 곧아서 조정의 제안을 거절하고 은둔하지 않았을까. 그러나 자료를 훑어보면서 다산이 강한 출사 의지를 갖고 있었음을 느꼈다.

해배된 뒤 두 번이나 조정의 중신들이 다산을 천거했지만 두 번 다 서용보에 의해 무산되었다. 모든 사람들이 다산을 천거했다면 서용보 한 사람이 반대한다고 해서 쉽게 취소되지는 않았을 것이다. 이는 동조자가 많았다는 이야기가 된다. 그러나 해배 초기 출사에 뜻이 있었다면 다산 또한 적극적으로 자신을 알려야 하지 않았을까. 18년 동안 피눈물로 쓴 저서와 수많은 경세 아이디어를 가지고 왔는데 왜 자신의 능력을 알리지 않았을까? 물불을 가리지 않고 날뛰던 젊은 시절은 이미 지나갔으며 지금은 익은 벼처럼 주변을 헤아릴 줄 아는 사람이 되었다고, 노론 벽파의 아킬레스건이던 사도세자의 죽음에 대한 것도 다 잊었노라고. 그러니 신뢰할 만하다고 왜 적극적으로 나서지 않았을까? 스스로 말하기 어려웠다면 사람을 내세우거나 아들 학연의 조언처럼 편지로라도 알려야 하지 않았을까. 그래서 저물어 가는 나라에 조금이라도 보탬이 되는 게 진정 나라를 위하는 길이지 않았을까. 누군가가 뻔뻔스럽다 말해도 그가 그동안 쌓아 놓은 실적이 변명이 되어 줄 텐데, 좀 더 뻔뻔스러워질 수는 없었던 것일까.

그런데 이때 다산과 악연을 맺었던 또 한 사람이 세상을 떠났다. 한때는 절친한 친구였던 이기경이었다. 다산보다 여섯 살 위로, 향년 64세였다. 이기경도 말년에는 벽파에게 숙청당해 은둔해 살고 있었기 때문에 조정에 영향력은 없었다. 이제 악연의 끈이 하나 잘려 나간 것인가. 이기경과 다산은 함께 과거 공부를 하고 같은 해 시험에 합격한 친구였다. 처음에 이기경은 흥미를 갖고 천주교 책을 베끼기도 했으나 나중에는 천주교를 적극적으로 이단시했다. 그래서 이승훈과 밤새워 논쟁을 벌이기도 했다.

그런데 이승훈과 동생 이치훈이 이기경을 완전히 적으로 만든 사건이 일어났다(정조 15년, 즉 1791년에 일어난 진산사건 혹은 신해박해를 말한다). "이기경이 홍낙안보다 열 배는 더 음험하다"는 이승훈의 진술이 결정적이었다. 이때 이승훈은 훗날 이기경 일파에게 고발당해 자신이 사형당하리라고 생각이나 했겠는가. 다산 또한 걱정을 하면서도 적극적으로 나서지 않은 것 같다. 이승훈을 감싸고 있다며 이기경이 채제공을 비난하고 나서자 화가 난 정조가 이기경을 함경도 경원으로 유배 보내 버렸다. 그것도 은전恩典(나라에서 내리는 특별사면)에 포함되지 못하도록 조치하면서 말이다.

남인들은 같은 남인이면서 자신들을 자꾸 비난하는 이기경이 귀양을 가자 기뻐했다. 그러나 다산은 달랐다. 다산은 이기경이 귀양 가 있는 동안 그의 가족을 돌봐 주었다. 이기경의 어머니가 세상을 뜨자 돈 천 냥을 주기도 했으며 이기경이 귀양에서 풀려날 수 있도록 승지 이익운李益運을 만나고 다니기도 했다. 그 결과 이기경은 해배되어 한양으로 돌아왔으나 다시 다산의 친구로는 돌아오지 않았다. 다산과 이승훈은 인척 관계로, 자신보다 가까웠을 뿐 아니라 천주교에 깊숙이 빠져 있다는 것을 그가 잘 알고 있었기 때문이었다. 나중에는 다산까지 표적으로 삼았다. '우리 당(남인 신서파)의 화가 여기서 시작될 것이다'라며 다산이 우려했던 것과 같이 이기경은 친구에서 무서운 적으로 변했다.

젊은 시절 서로 소원했더라도 나이가 들면 마음을 풀게 마련인데 다산과 이기경의 사이에는 그럴 공간이 없었다. 이웃에 살면서도 화해하기는커녕 살벌한 눈초리만 오갔다. 이기경은 벽파의 핵심 인물로 늙어서까지 다산을 꼭 죽여야 한다고 주장했다. 서용보와 함께 다산의 행동거지를 하나하나 감시하기까지 했다. 하지만 이제 그런 그도 떠나갔다.

또 다산과 안타까운 관계에 있었던 사람이 사촌 처남 홍의호다. 그는 매우 똑똑한 사람이었던 것 같다. 1784년 27세 때 문과에 급제하였고 초계문신抄啓文臣으로 뽑혔을 뿐 아니라 다섯 차례나 장원을 차지하기도 했다. 당연히 정조의 총애도 받았다.

다산은 홍의호의 형 홍인호洪仁浩와 뚝배기와 바가지로 먹는 검소한 술자리에서 즐겁게 취하도록 술을 마시는 가까운 사이였다. 한때는 오해가 있었으나(다산의 곧은 성격 때문이었을 것으로 생각된다.) 그 오해를 풀고 나서 신유사옥 전까지는 편지를 주고받았다. 그는 1797년 다산이 동부승지에 제수된 뒤 상소하여 사직하자 직접 찾아오고 위로의 편지를 보내는 등 다산과 긴밀하게 사귀었다. 홍의호 형제의 아버지 홍수보洪秀輔(1723~?)는 다산의 장인인 홍화보의 바로 위 형으로 판서를 지내는 등 동생 화보 집안보다 큰 영향력을 갖고 있었다.

> 필천 홍의호와 나는 원래 털끝만큼의 원한도 없는 사이인데 갑인년(1794) 이후로 까닭 없이 내게 허물을 뒤집어씌웠다. 그러다가 을묘년(1795) 봄에 이르러 원태元台(홍인호)가 스스로 잘못을 시기하였음을 알기에, 환히 알도록 설명해 주자 지난날의 구설수는 모두 물이 흘러가고 구름이 걷히듯 죄다 씻어 버렸다. 하지만 신유년(1801) 이래 편지 한 장 왕래가 없었으니, 그 사람이 먼저 편지를 보내야 옳겠느냐, 내가 먼저 해야 옳겠느냐? 그 사람은 내게 안부 편지 한 장 내지도 않고 도리어 나보고 편지가 없다고 허물하니, 이는 그 기세를 세워 나를 지렁이처럼 업신여기는 처사가 아니겠느냐? (…) 너 또한 부귀영화에 현혹되어 부형을 업신여기고 있는 것 같으니 어찌 슬프지 않겠느냐? 그는 나를 폐족의 더러운 물건이라 해서 먼저 편지를 보내지 않은 사람인데 내가 이제 머리를 치켜들고 정색하고 먼저 간청하는 편지를 내야 한다니 세상에 어찌 이런 일이 있겠느냐?
>
> —「학연에게 답하노라」 중에서(1816년 작)

이 글은 1810년 격쟁으로도 해배가 이루어지지 않자 큰아들 학연이 조심스럽게 공서파 몇몇에게 편지를 쓰는 게 어떻겠느냐는 편지를 보내와 다산이 이에 답한 내용 중 일부이다. 이를 보면 형 인호와 달리 의호는 벼슬과 부귀를 위해 공서파로 돌아선 것으로 보인다. 그는 천주교를 이단으로 생각해서 이가환, 이승훈, 정약용을 싫어했다고도 한다. 홍의호는 북경을 세 번씩이나 다녀와 서구의 신문물을 접하기도 하고 7천여 수의 시를 쓰기도 했으며 두루 벼슬살이를 한 사람이다. 그런 그가 공서파로 돌아서서 다산을 죽이려 한 이유가 단순히 천주교 때문이었을까? 더구나 한때 천주교에 몸담았던 사람인데. 부귀와 권력은 세상의 흐름과 사람을 바꿔 놓기도 한다.

이외에도 목만중이라든가 홍낙안, 박장설 등 다산을 죽이려고 앞장선 사람들뿐 아니라 먼발치에서 질시와 시기가 가득 찬 눈초리로 다산을 바라보던 사람들도 있었다.

어쨌든 다산은 아직도 미련의 끈을 놓지 않았다. 무너져 가는 나라에 자신이 기여할 수 있는 길, 유배 18년 동안 집대성해 놓은 이론들이 있지 않은가. 그것도 현실에 그대로 적용할 수 있는, 단순한 이론서가 아닌 실학으로서 말이다. 이렇게 해배 후 두 번의 겨울이 지나갔다.

1820년이 되자 이제 고향이 진정한 고향처럼 느껴졌다. 강진 다산 초당을 떠난 지 햇수로 3년째 되니 새벽에 일어나서 창문을 열어도 뜨악한 기분이 사라졌다. 전에는 가끔 동암 앞 강진만이 눈앞에 아른거릴 때가 있었으나 지금은 소내 앞 한강이 자연스럽게 눈에 들어온다. 이제 강진만의 모습은 오랜 옛적 꿈속에서나 본 풍경으로 어렴풋하게 변해 가고, 이곳의 한강가 봄 풍광들, 강물이 풀리자 분주해진 고깃배와 경강선, 나룻배로 분원을 오가는 사람들, 손자들 모습이 자연스럽다.

이렇게 봄이 가고 59세의 여름도 보냈다. 이제 몇 개월이 지나면 육십대로 접어든다. 한강물처럼 흐르는 세월, 갈 길은 아직도 먼데 늙

기는 쉬우니.

　다산은 9월 15일, 작년에 갔던 용문산에 다시 다녀왔다. 그땐 사천사와 친구 집에서 지냈다면 이번에는 용문사와 숙부 집 등 인척 집에서 지냈다. 양력으로 10월 중순, 한참 단풍이 절정인 때에 다산은 용문사 요사채에서 하룻밤을 보냈다. 모처럼 조용한 시간이었다. 그때 다산은 어떻게 하면 강진에서처럼 현실에서 벗어나 한곳에 몰입하며 단순하게 살 수 있을까를 궁리했을까. 모든 것을 놓아 버린 채 조용히 마음을 비우고 일민으로 살아가자고, 그렇게 살아갈 수밖에 없다고 한 번 더 다짐했을까.

언제쯤 악연이 끝날 것인가

1823년 4월, 다산은 장손자 정대림의 납채례에 동행하여 두 번째 북한강 여행을 했다. 이때 큰아들과 친구 이재의도 함께했다. 그가 평생 동경하던 부가범택浮家汎宅, 즉 물위에 뜬 집까지 꾸몄으니 모처럼 소외감을 잊을 만한 여행이었다. 소양정과 문암서원, 김수증金壽增(1624~1701)의 은둔지인 곡운구곡 등을 돌아보고 재충전해서 돌아왔다.

이해 가을, 갑자기 승지 후보로 낙점되었다는 소식이 전해졌다. 두 번째 북한강 여행을 통해 일민으로 살겠다는 결심을 굳힌 다산의 마음을 뒤흔드는 소식이었다. 승지라고 하면 임금의 측근이었다. 임금과 지근거리에서 직접 자신의 생각을 이야기할 수 있는 매력적인 자리였다. 그러니 어찌 마음이 흔들리지 않겠는가.

이때는 서용보가 죽기 한 해 전이었다. 그래서 서용보의 입김이 약해진 틈을 타 다산의 이야기가 나올 수 있었던 것은 아닐까. 어쨌든 끈질긴 인연이 끝나 갈 때인 것만은 분명했다.

그즈음에 순조는 외척의 세도정치에서 벗어나기 위해 몸부림치고 있었고, 벽파를 몰아내고 정권을 장악한 김조순 일파는 척족 정치에 반발해 요동치는 민심을 조금이라도 안심시키려고 술책을 부리고 있었다. 따라서 순조의 의견이 조금은 받아들여질 때였으니 임금이 직접 낙점하지 않았을까. 다산이 아버지 정조가 그렇게 신임하던 신하다운 신하라는 것을 순조도 알았을 것이다. 그러나 때가 너무 늦었다. 이미 조정은 김조순 일파가 장악한 뒤였다. 게다가 심약한 순조는 실어증에 우울증까지 앓아 그를 위해 충언하는 충신들도 지키지 못하고 목숨을 잃게 하는 그런 사람이었다.

하지만 다산의 출사는 이번에도 취소되었다. 아마 심약한 순조가 반대파의 반발에 굴복했던 것이리라. 김조순 일파가 눈엣가시가 될 다산을 조정에 들여놓겠는가. 결국 서용보 한 사람만 다산을 적극 반대한 것이 아님이 드러났다. 이는 당시 실력자였던 김조순이 다산을 풀어 주기는 했으나 조정에 들어오는 것은 반대했다는 이야기가 된다.

다산의 재임용 문제는 유배와 해배 이후에도 끊임없이 제기되었다. 그러나 반대파의 견제도 만만치 않았다. 그들은 재임용 이야기가 나올 기미가 엿보이면 선수를 쳐서 거짓 상소를 올리거나 술수를 동원해 막아 버렸다.

하지만 그렇더라도 다산의 재임용 문제가 계속 오르내렸다는 것은 다산을 이용해서 김조순 일파를 제거하고 무너진 나라의 기강을 바로잡으려는 사람들이 많았다는 것을 의미했다. 누구보다도 순조가 기울어져 가는 나라를 지키기 위해 다산을 곁에 두고 싶었을 것이다. 그러나 이는 염원에 불과할 뿐 이런 이야기가 나올 때마다 다산의 괴로움은 커져만 갔다.

자신이 승지로 낙점되었다는 소식을 전해 듣고 다산은 어땠을까? 『목민심서』와 『경세유표』, 『흠흠신서』를 들춰 보며 앞일을 생각했을까? 일민으로 살아가고자 하면서도 항상 국가의 안위를 걱정하고 있었으니 조정의 상황은 어느 정도 알고 있었다. 어떻게 자신의 꿈을 펼쳐 나가야 할지, 어떻게 처신해야 할지 그동안의 쓰라린 경험으로 쉽게 짐작할 수 있지 않았을까. 그러나 이러한 생각도 잠시, 다시 출사가 취소되었다는 소식을 들은 다산의 마음은 갈기갈기 찢어졌으리라.

사람이 극한 상황을 겪고 나면 나약해지는 것일까. 유배 이후 조정에서 사면이나 재임용에 대한 이야기가 끊이지 않았다면 다산이 어떻게 행동했느냐에 따라 상황이 많이 달라졌을 것이다. 목숨이 걸려 있는 극한 상황이 다산을 소극적으로 만든 것은 아닐는지.

다산이 부럽소

1824년 여름은 유난히 더웠던 모양이다. 다산은 「더위를 없애는 여덟 가지 일」이라는 시를 지었다. 이 외에도 40수나 되는 시를 남겼다. 내용을 보면 이즈음 다산의 유유자적한 삶이 들여다보인다.

임오년(1822) 이후 마음과 정신을 정밀하게 가다듬어 도를 즐기고 천명에 순응하며(樂道天命) 살았다고 한 후손 정규영丁奎英의 글에서처럼, 다산은 집 근처 뒷동산 활터에서 친구들과 내기 활쏘기를 하거나 투호, 낚시, 어려운 운자를 집어내 시 짓는 일, 동쪽 숲 속의 매미소리를 듣는 일, 술을 마신 뒤 누워서 산꼭대기 저녁노을을 바라보는 일 등을 하며 일상을 보냈다.

더운 날에 졸음이 와서 책 보기는 싫으니
손님 모으고 바둑 구경 그 계책이 괜찮구려.
대추씨로 요기한단 건 해자諧者의 괴담이거니와
귤 속에서 세상 피한 건 사실인가 거짓인가.
뜨거운 햇볕 잊었는데 어찌 주미塵尾를 휘두르랴
생선회 생각 간절하니 또 고기 내기를 해라.
바둑 두는 이나 보는 이가 똑같이 배부르니

물욕 끊고 한담이나 나누는 게 어떻겠는가.

　　　　　　—「더위를 없애는 여덟 가지 일」 중 '청점혁기'淸簟奕棋(1824년 작)

　　이런 가운데 1824년 정학유의 장남 대무大懋가 태어났다는 소식과 신유사옥 때 김해로 유배당했던 낙하생洛下生(이학규의 호) 이학규가 해배되었다는 기쁜 소식이 함께 들려왔다. 자그마치 24년 동안 김해 바닷가에서 잊힌 채로 지내다가 장남의 격쟁으로 풀려났던 것이다.

　　다산도 18년 동안 억울한 유배살이를 했지만 이학규 또한 유배살

심재 서용보　세상은 그렇게 단순하지 않다

이를 해서는 안 되는 사람이었다. 죽이려고 덤벼드는 정적도 없었고 과거에 합격해서 벼슬살이를 한 적도 없었으며 천주교의 근처에도 가 보지 않은 그런 사람이었다. 정말 아무런 죄가 없었다. 단지 죄가 있다면 외삼촌 이가환, 9촌 숙부 이승훈, 인척 정약용과 인연을 맺었다는 것이었다. 과거에도 합격하지 않은, 벼슬살이도 하지 않은 사람이 이세 사람의 천거로 뛰어남이 알려져 정조의 문화 사업에 잠시 참여한 것, 그것이 죄였다. 이런 죄도 아닌 죄로 인해 32세의 젊은 나이에 유배를 가 24년이라는 세월을 흘려보냈던 것이다.

이학규 집안 역시 남인이었다. 당시 남인들은 정치 권력에서 소외된 채 내부 분열까지 일으키고 있었다. 그래도 그의 집안에서는 문과 급제자가 계속 나오고 할아버지 동우東遇가 승지 벼슬을 지내는 등 명망을 이어 가고 있었다. 조부 때부터 대를 이어 살아 온 그의 집에는 조촐한 정원과 천여 권의 장서가 꽂힌 서가가 있었으며, 영남 서쪽 지방에 약간의 토지를 소유하고 있었다.

이학규는 서울 정동 외갓집에서 태어났고 그곳에서 어린 시절을 보냈다. 어찌 보면 외가 쪽 집안이 더 훌륭했을지 모른다. 외할아버지인 이용휴李用休(1708~1782)는 30여 년간 조선 문단을 주름잡은 인물로, 서울에 내로라하는 문장가들이 그에게 와서 평을 듣고 문장을 수정할 정도였다. 그의 외삼촌 이가환 또한 천재 중에 천재였다. 다산은 이가환을 스승으로 모시며 따랐고, 이가환은 다산에게 성호 이익의 학문을 접하게 해 주었다. 이용휴와 이가환 그 두 사람의 가르침을 받으며 자란 이학규 또한 뛰어난 문인이었다. 더구나 이학규는 다산의 영향을 받아 현실주의적 문학을 적극 수용하였다.

이곳은 바닷가 외진 곳이어서 문인과 장서가라곤 아예 없습니다. 설사 있다고 하더라도 시골 훈장이 물려받은 자질구레한 책들과 아이들을 가르치기 위한 보잘것없는 책들일 뿐입니다. 이 때문에 사귀는 벗도 없고, 시름 속에서 무료하기만 합니다. 어쩌다가 봄가을로 날씨 좋은 날에 아름다운 경물을 보고 마음이 심란할 때면 더욱 억누를 수가 없어, 율시와 절구 몇 수를 지어 그저 번민을 풀 뿐입니다. 이른바 억지웃음은 즐겁지 않고, 노래가 통곡보다 슬프다는 격이지요.

—이학규, 「다산에게 보낸 편지」 중에서

세상에 유배살이를 부러워하는 사람이 있을까. 보통 사람이라면 그렇지 않겠지만 여기 다산의 유배살이를 부러워한 사람이 한 명 있었다. 바로 낙하생 이학규다. 1801년 봄 다산이 경상도 장기로 귀양 갈 때 이학규는 호남 능주(화순)로 가고, 다시 다산이 강진으로 귀양 갈 때 이학규는 김해로 갔다. 이처럼 두 사람은 함께 유배길에 올랐으나 끝까지 가까운 곳에 있을 수는 없었다. 그렇다면 이학규는 왜 그처럼 다산을 부러워했을까?

다른 이유도 있었겠지만 한마디로 환경의 차이 때문이었다. 당시 강진과 김해의 생활 수준과 문화 수준의 차이는 엄청났다. 무엇보다 김해에는 주변에 학문하는 사람이 없었고, 그러니 당연히 책도 없었다. 생활 수준 또한 비교할 수 없을 정도로 낮았다. 거기에 비해 당시 강진은 도시였다. 한양 인구가 30만 정도였을 때 강진 인구는 5만이었으니, 큰 도시였다. 전라도 군영이 자리하고 있었고 제주행 뱃길이 뚫려 있어 상업이 발달하고 정보가 빠른, 살기 좋고 문화 수준이 높은 곳이었다. 이학규의 유배지가 정확히 김해 어디쯤인지는 알 수 없으나 그의 글을 읽어 보면 김해의 한적한 바닷가였음을 알 수 있다.

강진의 바닷가 푸른 산에 사는 학사가
금루곡金縷曲 읊는 소리 새벽까지 들린다오.
늙어 가니 멋있는 정취도 모두 나에게서 떠나고
봄이 오니 달빛 아래 그대 생각뿐이라오.
노래하는 미녀가 장선張先(송나라 시인)은 알아봐도
좌중의 손님네들 유칠분柳七墳(미상)은 몰라보겠지.
꽃 사이에 찾아가서 시나 더 읊으면서
술에 취해 여인의 분홍치마 가까이했는지.

—「다산의 사두詞頭 두루마리 뒤에다 쓴 이학규의 시」

그런데 이학규의 삶은 정작 해배되고 나서 더욱 비참했다. 55세의 늙은 몸으로 고향에 돌아왔으나 집안은 이미 풍비박산 난 뒤였다. 삶의 터전이 없는 것은 물론이고 주변에는 자신을 질시하고 꺼리는 사람들뿐이었다. 오갈 곳이 없어진 이학규는 떠돌이 생활을 하다가 충주 인근으로 이주한 뒤 유배지였던 김해를 오가며 생활했다. 어쩌면 이학규는 유배에서 풀려나지 않은 게 더 나았을지도 모른다. 유배지에서 작은 집과 텃밭을 마련하여 안정된 생활을 하고 있었기 때문이다.

다산은 3년 전 봄과 가을, 이학규가 두 차례나 마재를 찾아온 이유를 이제야 이해할 수 있었다. 그는 자신이 먼저 간다는 사실을 알았던 걸까. 얼마 남지 않은 삶 동안 다산의 얼굴을 잊지 않기 위해 두 번씩이나 마재를 찾았나 보다. 다산은 점점 죽음과 가까워지는 자신을 보기 위해 여덟 살이나 어린 이학규가 찾아온 것이라 생각했다. 그런데 사실은 이학규가 먼 길을 떠나기 전에 자신의 얼굴을 보러 온 것이었다니, 그 생각만 하면 눈물이 앞을 가렸다. 어려운 처지를 알면서도 돕지 못한 자신이 원망스러워 더 슬펐는지 모른다. 유배 생활을 하는 동안에는 해배되면 무엇인가 할 수 있으리란 희망이 있었지만 막상 해배되고 보니 아무것도 할 수 없었다. 희망이 없는 것, 그것은 곧 죽음이었으리라. 뛰어난 천재면 무엇 할 것인가. 가난이 앞을 가리고 세상이 그를 버렸으니, 묵묵히 버티다 갈 수밖에. 다산도 안타까운 마음으로 지켜볼 수밖에 없었다.

"아아! 어찌 말로 다할 수 있으랴! 내가 당신의 얼굴을 못 본 지가 어언 20년이고, 편지를 받아보지 못한 것이 6년이구려. 생이별이 15년이요, 죽어 이별한 것이 또 6년이구려. 내가 만약 학문을 하지 않고 글도 몰랐다면 이러한 일이 있었겠소? 헛된 이름과 명예를 구하지 않았다면 이러한 일이 있었겠소? 그리고 예전에 이름난 학자와 높은 관료들이 나를 이끌어 주지 않았다면 과연 이러한 일이 있었겠소?" 이학규의 피눈물 나는 절규가 귀에 들리는 듯하다. 무죄가 판명되었는데도 석방되지 않고 24년간이나 귀양살이를 해야 했던, 소외된 채 살아야 했던 이학규의 절규가.

악연도 세월에는 묻힐 수밖에 없다

나이를 먹어 가자 친한 친구들이 하나둘 세상을 등진다. 올해는 죽란시사 동지인 한치응韓致應(1760~1824)이 죽었다. 해배되는 해에 만나고 다음 해에도 편지를 보내왔다. 자신보다 겨우 두 살 위 65세인데 먼저 갔다.

서울에서 처음 살게 되었을 때 바로 이웃에 살며 사귄 술친구다. 한번 보고 싶은데 볼 길이 없어서 슬프다고 다산이 답서를 보내기도 했다. 윤영희와 함께 마작놀이를 하며 호박나물 한 사발 내기 했다는 편지를 받은 지가 엊그제 같다. 환히 웃는 모습에 눈물이 떨어진다.

악연도 끝날 날이 있다. 서용보가 죽었다. 다산보다 다섯 살 위인 향년 68세였다. 이제 오갈 때마다 안부를 전하던 일도 끝났다. 잠잠해질 만하면 속을 뒤집어 놓던 일도 이제 없을 것이다. 어떻게 만났든 떠나는 길은 같은데, 쉽게 지워지지가 않는다. 악연을 지우기 위해 이웃 서용보 영정에 문상 갈 마음의 여유는 없었을 것이다. 악연이긴 하지만 그는 질곡 없는 삶을 살며 세상 사람들이 다 우러러보는 삼정승을 지내고 거의 천수를 누리고 갔다.

가끔 상상해 본다. 만약 다산이 해배 초기 이웃에 사는 서용보를 찾아갔더라면 어떻게 되었을까. 찾아오도록 문을 연 것은 서용보였다. 영의정 위치에 있는 사람이 완전 사면도 되지 않은 죄인에게 몇 번이나 사람을 보내 안부를 묻는다는 것은 평범한 사람이 할 수 있는 일이 아니다.

당시 18세에 과거에 합격한 사람은 천재라고 했다. 그런 사람이었으니 머리는 명석했을 것이고 순탄한 벼슬살이를 하며 삼정승을 지냈다면 산전수전 다 겪어 보았을 것이다. 따라서 사람 보는 눈도 예리했을 것이다. 이런 서용보가 나라의 앞날과 조선 조정이 당면한 문제들을 몰랐을 리 없다. 그래서 다산을 회유하려 하지 않았을까. 다산을 찾지도 않고 출사를 반대한 사람들보다는 우군이 될 확률이 높지 않았을까.

서용보는 자신이 옛일을 잊고 안부를 전하면 다산이 굽히고 들어와 자기 사람이 되어 저물어 가는 나라를 위해 큰일을 할 것이라 생각하지 않았을까. 그런데 다산은 철저히 의심하고 이를 외면했다. 어찌 보면 아주 사소한 일이기도 하고, 까마귀 무리에 섞이지 않겠다는 의지의 반증이라고 볼 수도 있다. 그러나 크게 생각할 수는 없었을까. 왜 다산은 좀 더 뻔뻔해지지 못했을까.

시
름
도

즐
거
움
도

없
다
네

석천 신작

기쁨이 기대 이상입니다

석천石泉 신작申綽(1760~1828)은 다산이 유배에서 돌아와 맨 처음 경학 논쟁을 벌인 사람이다. 원래 고향은 강화도이지만 유년기를 지내고는 서울에서 생활했고 중년 이후 용진, 그러니까 양수리 인근 마을에서 잠시 살다가 광주 사촌(사마리)에 정착했다. 관직에 나아가지 않고주로 저술 활동을 하며 은둔 생활을 한 당대의 뛰어난 고증학자였다. 형 신진申縉은 익위사翊衛司 위솔衛率을 지냈고 동생 신현申絢은 1793년병과에 급제, 초계문신으로 뽑혔다. 신현은 1796년 홍석주, 홍의호와함께 주자소에 근무하여 다산과는 서로 안면이 있었다. 신작이 형에게다산을 소개한 후로 신작과 다산이 교유할 때면 신진과 신현도 함께참여했다. 젊어서부터 학문을 연구하고 활발하게 저술 활동을 했던 다산과 신작은 자연스럽게 만나 교유하게 되었다.

다산과 신작은 연배가 비슷해서 처음 보자마자 친근함을 느꼈다. 마침 신작이 『시경』을 정리하여 『시차고』詩次故를 1814년 3부작 26권으로 재완성하고 새로운 경학 연구에 몰두하고 있었기에 더 반가웠는지 모른다.

평소에도 풍치와 논조를 칭송해 오던 차에 뜻하지 않게 만나 뵙고 정겹게 담소를 나누게 되니 기쁨이 기대 이상입니다. 향촌의 거칠고 누추한 곳에 살면서 풀밭을 헤치며 왕래하는 자들은 그저 농사일만 높이 말할 줄 압니다. 비록 더러 멀리서 찾아오는 사람이 있긴 하지만, 어찌 경술經述에 관한 오묘한 논의를 들은 적이 있었겠습니까? 일전의 역易과 예禮에 관한 몇 가지 설은 온 솥의 맛있는 음식을 헤아리기에 충분한 것으로, 헤어진 후 그 의미를 되새겨 마지않습니다. 비루하고 소원疏遠하게 여기지 않고, 이어서 또 가르침을 내려 주시매 말과 뜻이 주밀하고 정중하여, 누차 반복해서 읽었습니다. 지극히 감사드립니다.

—신작, 「다산에게 답하다」 중에서(1819년 작)

신작이 다산을 만나고 나서 처음 보낸 편지이다. 두 사람 다 만남을 아주 기쁘게 여겼음을 알 수 있다. 다산은 형 약전과 벗 이재의에 이어 신작에게 자신의 저서를 평가받고 그 평가 중에 받아들일 것은 받아들여 수정했다. 그러나 자신이 옳다고 생각하는 부분이 있으면 뛰어난 언변으로 상대방을 설득했다. 이렇게 당시 조정으로부터 철저히 소외되었던 다산은 한강 주변의 학자들과 교류하면서 그 소외감을 이겨 나갔다. 이렇게라도 하지 않았다면 다산은 가난과 소외를 견뎌내기 어려웠을 것이다. 세상을 바꾸기 위한 전략과 전술을 18년 동안 집대성해 왔는데 누구 하나 거들떠보지 않으니 어떻게 견디겠는가.

고향에 돌아오고 나서 두 번째 겨울을 맞았다. 첫 겨울만큼 추위와 굶주림이 심하지는 않았으나 거기서 크게 벗어나지는 못했다. 형수님들의 실망스런 눈초리도 잦아들고 체념 속에 평상심을 되찾은 아내의 따뜻한 말 속에 낯설던 고향땅도 조금씩 익숙해졌다. 그러나 아직도 쓸쓸함에서 완전히 벗어나지는 못했다. 우울함에서 벗어나기 위해 유람도 하고 지인들을 만나 즐겁게 지내도 보았지만 가슴속에 담겨 있는 쓸쓸함은, 기난에 허덕이는 가족들을 볼 때마다 느껴지는 괴로움은 어쩔 수 없었다.

바삐바삐 가는 해여
저 흐르는 물과 같구려.
온갖 초목은 다 시들고
산중에 눈만 높이 쌓였네.
이 쇠퇴한 몸을 돌아보니
해가 이미 기운 것과 같아라.
더러운 잡초 제거하지 못하여
자다가 깨어 탄식하고 노래하네.
백성이 뉘우치지 못한 것도
오히려 또한 비난이 있거늘,
뉘우치고도 고치지 못하니
이를 어찌한단 말인가.

　　　　　　　　―「가는 해」 중에서(1819년 작)

마재에 돌아온 지 얼마 지나지 않았을 무렵 다산의 심정이 절절히 녹아 있다. 유배지 강진에서 강학과 저술 활동에 심취해 있을 때는 느끼지 못한 점들이 고향에 돌아오고 나서 절절히 느껴지는 것은 어쩔 수 없었을 것이다. 오히려 강진에서의 생활이 다산에게는 이상적이었을지 모른다. 현실과 뚝 떨어져 보니 세월은 한강물처럼 빠르고 아침부터 밤늦게까지 과골삼천으로 학문에 힘쓰고 저술했지만 세상을 맑게 하지도 못하고 깨어 탄식만 할 뿐. 숱한 가슴앓이와 뉘우침 속에 긴 겨울밤을 하얗게 새워 본들 무슨 수가 있을까. 이렇게 약해진 마음속에서도 구세救世의 열정은 버릴 수가 없었다. 아니 버려선 살 수가 없었을 것이다.

그래서 계속해서 붓과 씨름한다. 하지만 이것도 정신 집중이 돼야 할 수 있다. 정신 집중이 되지 않으니 책은 쓸 수 없고, 그래서 이웃 신학사 형제에게, 친구 윤영희에게, 정원선鄭元善에게, 여동근呂東根에게 시를 써서 부친다. 그래도 잠이 오지 않는 하얀 밤이 많아지자 「밤」이라는 시를 지어 신세타령을 한다. "식생활 영위함엔 좋은 계책이 없고, 책을 가까이함엔 짧은 등잔이 있다오. 깊은 근심 끝없이 떠나지 않으니, 어떻게 하여 일평생을 마칠거나."

한강가에는 그 당시에도 눈이 많이 내렸나 보다. 강진에서는 눈이 내리는 일이 거의 없거나 내리더라도 바로 녹아 쌓인 것을 보기 힘들다. 모처럼 온 산하가 하얀 눈 천지가 되니 답답한 마음을 하얗게 비우고 그 절경에 푹 파묻히고 싶었을 것이다. 마재 인근 한강이 얼고 그 위에 눈이 내리면 겨울 내내 녹지 않는다. 눈이 쌓이고 쌓여 달빛에 반짝거리는 하얀 한강은 어떤 언어로도 표현하기 어렵다. 그래서 이 기쁨을 담아 강 건너에 살고 있는 신작 형제에게 시를 써서 보냈다. 이때

윗배알미동에서 본 팔당호 설경

신작은 자서전을 쓰고 있었다.

고씨顧氏 집 화보에 편집된 3백 본本 그림 가운데
범관范寬(중국 송나라의 산수화가)의 설경 작품이 화단을 울리었는데,
묵墨의 묘는 굳이 혼자 유달리 할 것 없거니와
눈의 경치는 원래 특별히 맑고 심원하다오.
아이 적엔 강촌에서 눈 감상하기 좋아하여
언덕을 두루 뛰어다니며 불러도 안 돌아왔지.
중간에 사십 년이나 그런 구경을 못 하다가
낭패하여 돌아오니 이젠 쇠한 늙은이로세.

오늘 아침에 눈을 보고 절경이라 외쳤나니
하늘의 큰 은혜로 석 자의 눈을 내려 주었네.
이운梨雲(많은 눈)은 나무에 엉겨 번지르르한 꽃이 놀랍고
수묵水墨은 봉우리 나뉘어 깨끗함이 기뻐라.
물 건너 저 멀리에 생각나는 이 있건마는
옥같이 고운 그 님은 가까이할 수가 없네.
어부의 배 한 척만 차갑게 홀로 떠서
서루의 만卍자 난간과 서로 가지런하구려.

개인 창 앞에 책 보는 그 맛 다시 좋아라
고문古文과 기자奇字들을 털끝까지 분석하나니,
벌레 다리 고기 지느러미는 훈고를 참고하고
대그릇 양식 접시 고기는 제도를 고증하네.

석천 신작 시름도 즐거움도 없다네

이 즐거움 지금 고관대작과 바꿀 수 있다면

아경亞卿인 아우님 또한 물러나와 은거할 걸세.

나는 곧장 물소 타고 강물을 건너가서

한구석 자리 빌려 좋은 시문 내놓고 싶네.

　　—「강촌에서 눈을 감상하면서 신 학사 형제가 생각나 급히 적어서 부쳐 올리다」(1819년 작)

더 살고 싶은 생각이 듭니다

　　모처럼 좋은 일이 생겼다. 정조 치하에서 함께 근무하던 친구를 만난 것이다. 1821년 11월 27일, 다산은 대산臺山 김매순金邁淳(1776~1840)에게 처음으로 편지를 보냈고, 편지를 보내기 얼마 전 김매순을 만났다. 30여 년 만에 보는 친구의 얼굴이었다. 젊은 시절 규장각에서 함께 근무하다 헤어진 후 백발이 되어 만났으니, 그 반가움이 두 사람의 편지에 잘 표현되어 있다. 다산은 "그런데 정록청正錄廳에서 남색 관복을 입고 나란히 앉아 일하던 때를 생각해 보니 역력하여 눈앞의 광경과 같으면서도 마치 부싯돌의 불과 바람 앞의 등불처럼 갑자기 나타났다가 홀연히 사라지곤 합니다"라 썼고, 김매순은 "두보의 이른바 '밤늦도록 촛불 밝히고, 마주 대하니 꿈만 같다'라는 시구가 어찌 반드시 친척에게만 해당하는 말이겠습니까"라고 썼다. 이 글을 보면 다산과 김매순은 헤어져 있던 30년 동안 못 했던 이야기를 나누며 즐겁게 보낸 것 같다.

　　신작에 이어 두 번째로 경학 논쟁을 시작한 친구인 김매순을 만났고 이어 김매순의 친구 정산鼎山 김기서金基敍와도 편지를 주고받으며 경학 논쟁을 벌였다. 이러는 사이 다산의 회갑을 한 달여 남겨 둔 때에 반가운 편지를 받았다. 1822년 1월 29일 김매순에게서 편지가 온 것인데 이때 다산은 지금까지 고생하며 글을 쓴 보람을 처음으로 느낀다.

> 대저大著 『매씨상서평』梅氏尙書平을 두세 번 반복해서 읽었습니다. 열흘을 침잠하였는데, 마치 사탕수수를 씹는 듯 점점 가경佳境에 들어가고, 순주醇酒를 마시는 듯 취한 줄도 모른 채 꼭 잡고 애지중지하여 손에서 떼고 싶지 않았습니다. 그런데 지금 정산 김기서가 군이 찾아 가져갔으니 아마 곧 선생의 책상에 도로 가 있겠군요. 참으로 아쉬움을 느낍니다.
>
> 대저 속의 논의는 한결같이 모두 명확하고 진실합니다. 게다가 필력의 거침없는 기세는 그 누구도 상대가 되지 못할 것입니다. 아홉 권, 수만 마디 모두 위의威儀가 엄연嚴然하여 어느 하나 가려낼 것이 없습니다. 그래서 혼자 이렇게 총평해 보았습니다. "은미한 것을 밝히고 숨겨진 것을 통찰함은 비위飛衛(고대에 활을 잘 쏜 사람)가 이(蝨)를 보는 듯하고, 얽힌 대목을 정리하고 견고한 아성을 깨뜨리는 것은 포정庖丁이 소를 잡는 듯하고, 비정한 수단으로 간흉을 주륙하는 것은 상앙商鞅이 위수渭水에서 죄수를 처치하는 것 같고, 신념을 다 바쳐 정론正論을 수호하는 자세는 변화卞和가 형산荊山의 벽옥璧玉을 안고 울부짖는 것 같습니다. 한편으론 공벽孔壁을 칭탁한 위고문僞古文을 물리친 일등공신이요, 또 한편으론 주문朱門에 대한 모멸을 막아 낸 용맹스런 신하입니다. 유림의 큰 업적 가운데 이곳과 견줄 수 있는 것은 없을 것입니다. 적막한 천년 뒤 황

무지인 이 땅에서 이렇게 탁월하고 기이한 일이 일어날 줄 어찌 생
각이라도 했겠습니까!"

—「대산이 보내온 편지」 중에서

다산은 김매순이 보내온 편지를 읽고 또 읽는다. "처음 사귀는 마
당에 질박하고 진실한 태도를 중시해야 할 것입니다. 고분고분 동의하
고 찬미하는 것은 성격상 하지도 못합니다"라는 이 편지의 뒷구절은
자신을 쉽게 칭찬하거나 동의할 사람으로 보지 말아 달라, 진심으로
우러나와 한 말이라는 의미를 담고 있었다. 이 글을 읽고 다산은 보람
과 함께 고마움을 느꼈다. 누구 하나 관심 갖지 않은 책에 대해 이렇듯
과분한 평을 내리는 편지를 받고 보니 다산도 인간인지라 그동안 응어
리졌던 가슴이 확 풀리는 것은 어쩔 수가 없었다. '황무지인 이 땅에서
이렇게 탁월하고 기이한 일이 일어날 줄……' 읽고 또 읽으며 아마 밤
잠을 설쳤으리라. 다산은 그동안 살아도 산 것 같지 않은 세월 속에 침
잠해 있었다. 얼마나 감격을 했던지 다산은 「자찬묘지명」에 편지 내용
을 인용하며 "처음으로 더 살아 보고 싶은 생각이 듭니다"라고 썼다.

다산은 김매순이 『매씨상서평』을 읽고 지적한 부분들을 자세히 훑
어보고 옳다고 생각되는 부분은 받아들여 내용을 수정했다. 그리고 이
견이 있는 부분에 대해서는 2월 4일 답서 별지에 적었다. 여기서도 다
산은 박복한 운명으로 죽지 않고 있다가 목숨이 다해 가는 때에 어떻
게 이런 일을 얻게 되었는지 모르겠다며 감격스럽고 유쾌하여 처음으
로 세상을 더 살고 싶은 생각이 들었다고 적고 있다.

격한 문장들을 고쳤으면 한다는 김매순의 지적에 대해서는, "하물
며 『매씨상서평』은 유배지로 내려간 첫해에 지은 것입니다. 그때에는

젊은 습기習氣가 미처 제거되지 못하였고 평소에 쌓인 울분도 가라앉히지 못하여 우연히 부딪혀 격발되는 것이 있으면 반드시 한바탕 통렬하게 욕을 퍼부어야 겨우 조금이나마 후련해졌으니 이것이 어찌 도道를 공부하는 사람의 일이었겠습니까?"라고 답하며 자신의 실수와 단점을 인정했다.

또 "고주古註라고 해서 반드시 모두 옳은 것도 아니요, 후대 학자들의 새로운 이론이라고 해서 반드시 모두 그릇된 것도 아님을 알았습니다. 세차世次나 연대만 따져서 옳고 그름을 단정하는 것은 마땅치 않다고 생각하는데 어떻게 생각하는지요?"라고 묻기도 하고, "아, 인생이란 가벼운 티끌이 연약한 풀잎에 묻어 있는 것, 아침에 떨어질지 저녁에 떨어질지 알 수 없습니다", "죽기 전에 형과 정산(김기서) 두 사람을 만나게 되어 다행입니다. 달리 또 무엇을 구하겠습니까?"라고도 썼다. 그의 글이 시종일관 활기에 차 있다.

다산은 대산 김매순에게 보낸 첫 번째 편지에서 오랜만의 재회를 기뻐하며 다음 달 벽계蘗溪에 함께 가기로 한 약속을 지키라고 당부한다. 그리고 김매순 역시 약속을 꼭 지키겠다고 다짐하는 답서를 보내온다.

후에 김매순은 자신의 선조인 삼연三淵 김창흡金昌翕(1653~1722)이 은거했던 벽계 속샛으로 갔다. 다산은 "천석泉石이 매우 아름다운 곳"이라고 속샛을 표현했다. 그리고 다산의 별장인 문암장門巖莊 위쪽 본가인 소내에서 30리(14km) 떨어진 곳에 있다고 했다.

다산이 "오늘은 월계에서 고기 잡고 내일은 석호에서 낚시하며 다음 날은 문암 여울에서 고기 잡고"라고 읊은 것을 보면 문암장은 배로 오르내리기 편리한 벽계계곡 입구, 강이 내려다보이는 곳에 자리 잡지 않았을까 싶다. 김매순이 은둔했던 속샛은 맑은 물이 흐르는 유명산과 중문산 휴양림에 둘러싸인 곳이다. 다산과 김매순은 깊은 골짜기 어디에서 만나 학문을 논했을까? 다산의 문암장에서도 만나고 김매순의 속샛에서도 만나며 세월의 흐름을 탓했으리라.

다산과 김매순 그리고 김매순의 친구인 김기서 세 사람은 서로 공감한 부분은 철저히 칭찬하고 견해가 다른 부분에 대해선 각자 자신의 주장을 펼치며 경학 논쟁을 이어갔다. 이런 기쁨 속에 1822년 2월 다산의 환갑잔치가 열렸다.

여기저기서 인척들과 친구들이 모여들었다. 멀리 강진 땅에서도 윤종영을 비롯한 제자 윤종삼尹鍾參, 윤종진尹鍾軫이 찾아왔다. 그들을 보고 다산은 다산초당에 남겨 두고 온 홍도紅桃와 축대, 선춘화(동백), 잉어의 안부를 물었다.

"홍도는 아울러 이울지는 않았는가?"

"생생하고 곱습니다."

"우물 축대의 돌들은 무너진 것이 없는가?"

"무너지지 않았습니다."

"못 속의 잉어 두 마리는 더 자랐는가?"

"두 자나 됩니다."

"백련사로 가는 길 옆에 심은 선춘화들은 모두 다 번성한가?"

"그렇습니다."

"다신계의 전곡錢穀은 결손이 없는가?"

"없습니다."

몸은 집 안에 가만히 앉아 있었지만 유난히 바쁜 해였다. 한강가에 은둔한 당대의 내로라하는 학자들과 편지로 경학 논쟁을 펼치다 보니 정신이 없었다. 김매순과는 2월까지, 김기서와는 윤4월 27일까지 편지를 주고받았다. 김기서가 양주 평구리平邱里에 살며 총사叢祠에 제사 지낸 일로 유배를 가자 그에 대한 내용을 적은 편지가 오갔다. 신작과 육향六鄕의 제도에 대해 치열한 논쟁을 벌이다 보니 여름이 훌쩍 지나갔다. 다산은 신작에게 6월 10일, 13일, 23일에 편지를 보냈다. 날짜를 적지 않은 한 통까지 합해 모두 네 통을 보냈고, 신작은 다산에게 세 통의 편지를 보냈는데 날짜 기록은 없다. 이렇게 치열한 논쟁을 하면서 자신이 쓴 책을 수정 보완하고 「자찬묘지명」을 쓰느라 다산은 바쁜 하루하루를 보냈다.

다산은 자신의 묘지명인 「자찬묘지명」 그리고 신유사옥과 관련해 처벌을 받은 주변 지인들의 묘지명을 쓰겠다는 생각을 오래전부터 해 왔다. 그러나 막상 쓰기 시작하면서 더 많은 고민을 하게 되지 않았을까. 책을 쓰는 틈틈이 자료를 모으고 주변 인물에 대한 내용을 기록하면서 다양한 생각들이 스쳤을 것이다.

자신의 무덤 속에 넣을 「자찬묘지명」이라고 해도 당시 조정에 알려진다면 큰 물의를 일으킬 것이었다. 하물며 저잣거리에 시체가 걸렸던 중죄인들의 묘지명을 쓰겠다는 것은 물의를 일으키는 것만으로 끝나지 않을 매우 위험한 일이었다. 물론 하루 이틀 생각해서 결정한 일은 아니었겠지만 권철신, 이가환, 이기양 등의 묘지명을 썼다는 사실이 알려진다면 멸문지화를 당하게 될지도 모를 일이었다. 그래서 이들의 묘지명은 실질적으로 다산이 죽은 후 52년이 지난 1888년에 공개되었다. 다산으로서는 역사를 바로잡기 위해, 죄 없이 죽임을 당한 이들의 억울함을 쓰지 않고는 견딜 수 없었을 것이다.

인생은 떠다니는 노을과 같아서
뿌리도 꼭지도 기댈 곳 없어라.
달리려는 마음은 끝없이 넓은데
타고난 운명은 참으로 미천하다오.
취하거나 버림은 만 가지로 다르지만
좋아하는 바는 거스를 수 없구려.
자취 거두고 무너진 실마리 찾아
정미하고 오묘한 말 드러내기 바랐으니,
깊기도 해라 주공周公과 공자孔子의 도여
진실로 어김없이 서로 꼭 들어맞았네.
(…)
부지런히 공의 자취 뒤쫓으려 하나
구름 깃발 잡기처럼 아득했거늘,
기쁘게도 평소의 소원 이미 가득 찼으니
이렇게 심오하거늘 누구에게 귀의하리오.

—「신작에게」 중에서(1824년경 작)

1823년 여름에 신작이 찾아왔다. 생질 박종림朴鍾林이 목동木洞에서 소내로 이사하였기에 생질 집에 들르면서 다산을 찾은 것이다. 작년까지만 해도 편지를 통해 치열하게 경학 논쟁을 벌였는데 올해 들어 뜸해졌다. 그래서 더 반갑다. 생질과도 인사를 나누고 오랜만에 차를 마시며 담소하다가 아쉬운 이별을 했다. 이즈음 신작은 『상서대전』尚書大傳을 쓰고 있었다. 다산 또한 두 번째 다녀온 북한강 기행문을 정리하며 조용한 여름을 보내고 있었다. 「산행일기」汕行日記와 「산수심원기」汕

水尋源記를 제외하고 이해에 쓴 글이 없는 것을 보면 쉬면서 조용히 더위를 날려 보낸 것 같다. 이렇게 또 한 해가 갔다.

젊은이들은 술잔을 사양하지 않네

1824년 봄, 신작에게 답장이 왔다. 병들었다는 다산의 편지를 받은 신작이 "이는 지난 세월부터 맺어진 운명이나 재수 없는 녀석이므로 피해만 줄 뿐이니 사양하고 돌려보내라"는 우스갯소리로 완쾌를 빌어 주었다.

나는 고향을 떠난 지가 4, 50년입니다. 다시 예전에 놀던 곳을 찾아가 보니 산천은 달라졌고 인물도 변하여 다만 서럽고 서성대는 감회만 더할 뿐이었습니다. 그런데 갑자기 이곳에 와 형제가 멀어졌습니다. 푸른 시냇물, 하얀 모래, 무성한 숲, 짙은 그늘을 마주하고 있으나 더불어 즐길 사람이 없으니 어찌하겠습니까? 『상서』에 관한 설은 겨우 가닥이 잡힌 것 같지만, 세 번 정도 초고를 고쳐야만 남에게 보여 줄 수 있을 듯합니다. 공이 만약 이곳에 왕림해 주실 뜻이 있거든 모기령毛奇齡의 『고문상서원사』古文尙書冤詞에 대한 변辨을 반드시 소매 속에 넣고 와서 나와 함께 상고하고 질정함이 어떻겠습니까?

—신작, 「다산에게 답하다」 중에서(1824년 작)

　찾아 주는 사람이 없어 신작도 매우 외로웠다. 그 또한 책을 쓰는 것 이외에는 마땅히 할 일이 없었다. 그래서 신작은 다산이 쓴 『매씨상서평』에 모기령의 글에 관한 전반적인 비평이 담겨 있다는 것을 알고 다산에게 『고문상서원사』의 변을 가지고 방문해 달라고 요청하고 있다. 그래서였을까. 같은 달 다산은 마재에서 멀지 않은 양평 양서면 신원리에 사는 현계玄谿 여동식呂東植(1774~1829)과 함께 소내나루를 건너 신작의 집으로 향했다.

　분원과 퇴촌을 지나 신작의 집에 당도하여 함께 천진암에 가자고

청했으니, 신작이 기뻐했으리라. 외로움에 절은 사람은 그 기쁨을 알리라. 세 사람은 차를 마신 후 떠들썩하게 천진암으로 향했다.

현계 여동식은 일찍이 문과에 급제하여 승지, 참의, 대사간을 역임한 고관으로 글을 잘 짓는 문사였다. 처음에는 대부분의 조선 명사들이 그랬듯이 이웃에 살면서도 아직 사면되지 않은 다산과 만나는 것을 꺼려했다. 여동식 형제가 사는 신원리에서 한양에 가려면 반드시 소내나루를 거쳐야 했다. 다산이 "사람이 세상에 겪는 괴로움 중에 남이 기뻐하는데 나만 슬퍼하는 것보다 심한 것이 없고, 세상에서 겪는 한스러움 중에 나는 그를 생각하는데 그는 나를 까맣게 잊고 있는 것보다 더 심한 것은 없습니다"라고 벗 여동식에게 쓴 글을 보면 한때는 자신의 집 앞을 지나면서도 들르지 않는 여동식이 서운했던 모양이다. 하지만 요즈음은 함께 산에 오르고 시를 짓기도 하며 다정하게 지내고 있다.

오늘은 떠들썩하게 세 집 식구가 함께 천진암으로 향했다. 사촌에서 동쪽으로 경안천을 건너서 고갯길을 넘어 우산리에 들어섰다. 천진암 가는 골짜기는 깊다. 맑은 물이 흐르고 가는 곳마다 나무 그늘이 있어 힘든 줄 몰랐으리라. 천진암 근처 계곡 옆 그늘에 돗자리 펴 놓고 술을 마시며 시를 읊지 않았을까. 다산이 읊으면 신작이 읊고 여동식이 읊으면 다산이 읊으며 술을 들이켰을 것이다.

지난 자취 희미하여 다시 찾아볼 수 없는데
그윽한 녹음 속에서 꾀꼬리 울다 그치네.
썩은 홈통엔 물방울 끌어 졸졸 흘러내리고
기와 조각은 이어진 밭두둑에 갈아 뒤집혔다.
덧없는 곳 연연하여 오래 머물지 말지어다
명산이란 오직 한번 노닐기에 합당하다오.
또 보건대 백발이 모두들 이와 같으니
가는 세월이 진정 여울 내려가는 배 같구려.

─「밤에 천진사에서 잤는데 절이 퇴락해서 옛 모습을 찾아볼 수가 없었으니, 내가 대략 30년 만에 이곳에 다시 온 것이다.」(1824년 작)

세 가족과 박종림, 박종유朴鍾儒(신작의 생질) 등 이웃 사람들까지 모인 대부대였으니 모처럼 천진암이 소란스러웠을 것이다. 거기다 석가 탄신일이 얼마 남지 않았을 때라 아무리 초라하고 쇠락한 절일지라도 사람들이 오갔을 터였다. 모처럼 산새 소리가 사람들 소리에 묻히지 않았을까.

"젊은이는 잦은 술잔 싫어하지 않고, 늙은이는 촛불 잡고 밤새워 노네."(「다산의 '천진사에서 자다' 시에 차운하다〔석천의 시〕」 중에서) 천진암에서의 열기가 그려진다. 젊은이들은 젊은 혈기를 발산하고 늙은이들은 추억을 곱씹는다. 다산에게 있어 이곳 천진암은 많은 추억이 숨어 있는 잊을 수 없는 곳이다.

27년 전인 1797년, 한창 벼슬살이에 바쁠 때이기도 했고 반대파들이 천주교로 공격의 고삐를 늦추지 않아 골치 아픈 때이기도 했다. 원래 벼슬하는 사람은 임금께 고하지 않고서는 도성 문을 나설 수 없었다. 그러나 고하면 나갈 수 없을 터, 법을 어기고 훌쩍 한양을 빠져나와 마재 집 앞 석림에서 4형제가 모였다. 그리고 형제끼리 고기를 잡아 매운탕을 끓여 먹고 산나물이 생각나 천진암에 들러 나물을 먹으며 사흘을 보냈다. 그게 엊그제 일처럼 생생하다. 주변을 둘러보니 이벽이 독서하던 곳도, 1779년의 강학회 열기도 사라지고 없다.

언젠가 겨울에 주어사走魚寺(양자산 남쪽에 있는 절)에 우거寓居하며 강학회講學會를 열었던 사람으로는 김원성金源星, 권상학權相學, 이총억李寵億 등 여러 명이었는데, 녹암鹿菴(권철신)께서 지켜야 할 규칙을 만들어 주시고는 새벽에 일어나서 얼음물로 세수를 한 뒤「숙야잠」夙夜箴(중국 학자 진무경陳茂卿이 지은 잠언)을 암송하고, 해가 뜨면 「경재잠」敬齋箴(주자朱子가 지은 잠언)을 암송하고, 정오가 되면「사물잠」四勿箴 (정자程子가 지은 잠언)을 암송하고, 해가 지면 「서명」西銘 (송나라 장횡거張橫渠가 지은 잠언)을 암송하도록 하였으니, 씩씩하고 엄숙하며 정성스럽고 공손한 태도로 규칙과 법도를 잃지 않았다.

—「선중씨 묘지명」 중에서

1779년 그러니까 녹암 권철신 44세, 손암 정약전 22세, 다산 18세 때이다. 이미 정약전 외에 다른 사람들도 권철신에게 제자의 예를 갖추고 정식으로 제자가 되었던 때였으니 강학회가 엄숙했으리라. 독서, 수신의 귀감이 되는 「숙야잠」이나 경敬의 실행을 위한 「경재잠」, 공자의 사물四勿의 실천 방법을 교훈으로 삼도록 한 「사물잠」, 성리학의 중요한 이론인 「서명」을 외우게 한, 깨닫고 배우고자 하는 의욕이 충만한 강학회였다.

기해년(1779) 겨울, 이벽은 어두운 밤 강학회에 오면서 마재 누님 집에 얼굴을 내밀고 주어사로 갔다. 그런데 이때의 강학회는 천진암에서 열렸다. 결국 천진암을 주어사로 잘못 알고 간 이벽은 오밤중에 주어사 스님들과 함께 몽둥이를 들고 앵자봉 기슭을 넘어야 했다(당시 천진암과 주어사 두 곳 모두 강학회가 열렸던 기록이 있다. 이 때문에 이벽이 헷갈렸던 듯하다). 강하면과 강상면 사이에 백병산이 솟아올라 710미터인 양자산에서 다시 앵자봉으로 이어지는, 산세가 제법 험한 곳이었다. 향학열과 집념이 강한 이벽이니까 이런 산을 넘어 강학회에 참석했을 것이다.

천진암에서 강학회를 연 권철신은 양근 남서면 효자산 아래 감호에서 살았다. 남서면은 지금의 강상면이다. 효자산과 감호마을은 아무도 아는 사람이 없다. 죄 없는 사람을 대역 죄인으로 몰아 감옥에 가두고, 그것도 모자라 옥사한 사람을 다시 능지처참했으니 그 집안인들 무사하지 못했으리라. 권철신의 제자인 정약전의 집이 마재였고 이벽이 태어난 곳이 배알미동이라 자연스럽게 강학터로 천진암이 선택되었는지도 모른다. 어쨌든 신작은 셋이 함께 천진암에 올라가 오언율시, 칠언율시를 지으며 봄을 만끽했으며 이튿날은 두미협에 들러 유람하고 돌아왔다고 적고 있다. 천진암은 당시 마재 인근 사람들이 봄나들이할 수 있는 좋은 장소였던 모양이다.

아! 석호정

1825년, 다산은 벌써 64세가 되었다. 손으로 날짜를 헤며 모처럼 한가한 봄을 맞고 있는데 이재의가 왔다. 서울 가는 길에 들렀다며 며칠을 함께했다. 그 와중에 신작에게서 얼마 전에 보낸 편지의 답장이 왔다.

매양 두 생질(박종림, 박종유)을 대하면 공이 요즈음 무슨 일을 즐기고 계신지를 물어서 혼자 적막하게 지내는 나의 심사를 달래곤 합니다. 들건대 근자에 곡운谷雲 수석 속으로 들어갔다고 하니, 문득 내 정신이 그쪽으로 달려갑니다. 돌아와서는 또 기행 시문을 점검하고 있다고 하니, 이는 더욱 한가한 속에 아취 있는 일이라, 이 몸이 그 사이에 참여하여 그 담론을 듣지 못한 것이 한스럽습니다. 나는 나태함이 졸음과 합쳐 종일 멍하게 지내고 있으니 꿈에서나마 곡운에 들어가고 싶지만 도리어 길을 알지 못할까 두렵습니다.

긴 여름 서늘한 날이 적어 매미 울음 듣는 회포 더욱 깊었는데, 이럴 즈음에 보내 주신 편지, 그 감동을 어찌 다 말할 수 있을까요. 나를 생각하는 마음의 깊이가 정히 내가 공을 그리는 정과 같습니다. 일러 준 말씀 잘 알겠습니다. 나의 소견에 따라 편지 끝에 조목별로 개진하였습니다.

—신작, 「다산에게 답하다」(1825년 작)

신작은 1823년에 다산이 두 번째 북한강 여행을 다녀왔다는 소식을 뒤늦게 듣고 부러워했다. 한 해 전만 해도 60여 수의 시를 지은 다산이 이해에는 한 편도 짓지 않았다. 신작의 편지로 미루어 보건데 경학을 논하고 친구에게 편지를 쓰며 한가롭게 지낸 것 같다. 신작은 계속해서 6월에 『상서고주』尙書古注 쓰기를 마치고 8월에는 『한비』漢碑 1권을 썼다.

지난밤부터 갑자기 가렵더니 온몸에 반점이 듬성듬성 또는 촘촘히 났습니다. 모기, 쇠파리, 벼룩, 이 등이 돌아가면서 깨물고 어지러이 씹은 것 같습니다. 좌우로 긁느라고 손을 뗄 수 없으니, 가벼운 증세라고들 하지만 사람을 고통스럽게 합니다. 나를 위해 자제에게 신통한 처방 한 가지를 얻어 주기 바랍니다. (…) 나는 쇠약한 몸에 병이 들고 그 병이 나날이 심해져 신음소리로 날을 보냅니다. 우명牛鳴(소 울음소리가 들리는 거리, 보통 5리 정도)의 거리에서 이와 같이 격조해졌으니 다만 길게 탄식할 뿐입니다.

—신작, 「다산에게 답하다」(1825년 작)

신작이 보낸 편지를 다 읽어 보아도 다산이 왜 시를 짓지 않았는지는

명쾌히 알 수 없다. 다산 또한 신작처럼 건강이 좋지 않아 병석에 누워 지
낸 것이 아닐까 추측할 따름이다. 이는 다음 해(1826) 4월에 신작이 보내
온 답신을 통해서도 확인할 수 있다. 다산의 서신에 답서로 보낸 것이다.

편지 내용을 보면, 병석에 누워 있는 다산을 보고 빨리 병을 물리
치고 일어나라며 기운을 북돋아 주고, 못난 자신의 모습은 변함이 없

다고 안부를 전했다. "초여름의 광경은 짙은 푸르름이 눈에 가득하고 맑은 물의 흐름이 모래에 비치어 풍진에 찌든 비루한 생각을 씻어 없앨 수 있을 것 같습니다. 다만 한스러운 것은 이곳의 참된 맛을 더불어 터놓고 이야기할 사람이 없다는 것입니다"라며 보내 준 뜻은 다 알았으니 조목조목 대답해서 부친다고 썼다. 두 사람은 계속해서 경학의 내용을 주고받으며 서로의 근황을 이야기했다. 그리고 6월에 석호정에서 만남을 가졌다.

> 6월 기사일에 형제 및 유계중柳戒仲과 함께 배를 타고 석호정으로 내려갔다. 이튿날 다산이 와서 함께 대화했다. 신미일에 다시 배를 되돌려 타고 돌아왔다. 석호정은 평천平川에 있는 별장이다. 강줄기가 빙 돌아서 만나고, 바라보는 전망이 평탄하고 넓어 강가의 정자로는 최고라 할 만하다. 강화유수의 남은 녹봉으로 사 두고는 오가며 소요하는 곳으로 삼았다. 이때 처음으로 모인 것 같다.
>
> —『석천유집』石泉遺集의 「신작 연보」 중에서

1826년 6월, 신작은 강화유수로 있던 동생 신현의 돈으로 정자를 산 뒤 처음으로 형제들이 모였다고 쓰고 있다. 별장을 구입하고서 형제들과 처음 모인 자리였으니 잔칫집 분위기였을 것이다. 그리고 그 자리에 다산을 초대했다.

고려 태조 왕건을 대신하여 죽은 신숭겸申崇謙을 시조로 하는 평산 신씨 신여식申汝拭(1627~?)이 1675년 이곳으로 이수하여 석호정을 지었다. 산허리에는 두월정斗月亭, 관어정觀魚亭 등의 정자를 짓고 거문고와 책을 곁에 두고 화초를 키우면서 살았다. 석호정을 얼마나 좋아했던지 자신의 호를 석호石湖로 지을 정도였다. 벼슬이 영의정까지 오른 아들 신완申琓(1646~1707)은 아버지보다 석호를 더 아름답게 꾸몄으며 조촐한 집을 짓고 열 식구의 생애를 의탁하고자 하였다.

신완의 후손 신방申昉(1685~1736)은 멀리 앞쪽을 바라보니 정씨丁氏 집안의 포구가 은은하게 보이는데 사람들이 모여 불을 켜고 민물 게 잡는 모습이 볼만하다는 글을 남겼다. 이를 보면 정씨 집안과 이웃으로 오가며 살지 않았을까 싶다. 다산이 태어나기 훨씬 전의 일이다. 그후 면면이 이어 오다 1826년 6월, 신작이 석호정을 구입했다. 그 또한 평산 신씨이니 같은 신숭겸의 후손이 아닌가. 주인이 누가 되었든 다산은 무더운 여름철 이곳에 자주 들러 납량을 하곤 했다. 다산의 「석림石林에서 노닌 기문」을 보면 고기 잡아 요리하기 위해 석호정 아래에 그물을 쳐 놓고 석림 가운데에 조리하는 기구를 마련했다고 한다.

사마리 서고가 무너지다

1826년에는 유난히 친구를 생각하며 지은 시가 많다. 따스한 겨울이 지속되다 갑자기 추워지자 옷을 껴입으며 친구 생각을 했을까. 가을이 가고 겨울이 깊어지면 촛불 심지 속에 친구가 아른거리게 마련이다. 동번東樊 이만용李晚用(1792~?)에게 시를 지어 주기도 하고, 깊은 밤 현계 여동식에게 두 번이나 시를 지어 부치며 가는 한 해를 보낸 것 같다. 힘들게 늙을수록 친구가 생각나는 것일까. 기댈 곳이 없어서 친구를 그리워했을까.

강 하늘 눈 오려고 하늘 가득 구름 끼어라

이경二更 밤 칠흑 같아 사람을 분별 못 하겠네.

오래 못 만난 사람 그리며 홀로 상심하는데

산모퉁이 탁 트이고 맑은 달을 토해 내어,

백호白毫 같은 광채가 차갑게 창문을 쏘아 비추니

취한 술이 갑자기 바람에 깬 것 같구려.

멀리 짐작하건대 현계 또한 잠들지 않아서

무너진 보료 자리에 두건 그림자 내리고,

계주를 줄줄 술통 가득히 따라 놓고서

이웃 늙은이 불러 함께 음중선飮中仙이 되었겠지.

인간의 시비를 어느 곳에서 찾아보랴

외기러기만 끼룩끼룩 물가로 날아가네.

— 「산중대월 시를 차운하여 현계에게 부치다」(1826년 작)

이즈음은 효명세자가 대리청정을 시작하면서 다산을 들먹이고, 한 쪽에선 윤극배尹克培가 다산을 모함하고 있던 시기였다. 하지만 다산은 이에 아랑곳하지 않고 시를 짓기도 하고 편지를 통해 경학 논쟁을 벌이기도 하며 하루하루를 보내고 있었다. 신작 또한 1827년에 동생이 정2품 정경에 발탁된 것을 축하했으며 그동안 모은 책이 많아 서고가 넘치자 4천여 권의 책을 보관할 '직일각'이란 서고를 지었다. 9월에는 동생 실제공(신현)이 죽어 슬픔에 싸여 지냈고 다음 해에는 「계씨사장」季氏事狀을 지었다. 이어서 5월에는 『일월주』日月注 5권의 저술을 마쳤다. 그리고 봄이 끝나 가는 5월 25일 갑자기 세상을 떠났다. 대학자답게 글을 쓰다 죽은 것이다. 향년 69세, 다산보다 두 살 더 많은 나이였다.

다산은 바로 그날 소식을 접했을 것이다. 소 울음소리가 들릴 정도의 거리니 강물을 울리며 들려오는 통곡소리를 금방 알아챘을 것이다. 노인의 앞길은 하늘에 달렸다는 말이 맞는 것인가. 서로 늙어 감을 탄식하고 외로움도 함께 달래며 살아왔다. 신작은 담박함으로 남 부러워하는 마음 끊고, 어눌하고 과묵함으로 그릇된 마음 잠재운 사람, 『시차고』詩次故와 『서차고』書次故, 『역차고』易次故 등 주옥같이 빛나는 책을 지은 사람, 문득 현달한 선비를 만나 함께 힘차게 날고자 했던 사람, 다산이 "이분이 아니면 누구와 더불어 살아가리오"라고 읊었던 사람이었다.

"아! 사마리의 서고가 무너졌구나."

이해(1828)와 그다음 해는 다산의 가슴을 찢어 놓는 일이 연이어 발생했다. 마지막 남은 친동생 약횡이 죽었고 여동식이 그 뒤를 따랐다. 여동식은 향년 56세였다. 여동식은 청나라에 사은부사로 갔다가 유관楡關에서 죽었다. 객지에서 죽었으니 슬픔이 더욱 컸다. 그래서 8월 19일과 9월 16일에 현계 여동식을 기리는 시를 두 편이나 짓는다. "국화꽃 아래 병들어 누워서, 멀리 있는 친구를 생각하노니, 수많은 봉우리는 석양을 가리우고, 마른 잎은 가을 하늘을 향해 날도다."(「9월 16일 현계를 기다리다」중에서)

눈 깜짝할 사이에 함께 늙어 갈 친구들을 잃고 나니 습관까지 변했다. 어떻게 혼자서 힘들게 늙어 갈 것인가. 다산은 방 안에 틀어박혀 여기저기 서책이 흩어져도 내버려 두었다. 깔끔하고 틀어진 것을 보지 못하는 성격이 친구들이 떠나가자 변해 버린 것일까.

다산이 신작을 생각하며 외로워할 때마다 이웃에 사는 신작의 생질인 박종유 형제가 다산을 찾아 주었다. 기적을 만들어야 할 목표가 사라졌으니 사람이라도 곁에 있어야 했다. 다산도 사람을, 친구를 좋

아했다. 자신보다 어려도 친구처럼 지내길 좋아했고 그만큼 마음 씀
또한 자상했다. 친구가 없으면 힘들어하는, 늙어 가는 것을 힘들어하
는 사람이었다. 가뭄을 걱정하면서도, 더위를 이기면서도 친구를 생각
한 사람이었다. "장편 시를 차운하던 송수(윤영희)가 생각나고, 서찰로
경학 논하던 석천이 슬프도다. 세상맛 고루 맛보아 이제는 벌똥 씹기
같고, 나이는 절로 다하여 남은 생만 기다리나니, 수많은 서책늘이 무슨
도움 되리오, 뚫린 문창 막지 않고 한나절 내내 잠만 잔다오."(「산정아집山
亭雅集의 운에 또 차운하다」 중에서) 이럴 때 부인 홍씨는 별 도움이 되지 않았

던 모양이다.

　이렇게 쓸쓸한 2년이 흐르고 적막감이 감도는 겨울이 왔다. 추운 겨울 황량한 숲엔 까치집이 썰렁하고 고요한 물엔 고기 섶이 잠겨 있었다. 눈구름이 끼어 금방이라도 눈이 내릴 것 같은 날이다. 친구가 없는 차갑고 으스스한 눈 내리는 날엔 마누라라도 닦달해야 하는가. 그래서 "산중에 살자니 위가 다스워야 하기에, 뜨거운 국수 남은 걸 또 찾노라" 하며 지은 「설의」雪意 시를 읊는다. 부인 홍씨가 부지런히 움직여야 했다.

　다산은 신작의 생질들을 볼 때마다 가고 없는 그의 목소리가 들리는 듯했다. "세상과는 늘 기호가 다르기에, 그대와 늦게 만났음을 탄식하네"라 하고, "그대 따라 이웃에 살고프니, 나 위해 언덕 하나 빌려주시게"라고 외로움을 토로하던 목소리가 들리는 듯했다(신작, 「다산에게 화답하다」 중에서). 그렇다고 그가 떠났다며 하늘에 대고 외로움을 토로할 수는 없었다. 또 다른 이웃인 박경유朴景儒는 다산을 위해 베 짜는 북이 되었다. 박경유에게 다산은 "친지들은 다 세상을 하직했으니, 외로운 이 몸 누구와 위로를 할꼬"라고 탄식했다. "잔뜩 쟁여 놓은 쓸데없는 저술들은, 참으로 정력을 낭비한 것이라, 술독이나 덮는 게 진정 마땅하거늘."(「박경유에게 보이다」 중에서) 유배지에서 밤낮으로 쓴 저술들은 찾아 읽어 주는 사람이 없으니 헛고생한 것이라. 이제 그 이야기도 푸념으로 들렸다. 이웃에 사는 박경유와 온면도 먹고 냉면도 먹으며 서로 위로하는 날들은 과연 얼마나 갈 것인가.

살 배 그
고 안 대
싶 에 따
네 집 라
지
어 **외심 윤영희,**
그리고 벗들

조그만 땅을 동릉에 사자꾸나

다산은 해배 뒤 고향에 돌아와 주변 정리를 마치고는 언 강물이 풀리길 기다렸다. 지루한 시간이었다. 새벽까지 그리워한 친구 외심畏心 윤영희尹永僖(1761~?)를 만나기 위해서였다. 얼음이 부서지자 서둘러 송파로 향했다. 윤영희의 집은 강가에서 소리치면 들리는 곳에 있었다. 아마 송파나루에서 떨어진, 송파 한강가 한적한 곳에 자리하고 있었으리라.

작은형 약전도 "윤영희가 보고 싶네"라고 유배지 흑산도에서 글을 써 보냈다. 당시 윤영희는 조정에서 소외되어 은둔하며 지내고 있었다. 윤영희는 다산을 만나자마자 소리쳤다.

"하! 술을 가득 담가 놓았네. 부인, 부인! 남도 유행가가 왔네그려!"

이렇게 술독에 빠져 윤영희의 집에서 이틀 밤을 지냈다. 막걸리를 벌컥벌컥 마시며 희황세계羲皇世界에 빠져 밤을 하얗게 지새웠다. 두 사람 다 몹시 가난했으나 가난에 순응하며 기쁨을 찾을 줄 알았다. 윤영희는 여전했다. 술을 좋아하고 호방해서 시간 가는 줄 모르고 술로 안주 삼아 이야기꽃을 피웠다.

이때는 다산이 해배되어 처음 맞은 봄이었고, 겨울이 지나면서 가족들이 굶주리고 있을 즈음이었다. 누구에게 하소연할 곳 없어 답답할 때 윤영희를 만났으니 기쁨이 넘쳤으리라. 친구에게 말한다고 해서 문제가 해결되는 것은 아니지만 가족에게도 말할 수 없는 고민을 털어놓는 그 자체로 이미 기분전환이 되었다. 서로 맞장구치며 괴로움을 훌훌 털게 만드는 것이 친구 아니던가. 다산은 20여 년이나 소외된 채 송파 강가에 은둔하며 가난하게 살고 있는 친구에게 고향에 돌아오자마자 신세한탄을 하는 자신이 부끄러웠는지도 모른다.

20년 동안을 강가에서 늙다가
금년에야 옥당에 들어가노니,
대궐 구름은 어제와 같고
어구의 버들은 석양을 띠었네.
옛 자취는 문폐文陛(어전의 무늬가 화려한 섬돌)에 남아 있고
흰머리는 어탑에 근접하여라.
축하 전문 올리던 때 생각하노니
하사한 구마廐馬가 은덕을 빛냈지.
(…)
생각건대 그 옛날 남주藍洲 가에서

그대 더불어 달빛 아래 거닐 제,
찬 강물은 높은 언덕을 흔들고
높은 눈은 무너진 모래를 덮었지.
다시 황봉 黃封(임금이 하사하는 술의 이름)은 내리지를 아니하고
까닭 없이 백발만 성성하여라.
멀리 건릉 健陵(정조의 능호)의 많은 나무에
밤에 깃들인 까마귀가 부럽네그려.

ㅡ「강가에 사는 윤 교리 영희에게 부치다」 중에서(1819년경 작)

이렇게 서로 오가며 즐겁게 지낼 줄 알았던 친구가 갑자기 곁을 떠나게 되었다. 20여 년 만에 윤영희가 교리로 임용된 것이다. 그래서 오래도록 벼슬하길 바라며 "장차 좋은 치적 올리어 소원을 이룬 다음엔, 오이 심을 조그만 땅을 동릉東陵에 사자꾸나"라고 축하했다. 한편으론 쓸쓸한 마음을 누를 길이 없었다. 15년 만에 만난 친구를 그동안 버려두었다가 만나자마자 벼슬 살러 서울로 가 버리다니. 한강가에 홀로 남은 다산은 얼마나 한양을 그렸을까. 마음은 조급해져서 친구 따라 조정에 가고 싶은 생각이 머리를 떠나지 않으니 송파가 있는 한양 쪽을 바라보며 한숨만 크게 내쉬었다. 20여 년 동안 포기하고 살았는데 이제 와서 정조 때의 조정이 왜 이리 그리운지. 아니꼬운 심사가 울분을 자아내기도 했다.

이제나저제나 기다리는 좋은 소식은 언제나 올 것인가. 자신을 말려 죽일 작정인가. 윤영희처럼 술 생각만 더 잦아진다. 그래서 친구가 생각날 때마다 두 권의 시집을 펼쳐 보며 붓을 들었다. 그중 한 권이 『세화집』細和集이다. 외심 윤영희의 시를 화운해서 그가 그리울 때마다 술을 마시고 시를 지으며 괴로움을 잊었다.

좋은 친구 생각나면 문득 배 타고 가는 건데
내 친구 못 만나고 언뜻 해 지난 게 한스럽네.
천 리 먼 곳의 사람은 봄꿈 속에 돌아오고
반쯤 걷힌 주렴 밖 꽃은 석양 앞에 피었도다.
세상에서 이태백 재주 뛰어난 건 미워하건만
누가 현성玄成(당 태종의 명신 위징魏徵)의 태도가 고왔던 것을 알겠는가.
어느 날에나 한 노를 저어 훌쩍 떠나가서

외심 윤영희, 그리고 벗들 그대 따라 배 안에 집 지어 살고 싶네

술값으로 허리에 만청전萬靑錢(청동으로 만든 돈 만 전)을 얻어 차 볼꼬.

(다산의 시)

선생이 취하여 배에 기댄 걸 상상하노니

섬계剡溪(왕희지가 눈 내린 달밤에 섬계에 사는 친구가 생각나자, 즉시 배를 타고
    섬계에 간 고사가 있다.)의 새벽 자취는 벌써 천 년이 지났다오.

가고 올 때는 밝은 달이 머리 위에 있었고

문득 좋은 시구 또한 눈앞에 나왔겠지.

간 곳마다 산천은 서로 광채를 발하고

바라보인 경치들은 화려함을 더한 듯해라.

그대를 따라 배 안에 집 지어 살고 싶지만

품 살 돈도 없는 신세가 스스로 가소롭구려.

(윤영희의 시)

—「섬계를 내려가다」 중에서(1819년 작)

당신이 좀 살펴 주시오

다산에게는 환난을 당했을 때 유리한 말을 해 준 김 교리 형제와
서울에 살 때 이웃으로 가까이 지낸 한치응을 비롯해 죽란시사 동료
등 많은 친구들이 있었다. 그러나 이 중에서도 가장 잊지 못할 친구가
넷 있었으니 외심 윤영희, 그리고 남고南皋 윤지범尹持範(1752~1821. 1801
년에 규범으로 개명함), 금리錦里 이유수李儒脩(1758~1822), 무구无咎 윤지눌尹

持訥(1762~1815)이었다. 이 네 사람은 자신의 몸을 돌보지 않고 직접 발로 뛰어다니며 환난을 당한 다산에게 도움을 주었다.

윤영희는 다산보다 한 살 위였다. 과거도 다산보다 3년 앞서 합격했다. 윤영희는 다산의 작은형 약전과 자주 어울려 다니며 술을 마시고 풍류를 즐겼다. 덩치가 크고 사교성이 뛰어나 사람을 두루 사귀었으며 학문을 하면서도 호방하고 개방적이었다. 항상 껄껄거리며 웃고 다녔지만 사물을 보는 눈만은 예리했다. 심지가 굳었으며 옳은 일은 발 벗고 나서서 돕는 정 많은 사람이었다. 신유사옥 때도 다산과 약전을 돕기 위해 이리저리 뛰어다니며 애를 썼다.

다산이 자신을 죽이기 위해 혈안이 되어 있던 홍낙안의 손길에서 벗어나 살아남은 것은 기적이라 할 수 있다. 이는 다산을 살리기 위해 뛰어다닌 친구들 덕분이 아니었을까. 윤영희는 1805년경 천 리 길을 마다않고 내려와 유배 중인 다산을 찾기도 했다. 나중에 이 소식을 접한 약전은 다산에게 윤영희가 보고 싶다는 편지를 써 보냈다. 약전은 섬에 들어온 뒤 다산을 부러워하지 않으나 다만 한 가지 육지에 살기 때문에 능히 윤영희를 만날 수 있는 것이 부럽다고 하면서 "아아! 어떻게 하면 이 사람과 자리 위에 마주 앉아 탁주 한 동이를 흠뻑 마시며 그 수염을 벌럭이고 이마를 들며 눈을 돌려 악착한 무리를 다시 보며 희황세상을 이야기하리오. 그 또한 오십의 나이라 날카로운 기운이 조금 둔하지 아니하였을까"(「손암이 다산에게 보낸 편지」 중에서)라 탄식했다. 두 형제가 이리 좋아한 것을 보면 윤영희는 참 매력적인 사람이었던가 보다.

낮에 보이는 것이라고는 구름 그림자나 하늘빛뿐이고 밤에 듣는 것이라고는 벌레 울음소리와 바람에 스쳐 나는 대나무 소리뿐이라네. 이처럼 고요하고 호젓함이 오래됨에 정신이 모아지고 생각이 응결되어 글에 전심치지專心致志할 수 있어 내 기쁜 마음에서 스스로 성인의 울타리 밖 빛을 엿보게 되었다고 생각하네.

하지만 글과 말을 함축하여 괄낭括囊의 경계(함구하여 말을 아낌)를 지키는 것이 마땅하겠지만 또 스스로 생각해 보매, 중풍으로 뼛속까지 아파 죽을 날이 멀지 않았으니 끝내 발표하지 않고 속에 넣어 둔 채 지하로 들어간다면 심히 성인을 저버리는 것이 아니겠는가. 그런 생각에 온 세상을 두루 살펴보았지만 오직 당신만이 나의 말을 비루하게 여기지도 않고 버리지도 않으리라는 데 생각이 미쳤네. 그러므로 이 짧은 종이에 쌓이고 맺힌 심정을 대략 진술하였으니 당신은 잘 살펴 주시오.

—「윤외심에게 보낸 편지」중에서(1807년경 작)

해미에서의 짧은 유배 생활 경험밖에 없던 다산은 유배가 길어지고 병치레가 잦아지자 죽음이 가까워졌다고 생각했다. 다산은 유배 초기 열악한 환경으로 많은 병고에 시달렸던 것 같다. 실제로 다산이 애제자 황상에게 쓴 편지를 살펴보면, 걸핏하면 체해서 설사를 하는 등 소화기관에 문제가 있었고 그렇다 보니 학질과 두통, 허한증 등에 시달려 잔병치레가 많았다고 한다. 여기에 중병인 중풍까지 앓게 되니 죽음에 대한 공포가 엄습해 오는 것은 당연한 일이었으리라.

"내가 이렇게 유배지에서 병들어 죽어야 한단 말인가. 이대로 죽는다면 신유사옥 때의 심문 기록만이 남을 텐데, 억울해서 어찌한단 말인가."

죽어도 그냥 눈을 감을 수 없다. 이 억울한 심사를, 진실을 알려야 하지 않겠는가. 이 일을 해 줄 수 있는 사람은 믿을 수 있는 친구 윤영희밖에 없다. 그래서 다산은 그에게 편지를 보냈다. 그동안 성인의 울타리 밖 빛을 엿보며 깨달은 바와 함께 억울한 자신의 유배살이에 대한 내용을 적어 그에게 보낸 것이다. 다산이 그만큼 믿었던 친구가 바로 윤영희였다.

환난을 당해 봐야 친구가 보인다

윤영희 다음으로 환난을 당했을 때에도 변치 않고 우정을 지킨 사람은 남고 윤지범이었다.

1801년 봄 다산이 장기로 귀양 간 뒤 다산과 어울렸던 벗들 중 뜻밖의 횡액에 걸려들지 않은 이가 없었고 또 횡액에 말려들 것을 두려워하지 않은 이도 없었다. 그런데 이런 위험을 무릅쓰고 장기로 시를 보내온 사람이 있었는데 그가 바로 남고 윤지범이었다. 윤지범의 시를 받은 다산은 깜짝 놀랐다.

두멧골서 산발하고 긴 노래 읊조리나니
바다는 아득하여 만 리나 멀구나.
맑은 눈물 하만자河滿子(사곡詞曲의 이름)에 흘리지를 말게나
희음希音은 다행히도 광릉금廣陵琴(금곡琴曲의 이름)을 보존하네.
어찌 친한 벗 없으랴만 편지 오는 것 없구나
다만 고향집 있어 꿈속에서 찾는도다.

천고토록 백운대白雲臺 무너지지 않거니
우리 옛날 노닐던 곳 길이 남아 있으리.

—「남고 윤지범 묘지명」 중 윤지범이 다산에게 보낸 시(시는 1801년에 지어졌다.)

윤지범은 어려서 아버지를 여의고 과거에 합격했지만 남인인 윤선도가 그의 선조라는 이유로 벼슬길에 쉽게 나아가지 못해 가난하게 살고 있었다. 침착하고 의지가 강한 사람이라는 정도밖에 알지 못했던 윤지범이 다들 몸을 사리는 이 예민한 시기에 시를 보냈다는 사실에 다산은 거듭 놀라움을 금치 못했다.

"잘나가던 때는 사람 속내를 알기 어려운 법이야. 파리하니 약해 보이기만 하던 분이 이렇게 강할 줄이야!"

다산이 강진 유배 중이던 1810년경 배를 타고 마재를 지나가던 윤지범은 다산의 집을 방문해 그의 처자를 위로해 주었고, 서루書樓에까지 들어와 다산이 유배지에서 지어 보낸 여러 시들을 검토하며 기다란 소리로 낭송하다 슬픈 감정이 격해지니 듣는 사람이 눈물을 흘릴 정도였다고 한다. 혹 여러 사詞 중에서 아래의 「어부」를 읽고 온 가족과 함께 눈물을 흘렸던 것은 아닐까?

한 조각 고깃배여
내 너와 함께 내 낀 물결 속에 출몰하노니,
괘념치 않으리, 서강 거친 물결이
흰머리를 재촉한대도.
손 쳐들어 푸른 옥패(벼슬) 길이 사양하고
머리 저어 황금 대궐엔 들지 않으리.

단풍 가지 끝 서걱대는 소리를 듣고
갈대꽃에 아침 이슬 맺히면
바람은 차서 뼛속까지 스며들어.

슬픈 피리 삘리리
짧은 노래 부르면,
저녁 썰물은 솨르르
새벽 밀물 번들번들.
큰 고기 잡아다
버들가지 꺾어 꿰어,
막걸리 석 잔으로 지원至願을 수작하면
부들 돛 한 폭이 긴 그림자 남기리.
깊이 단잠 들어 새벽녘 이르면
강엔 달이 잠겨 있으리.

―「어부」(1806년 작)

다산이 해배되어 돌아온 후에도 윤지범은 원주에서 마재로 와 3일 간 함께 지내며 20년 동안 가슴에 맺혀 있던 울분을 토로했다. 사람이 란 궂은일을 당해 봐야 정말 친한 이가 누구인지 안다고 하지 않는가.

죽란서옥竹欄書屋에서 국화 그림자를 구경하고 친구들과 술과 시로 세상사를 토론할 때 윤지범은 항상 모임의 좌장이었다. "공은 재화財貨 와 이익에 욕심이 없었으며 남에게 베푸는 것을 손쉽게 하였는데, 전에 자제들에게 경계하기를 '세상에서 창고만 지키는 사람이란 모두 사리 에 밝지 못하다. 무릇 남에게 시혜施惠해 준 것만이 바로 나의 재산인

것이다'라고 하였다."(「남고 윤지범 묘지명」 중에서)

벼슬살이할 때 다산은 가난해서 아내한테 의지하고 18년 동안 공부해서 과거에 급제한 것이 후회스럽다고 윤지범에게 속엣말을 털어놓기도 했다. 된장을 보내거나 시를 써서 부치기도 하고, 윤지범, 한치응과 함께 셋이 앉아 술을 마시며 시를 짓기도 했다. 반대파들의 집요한 공략과 바쁜 조정일 틈틈이 이런 즐거움이라도 있었으니 살 만했을 것이다.

정조 치하 1795년, 그때가 다산 생의 정점이었다. 정조의 배려로 1년에 3품계씩 오를 때였으니 활기가 넘쳤으리라. 그런데도 몹시 가난했던 모양이다. "안빈낙도 배우려 작정했으나, 가난 속에 처하니 편치 않네. 한숨짓는 아내에 기풍 꺾이고, 굶주리는 자식에 교훈은 뒷전." (「가난을 한탄하며」 중에서) 다산은 농부가 되는 게 더 낫지 않겠느냐고 가난을 한탄하며 시를 읊었다. 나라에서 받은 녹봉은 친구들과 어울리며 술값에 썼던 걸까, 아니면 청빈해서 가난했던 것일까.

죽란시사 모임이 가장 활발했던 때는 1796년이었던 것 같다. 그동안 모임을 가졌던 시사를 죽란시사로 공식 결정하고 초계문신 출신자 열다섯 명을 중심으로 출발하니 모임이 가장 활발할 수밖에 없었다. 따라서 다산은 이즈음 모임의 좌장인 윤지범과 가장 자주 만났다. "오늘 밤엔 고래처럼 마셔 볼 작정인데, 있는 술이 몇 독이며 한 독이면 몇 잔이지."(「죽란사 달밤에 남고와 함께 마시다」 중에서) 가을 달밤에 서로 만나 시 솜씨 자랑하며 취하도록 마시자 다짐하고 "매화도 아직 있고 버들가지 푸릇푸릇, 서울에 봄이 들자 친구가 왔네그려. 배고프고 추웠지만 눈 속에서도 죽지 않고, 밤늦도록 등불 앞에서 우의를 서로 다지네"(「남고가 오다」 중에서)라 하며 뒤틀린 세상사를 안주로 삼았을 것이다.

천재가 왔다

다산이 환난을 당했을 때 도움을 주었던 금리 이유수가 마재로 찾아왔다. 해배 후 1년, 마음이 초조한 때에 친구가 왔으니 얼마나 반가웠겠는가. 1819년 가을이었다. 파리하고 몸이 약한 것은 20여 년 전과 같았으나 많이 늙어 있었다. 그러나 곧은 마음은 예나 지금이나 변함이 없었다. "벗이 돌아왔는데 세속에 관한 생각을 하랴." 이유수는 만나자마자 울분을 토했다. 서로 한 많은 세월을 보낸 뒤였다. 마재에서 사흘을 머물러도 끝없이 이어지는 사연들……. 다산은 자신 때문에 귀양을 가야 했던 이유수에게 미안한 마음을 갖고 있었다. 여기에 반가움과 답답한 심사까지 뒤섞여 한사코 더 머물기를 바랐다. 그러나 이유수는 더 머물지 못하고 떠났다. 친구를 보내며 다산은 눈물을 훔치지 않았을까. 세상을 잘못 만났다고 한탄만 할 수도 없고 그렇다고 가난과 소외감을 이겨내는 것도 힘들고.

이유수는 신유사옥 때 공서파와 노론 벽파들이 선동하는 소문을 듣고 이를 다산에게 알려 주어 변란에 대비하게 했다. 그리고 이로 인해 다산 형제가 귀양을 가게 되자 다산의 두 아들을 보살피며 눈물을 흘리기도 했다. 이유수는 강 위에서 귀양 가는 다산 형제를 전별餞別하여 공서파와 노론 벽파 들의 미움을 샀다. 그리고 결국 다산, 이가환 등과 가까이 지냈다는 이유로 무산부茂山府로 귀양 가게 된다. 몸이 약했던 이유수는 그곳에서 죽을 고비를 넘기고 1803년에 풀려났다.

이유수는 천재였다. 그의 나이 26세 때인 1783년 봄, 증광 별시를 볼 때 향시鄕試에서 양장兩場, 즉 초장과 종장에 합격하고 정식 과거 시험인 동당시東堂試에 합격했으며, 또 서울에서 보는 회시會試에서 초장,

중장, 종장 삼장三場에 모두 합격하여 백패白牌 두 개와 홍패紅牌 한 개를 받았다. 아직 수염도 제대로 나지 않은 청년이 삼패를 앞세우고 거리를 지나가니 성안의 모든 사람들이 구경하러 몰려들었다고 한다.

천재라고 해서 다 높은 벼슬을 하고 성공하는 것은 아닌 모양이다. 1789년과 1792년 도당록都堂錄(조선 시대, 홍문관에서 교리 이하의 벼슬아치를 임명할 때의 기록)에 이유수의 이름이 모두 누락되었다. 홍문관 전임자들의 추천에는 들었으나 어느 대신에 의해 탈락되어 홍문관 관원으로 선발되지 못했으니 모두들 애석하게 여겼고 임금까지도 선발 과정이 잘못

되지 않았나 의심할 정도였다. 이렇게 10년간 빛을 못 본 이유수는 사헌부와 승정원 사이를 맴돌며 친구들과 술로 세월을 보냈다. 옛날 동료 중 높은 벼슬에 오른 자가 많았으나 그는 한 번도 찾아가는 일이 없었다. 하다못해 존경하던 채제공도 어쩌다 한번 찾아갔기 때문에 그의 친구 채홍원(채제공의 아들)에게 농담 섞인 꾸짖음을 듣기도 했다.

서로를 애석하게 여겼음인지 다산과 이유수는 둘도 없는 친구가 되었다. 자주 만나지는 못했으나 친구를 위해 희생할 줄 아는 사람들이었다.

1821년 여름, 절친한 친구이자 사돈인 윤서유가 죽고 그 슬픔이 다 가시기도 전에 큰형 약현이 세상을 떠났다. 아마 이때 이유수가 문상을 왔던 것 같다. 10일간 머물며 다산을 위로하고 그동안 못다 한 이야기들을 나눴다. 당시 이유수는 건강이 좋지 않아 다산의 집에 머물며 쉬었다 가야 했으나 상을 당해 어수선한 분위기였던지라 더 머무르지 못했다. 다산은 강하게 이유수를 붙들지 못한 것이 나중에 큰 후회로 다가오리라는 사실을 알지 못했다.

이유수는 병을 치료하기 위해 불편한 몸을 이끌고 서울과 면천을 거쳐 영해로 갔다. 그러나 병이 깊어 치료가 불가능하게 되었다. 이유수는 영해의 귀신이 될 수 없다 하여 병을 무릅쓰고 상장喪葬의 채비를 갖추어 조령에 도착했으나 넘지 못하고 죽고 말았다. 이때가 1822년 1월 19일, 그의 나이 65세였다. 다산은 무릎을 치고 후회했으나 그렇다고 죽은 사람이 돌아올 리 없었다.

"이럴 줄 알았으면 더 붙들어 두고 병간호를 해 주는 것이었는데……."

신유사옥 때 이유수와 함께 다산을 도운 친구가 한 사람 더 있다. 바로 무구 윤지눌이다. 윤지눌은 1801년 다산에게 위험이 다가오자 다산이 빨리 서울로 돌아올 수 있도록 편지를 보내 소식을 알렸다. 그리고 인삼 세 뿌리를 달여서 마시게 하여 앞으로 닥칠 불행에 대비하게 했을 뿐 아니라 다산의 두 아들에게도 고기를 끓여 먹이고 잠을 재워 보내기도 했다. "오호라! 말세의 속된 세상에서 몇 사람이나 이러한 일을 할 수 있겠는가."(「무구 윤지눌 묘지명」 중에서) 함부로 죄인을 도왔다가 무슨 화를 입을지 모르는 상황에서 아무런 계산 없이 도움을 주었으니 다산은 이 고마움을 평생 잊지 않았다.

윤지눌은 대쪽처럼 곧은 사람이었다. 일찍 아버지를 여의고 외갓집에서 자라면서 어머니와 외삼촌 신광수申光洙, 신광하申光河의 가르침을 받아 시를 잘 썼다. 그는 다산이 과거에 급제한 다음 해인 1790년 병과에 합격했다. 승정원 주서를 시작으로 병조 좌랑, 사헌부 지평, 상원군수를 지내며 승승장구했으나 정조가 죽고 나자 내리막길을 걷기 시작하여 결국 귀향한 뒤 은둔하고 말았다. 착하고 의로웠으며 한번 결심하면 머뭇거리지 않고 행동으로 옮겨 끓는 물과 활활 타오르는 불이라도 밟을 수 있었다. 이런 성격이었기에 윤지눌은 가난하게 살았다. 윤지눌은 1815년 불과 53세의 나이로 세상을 등졌다. 다산은 대단한 사람이 하찮은 병으로 너무 빨리 죽었다고 안타까워했다.

그대나 나나 내년이면 영감이라 할 것이니
미공眉公의 팔십에 비하면 꼭 절반을 산 셈이군.
골짝 찾아 방랑하는 그 신세도 안됐지만
뭐가 괴로워 단속 받게 새장으로 들어가리.
산골에 비가 내려 밭두둑에 넘칠 때
써레질을 하노라면 끌리는 물소리 찰찰하지.

경안천과 한강이 만나는 팔당호

석류꽃이 터지려면 입술이 두툼해지고

생선구이 반찬이면 이 빠져도 걱정 없어.

일부러 취하려고 진창 되게 마시고서

기고만장 토한 기염 무지개가 될 무렵에,

풍진세상 내려다보고 죽은 고목들 다 치워 버리면

방황하는 물건 없이 다 제자리 잡으련만.

—「새로 소내로 돌아와 윤무구에게 보이다」 중에서(1800년경 작)

술이 타인에게까지 미치누나

벼슬살이를 하기 위해 떠났던 윤영희가 1824년 잠깐 짬을 내어 다산을 찾았다. 이때 다산은 신작, 여동식 등과 함께 뱃놀이를 하고 있었다. 한자리에 모여 서로 만난 것을 하례하며 "현자와 호걸들이 상견례를 하고 나니, 뱃잔의 술이 타인에게까지 미치누나", "인간의 즐거움을 하나하나 세어 보건대, 즐거운 때가 그 얼마나 되겠는가"(「두미斗尾의 배 안에서 지은 시에 차운하다」 중에서)라고 즐거움을 토로한다. 옷차림이 남색이어서 어색하다는 다산의 시를 보면 윤영희는 관복을 입었던 모양이다. 거구에서 나오는 윤영희의 호방한 목소리가 강물을 울렸다.

이후 두 선비가 채화정棻花亭에 마주 앉아 탁주잔을 앞에 놓고 이야기꽃을 피우는 장면을 상상하니 부럽기 그지없다. 마침 시절이 좋아서 단풍이 곱게 물들고 백병산 그림자가 한강물을 적실 때였다. 가끔은 장구 소리, 창 소리도 마재를 울렸을 것이다.

그리고 2년 후, 여름이 가고 서늘한 바람이 불 때 친구 윤영희가 돌아왔다. 벼슬살이를 끝내고 송파 집에 돌아와 친구를 찾았다. 음력으로 9월 23일이니 가을걷이를 끝낸 후였다.

한 번 서로 축하하고 한 번 서로 쳐다보니
하늘이 우릴 위해 특별히 선심 쓴 거로세.
벼논 바람 쌀쌀한데 산길은 멀기만 하고
국화 그림자 거꾸로 비쳐와 물가 정자 썰렁하구나.
친구들 손꼽겠으니 오래 삶이 부끄럽고
살아온 길 돌이켜 보매 험난함이 놀랍네.
오늘 밤엔 스스로 좁아터진 국량 넓혀
그대 홀로 마심을 연민하여 억지로 즐긴다오.

시험 삼아 지금 얼굴로 옛적 얼굴 생각하니
풍만한 데가 푹 꺼지고 좁던 옷이 헐렁해졌네.
양양 기구襄陽耆舊(양양의 덕망 높은 늙은이. 여기서는 특히 후한後漢 때의 방덕
    공龐德公을 이른다.)들의 명성은 완전히 끊어졌고
천보天寶의 영관伶官 자취(천보는 당 현종의 연호. 영관은 악관樂官을 이른 말.
    즉 당 현종 천보 연간의 극성한 풍류를 이른다.)는 이미 쓸쓸하구나.
본디 풍류는 자연을 타고 변화하는 것이라
가령 다잡이를 한대도 독무대는 어려우리.
강 언덕의 낙엽 진 나무 쓸쓸한 속에서
어부, 나무꾼과 얘기 나누며 밤늦도록 즐기노라.

— 「송옹淞翁(윤영희)이 오다」 8수 중 제1수와 제2수(1826년 작)

벼슬살이하느라 얼굴 보기 힘들었던 친구가 이제 이웃 강가에 살게 되었으니 위로의 말을 건네면서도 한편으론 기뻤으리라. 다산은 시를 여덟 수나 지으며 윤영희가 돌아온 기쁨을 표현했다. 이때 다산은 이미 일민의 삶으로 돌아가 관직에 초연했으므로 윤영희의 언사는 거침이 없었을 것이다. 세도가 안동 김씨의 아니꼬운 꼬락서니를 꼬집고 즐겁게 뒹굴며 술 마시고 놀아서인가, 효명세자에게서 빛을 보아 호탕하게 웃고 하얀 밤을 지내서인가 윤영희가 병이 났다. 그래서 6일 만에 송파 집으로 돌아가는 윤영희를 송별하며 다산은 눈물을 흘린다. 그날 밤 다산은 친구를 생각하며 "어찌하면 제일 높은 하늘 위로 날아올라가, 둥실한 보름달 아래 술 마시며 즐기어 보나"(「9월 28일 밤에 다시 앞의 운을 사용하다」 중에서)라고 읊었다.

배움은 끝이 없네

조선 시대 경강 끝자락에 있던 광나루는 두모포 다음으로 아름다운 곳이었다. 광주로 통하는 요지이고 강원도 강릉으로 가는 시발점이었다. "마음이 툭 트이네 드넓은 들판, 눈이 크게 뜨이네 모두 큰 정원. 붉은 누각 저 멀리 어른거리니, 떠들썩한 도회지 소리나는 듯"(「광나루에 당도하여」 중에서)이라고 노래했던 다산도 이곳에 자주 왔었는지 모른다. 아차산이 붉게 물들어 수줍게 강물에 얼굴을 내밀고 낙엽이 거리를 헤매자 홍현주洪顯周(1793~1865)와 홍석주 집안이 이곳으로 이주해 왔다. 나루터 인근이었는지 아차산 자락이었는지는 알 수 없으나 아름다운 곳, 두릉과 가까운 아름다운 곳을 찾아 옮겨 온 것만은 분명했다.

한참 윤영희와 인삼을 동봉한 시문들을 주고받을 즈음 다산과 홍현주 형제와의 사귐이 시작됐다. 이는 그들이 광나루로 이주하기 전의 일이었다. 아마 큰아들 학연을 통해 알게 되었는지 모른다.

1827년 11월, 다산은 홍석주와 경학 논쟁을 벌인다. 연천 홍석주는 다산의 경학 연구가 해박하고 투철하지만 위고문에 대한 비판이 지나치다고 충고하고 오랫동안 전수된 가르침에 해가 될 우려가 있음을 지적한다. 다산 또한 홍석주의 저서인 『상서보전』尚書補傳을 읽고 주제의 선택이 적절하고 의리를 엄격히 지킨 저술이라고 평했으나 당대 유행하는 한학 학풍을 걱정하며 위고문의 배척에 온건한 홍석주의 태도에 불만을 표시하기도 한다. 이 경학 논쟁은 다산이 『상서보전』과 염약거閻若璩의 『고문상서소증』古文尚書疏證을 접하고 저서를 수정하는 데 많은 도움을 준다.

정자程子의 가르침에 "남과 논변하는 자는 이치가 뛰어나면 일이 분명해지고, 성질을 부리면 일을 그르친다"고 하였으니 참으로 맞는 말입니다. 모든 일이 다 그렇지만 경經을 담론하는 사람은 더욱 그러합니다.

착안著眼은 모름지기 분명히 하되 마음가짐은 평정平靜하지 않으면 안 되고, 입론立論은 확실히 하되 말을 할 때는 완곡婉曲하지 않으면 안 됩니다. 주자朱子도 이미 그것이 가짜임을 의심하였지만 그래도 감히 단정적으로 하지 않았으니, 너무 너그러워서 그렇게 한 것이겠습니까? (⋯)

그 의심스러운 것은 의심하여 후세 사람들로 하여금 택할 것을 알게 하면 족할 것입니다. 구구절절 그 흠을 찾고, 말마다 그것이 거짓이라고 미리 의심하여, 온몸에 한군데라도 온전한 곳이 없게 한 이후에 그만두게 한다면 적이 그것은 후학後學에게 가르침이 되는 것이 아니라고 생각됩니다. 고인이 말하기를 "천하의 보물은 마땅히 천하 사람을 위하여 아껴야 한다"고 하였습니다. (…) 건방지다는 꾸중을 달게 받겠습니다.

　　　　　　　　　－「다산의 『매씨상서평』에 대한 홍석주의 첩」 중에서

이 글은 홍석주가 『매씨상서평』에 대해 첩籤을 쓰면서 그 글의 말미에 쓴 것이다. 다산의 단점이 잘 나타나 있다. 다산의 욱하는 성질과 꼬투리를 잡고 늘어지는 성격이 보이는 듯하다. 홍석주는 다산 글에서 여러 곳의 잘못된 부분을 지적하고 자신의 의견을 개진하였다. 홍석주가 지적한 다산의 약점에 대해 다산 스스로도 부끄러워했다. 덧붙여 다산은 "북쪽으로 돌아온 후 서적이 조금 많아졌으나 주평만朱泙漫(용을 잡는 기술을 가진 사람)과 같은 재주는 쓸 곳이 없었습니다. 마침내 상자 속에 던져두고 다시는 이치를 연구하지 않아 황폐해짐이 이와 같게 되었습니다"라고 말하며 해배 후 많은 저서를 가지고 북쪽으로 왔으나 아무도 찾아 주지 않으니 아예 덮어 두고 수정이나 저술 활동을 게을리하였음을 고백하고 있다.

　다산은 홍현주와 서른한 살 차이가 나고 홍석주와는 열두 살 차이가 났다. 70세가 가까운 나이에도 마음을 비우고 어린 사람들에게 배우는, 배움의 열정에 끝이 없는 다산이 존경스럽다.

　가을이 깊어 가니 더욱 쓸쓸했을까. 몸이 마음을 따라 주지 못하니 생각뿐이라. 책을 펼쳐도 글이 눈에 들어오지 않았고 깊어 가는 가을,

그 깊이만큼 마재도 아름다웠다. 손꼽아 기다리던 시 모임에 참석하고
자 1831년 10월 16일 해거도위海居都尉(해거는 홍현주의 호. 정조의 딸 숙선옹주
와 결혼해서 영명위永明尉에 봉해졌다.) 홍현주가 왔다. 이때 이만용, 홍우길,
홍성모 등도 함께 왔다. 큰아들 정학연과 작은아들 학유, 큰손자 정대
림까지 산방에 모이니 모처럼 다산이 기거하던 산방이 왁자지껄했다.
술안주와 골동갱이 나오고 술이 거나하게 취하자 밤이 깊어 가는 소리
도 들리지 않았다. 그러나 다산은 다음 날 수종사로 유람 가는 일행들
과 함께하지 못한다는 것을 생각하고 갑자기 슬퍼졌다. 다산은 다음

외심 윤영희, 그리고 벗들   그대 따라 배 안에 집 지어 살고 싶네

날 일행들을 수종사로 떠나보내고 밤이 되어 빈 천장을 쳐다보며 우두
커니 누워 있다 시를 짓는다.

수종산은 그 옛날 나의 정원으로 삼아
생각만 나면 훌쩍 가서 절 문에 당도했지.
지금은 보니 문득 빼어난 죽순과도 같이
하늘 높이 우뚝 서 있어 아득하여 잡기 어렵네.
검버섯 피고 등 굽어도 어린애 마음이라
단번에 비로봉의 정상을 오를 것만 같은데,
열약劣弱하대서 아이들의 제재를 몹시 받으니
효도가 효도 아니라 증삼이 생각나네그려.

<small>—「밤에 누워서 무료하기에 장난삼아 절구 10수를 지어 답답한 마음을 토로하다」 중에서(1831년 작)</small>

언제부터 두릉시사杜陵詩社가 시작되었는지는 정확히 알 수 없으
나 다산이 해배되어 마재로 온 이후 시사가 활성화된 것을 보면 그즈
음이 아니었나 생각된다. 처음에는 소규모였으나 갈수록 규모가 커졌
고 다산이 참석하지 못하게 되자 큰아들 학연이 두릉시사를 이끌어 갔
다. 이때도 홍현주, 윤정진, 홍희인·홍성모 부자, 신위, 박영보, 박종
림·박종유 형제, 정학연, 이만용, 이재의, 김매순, 구행원, 초의 등이
참가했다. 이들은 주로 두릉과 홍현주의 집, 수종사와 청량산방 등에
서 시 모임을 가졌다. 다산은 요즘 들어 거동이 불편해서 함께하지 못
함을, 수종사에서 글을 읽던 때가 엊그제 같은데 가지 못함을 한탄했
다. 더구나 아들들과 손자 대림에게 거친 산을 오르기에는 너무 힘드실
테니 집에 계시는 편이 좋겠다는 제재를 받은 것이 더 서운하기도 했다.

홍현주 일행은 수종사에서 하룻밤을 묵고 다음 날 황혼 무렵 힘찬 시문을 가득 안고 마재로 돌아왔다. 다산은 많은 시들을 접하고 매우 흐뭇해했다. 그래서 밤에 잔치를 열자, 안주가 푸짐하지 않아도 산나물에 막걸리 가득하니 돌아가는 길 막아라, 어서 징검다리 끊어 버려라, 라고 외치며 두릉시사가 열리는 것을 기뻐했다. 그러면서도 의원의 약 처방을 등잔불에 비추어 본다고, 노쇠한 몸은 어쩔 수 없음을 탄식하고 있다. 그즈음 다산과 경학 논쟁을 벌였던 홍석주는 연경 사신 길에 있었다. 그래서 다산과 홍현주는 홍석주 이야기로 꽃을 피웠다. 그렇게 즐거운 두릉시사 모임은 빠르게 끝이 나고 다시 적막이 찾아왔다. 그리고 긴 겨울이 지나갔다. 홍현주는 1827년 이후 거의 매년 두릉을 찾았다.

남자주藍子洲엔 물 돌아 흐르는 곳 있어
농어가 이 굴 속에서 사는데,
사시어四鰓魚(농어의 별칭. 아가미 뼈가 네개라는 의미)란 그 이름 틀리지
　　　않거니와
고기 한 점의 맛도 어떠하던고.
온수溫水(당나라 한유가 온수에 낚시하러 가서 큰 고기를 한 마리도 잡지 못했다는
　　　고사가 있다.)엔 헛걸음한 것이 시름겹고
송강淞江(농어가 나는 곳으로 유명한 중국의 강)엔 옛날 고기잡이 생각나네.
그러나 황종黃鐘이 질장군만 못하게 여겨
자주자주 복어 고기만 먹네그려.
　—「해거도위를 위하여 어부에게 당부해서 농어를 잡아 오도록 했는데 겨우 한 마리를 얻다」(1830
년 작)

외심 윤영희, 그리고 벗들　그대 따라 배 안에 집 지어 살고 싶네

어째서 마魔가 끼었다고 말하는 건가

다산이 어렸을 때부터 다녔던 수종사는 가파른 운길산 기슭에 한 강을 바라보고 있어 절경이었다. 이 절은 다산이 살던 마재에서 멀지 않은 곳에 있었다. 이렇게 아름답다 보니 많은 화젯거리를 낳기도 했다.

초의의 움직임이 장안의 화제가 되어 쟁쟁한 문사들 사이에 초의 붐이 일고 있던 때였다. 동지가 지난 어느 날 두릉시사에 온 초의를 위해 먼저 모인 사람들끼리 수종사를 유람하기로 했다. 두릉을 나서자마자 누군가가 "호사다마好事多魔로구만!" 했을 정도로 하늘이 깜깜해지며 눈보라가 치고 소용돌이가 일었다. 강변을 따라 북쪽으로 난 길을 가는데 허공에 회오리바람이 일고 거기다 우레까지 울리니 움츠러들지 않은 사람이 없었다.

"여보게들! 절름발이 노새를 타고 스님네를 따라 높은 산꼭대기의 좋은 가람에 올라가는데, 바람도 안 불고 눈보라도 안 친다면 너무 적막한 광경일 걸세. 오늘이야말로 가장 득의로운데, 어째서 마魔가 끼었다고 말하는 건가?"

다산의 장남 학연이 말하자 다들 맞장구를 치며 나아갔다.

"제공들 후회하지 않으십니까?"

초의가 묻자 다산의 둘째 아들 학유가 비꼬며 한마디 거든다.

"선화자禪和子가 사람 속이길 좋아하는구려. 마음속은 온통 걱정과 번뇌로 가득 차 있으면서, 겉으로는 한가로운 얘기나 하며 거만을 떨다니 말이오."

학유의 말에 초의는 선문답으로 대답하며 앞으로 나아간다. 강변을 지나 산기슭에 이르자 허공에 우레가 꽝꽝 내리쳐서 하늘이 놀라고

땅이 갈라질 것만 같은 기세다. 모두들 놀라 서로를 붙든다. 대단했던 모양이다.

"붙들고 있는 것도 도움이 되겠지만, 전진하여 들판에서 죽기를 면하는 것보다는 못하겠습니다."

초의의 말이다. 깨우친 자의 말답다. 이렇게 해서 일행은 수종사에 올랐다. 절집 문에 이르자 눈은 한 자나 깊이 쌓였으나 구름 걷힌 하늘에는 달이 높이 떠 있다. 눈 덮인 수종사와 한강, 거기에 달까지 떴으니 무슨 말이 필요할까. 시가 저절로 읊어진다.

이렇게 해서 눈보라 속 수종사 유람은 끝나고, 이 유람은 당시 서울 사대부들 사이에 여러 가지 이야기를 낳으며 새로운 전설을 만들었다. 이는 신헌申櫶(1811~1884)이 지은 「수종시유」水鐘詩遊에 들어 있는 내용이다. 눈이 한 자씩이나 쌓인 수종사, 상상만으로도 아름답다.

다산은 어디에서 글을 읽었고, 초의는 어디에 기거했을까. 추사와 홍현주는 얼마나 자주 와서 술을 마시고 시를 지었을까. 다산은 수종사를 좋아해서 강진에 유배된 그해 소내를 그리워하며 그 풍광을 그려 방에 걸어 두고 시를 적었다. "하늘가 높다란 곳에 절간이 보이는데, 수종산 산세와 더욱 잘 어울리네. 소나무 그늘진 곳에 내 정자 있고, 배꽃이 뜰에 가득한 곳 바로 내 집이라네." 이렇듯 다산은 수종사를 좋아했다. 홍현주를 만났을 때쯤에는 나이가 들어 이 수종사에도 오르지 못했으니 얼마나 안타까웠을까.

그대 따라 나란히 감을 어찌 배울꼬

다산 가족은 1827년부터 곤궁한 생활에서 벗어났다. 그동안 마재 건너편 백아곡에서 인삼이 수확되어 수입이 늘어났기 때문이었다. 온 가족이 매달려 인삼밭을 일구고 오엽정五葉亭이라는 정자를 짓고 도둑을 지키며 힘을 기울인 덕분이었다. 다산은 윤영희에게도 이를 자랑하면서 고쳐지지 않은 자신의 병통에 대한 이야기를 덧붙인다. 심부름하는 하인이 투덜거릴 정도로 많은 시와 인삼이 오고 가지 않았을까.

지난해에 서산에서 와력瓦礫(기와나 조약돌)을 주워다가
인삼밭에 9척 높이의 계단을 만들고,
바위를 캐다가 가지런히 다듬은 다음
모두 규격에 따라 모서리를 끊어 내었네.
일을 하는 데는 평소에 거침을 싫어하고
좁은 성질은 본디 똑바름을 좋아하기에,
예둔銳鈍과 구고현勾股弦(직각 삼각형의 세 변)을 더듬어 연구하여
지평과 수평을 이것으로 헤아리는데,
어긋나지 않게 하려고 납작 돌 갖다 받치고
습기를 제하려고 자갈을 따로 채워 넣노니,
물 건너의 공사 감독 피로하기도 해라
왕래하는 작은 배는 베 짜는 북과 같네그려.
(⋯)
복사꽃나무 삼백 그루를 심게 하여
더불어 구지仇池(중국 감숙성의 절경으로 유명한 산)의 한 동천을 만들고,

불러도 안 일어나고 대낮까지 달게 잔다면
시간 맞춰 등청하는 고관보다 나으리.

— 「오랜 비가 곡식을 상하게 하므로, 동파의 구한삼우의 시 3수를 차운하여 송옹(윤영희)에게 받들
어 보이다」 중에서(1828년 작)

다산은 윤영희에게 새로 조성하고 있는 인삼밭 감독에 대한 이야
기를 하면서 자신의 깐깐하고 치밀한 성격을 푸념조로 읊었다. 그리고
배 타고 건너편 백아곡을 다니는 것이 마치 베 짜는 북과 같이 자주 하
여서 피곤하다고도 했다. 인삼밭 농사도 날씨 때문에 순조롭지 않기에
만약 복숭아나무 삼백 그루를 심어 과수원을 만든다면 늦잠 자는 게으
름을 피워 조정의 고관이 부럽지 않을 것이라며 스스로를 위로하고 있
다. 다산은 인편에 인삼 몇 뿌리도 함께 보냈을 것이다. 여기에 윤영희
가 답서를 보냈다. 답서의 내용 중 "밝은 태양 나오길 다시 생각 말라"
는 구절이 자못 의미심장하다. 끝내 출사의 꿈을 버리지 못하는 친구
의 고뇌를 잊게 하기 위한 배려가 아니겠는가. 어쨌든 다산은 다시 시
를 지어 보냈고, 윤영희 또한 병중에 극심한 더위를 만나 그 더위를 피
하기 위해 친구에게 시를 지어 보냈다.

1828년 두 사람 사이에 오고 간 시는 8편 56수다. 이 중 14수가 윤
영희의 시다. "촌 늙은이 수시로 약간씩 취하노니, 못생긴 단지에 맛없
는 막걸리로세"라고 쓴 걸 보면 윤영희는 술로 세월을 보내고 있었던 것
같다. 날카로운 그의 눈에 보이는 건 모순으로 똘똘 뭉친 세상이었을 테
니 술마저 없으면 사는 것 같지 않았으리라. 거기다 늙어 감을 잊고 죽
음의 공포에서 벗어나는 길은 술을 벗하는 것밖에 없었다. "한가한 사람
술 다하면 시름이 생기는지라, 종일토록 무료히 포단에 기대 앉았노라

니, 주렴 위에 왕래하는 건 오직 제비이고, 나무 그늘에 모여 앉은 건 다 병아리로세."(윤영희, 「열수(정약용)가 단오일에 부친 시에 차운하다」 중에서) 술이 있으니 문만 열면 부르지 않아도 새롭게 산이 다가오고 공연스레 말로만 허무라 하며 다시 허무를 팔아 술을 들이켰다.

급진하는 한 질병으로 저승길을 헤매다가
그대 시를 얻고부터 옛 모양을 되찾았네.
연우煙雨 속의 문은 서쪽으로 꺾인 물을 임했는데
운하雲霞 속에 앉아 북쪽에서 온 산을 포옹하네.
곤궁함을 견디매 심신의 동요를 면하였고
오래 누웠으니 팔다리가 뻣뻣해지도다.
눈에 가득한 좋은 경치에 즐거움 누리거늘
어느 곳으로 좇아 따로 한가함을 찾으리오.

— 윤영희, 「열수가 단오일에 부친 시에 차운하다」 중에서

이미 이때 윤영희는 병고에 시달리고 있었다. 오래 병석에 누워 있으면서 술로 세월을 보냈으니 살 날이 얼마 남지 않았던 것 같다. "늦게 먹는 밥은 육식만큼 맛있고, 새벽에 마신 술은 얼음사탕과 맞먹어라. 어찌하면 두세 이랑 토지를 얻어, 그대 따라 나란히 밭 갊을 배울꼬"(윤영희, 「또 전가하사田家夏詞 6수에 차운하다」 중에서)라는 시를 통해 술을 매개 삼아 다산을 기리고 있다. 이미 그는 알코올 중독으로 몸의 기력이 다했던 게 아닐까. 그렇게 술이 그의 손가락 힘도 가져갔던 것인지, 다산이 30여 수의 시를 지어 보냈으나 답이 없다. 몸은 버리고 머리로 답을 써서 중얼거렸을까. 다산 또한 휘장도 걷지 못할 정도로, 오복(치

아를 뜻함)을 쓰지 못할 정도로 쇠했다고 한탄했다. 그런데 송파에서 벼락 소리가 들렸다.

윤영희가 죽었다. 소식을 접한 다산의 심정은 어땠을까. 가슴이 쿵 내려앉으며 비통했을 텐데 이에 대한 아무런 기록도 보이지 않는다. 여기저기를 뒤져 봐도 만사輓詞조차 남기지 않았다. 왜일까? 왜 아무런 언급이 없을까? 6월까지 시를 수고받았으니 아마 윤영희는 그 이후에 죽었을 것이다. 이때 윤영희는 68세, 다산은 67세였다. "한 번 서로 축하하고 한 번 서로 쳐다보니, 하늘이 우리를 위해 특별히 선심 쓴 거로세"라고 노래한 사람이 아무 말도 남기지 않았다니. "친구들 손꼽겠으니 오래 삶이 부끄럽고, 살아온 길 돌이켜 보매 험난함이 놀랍네." 기적처럼 살아온 두 사람이 한 사람을 잃고 침묵했을까, 향후 살아갈 8년 동안 품에 안고 가려 했을까.

살면서 변하지 않는 우정에 관한 글만큼 가슴을 파고드는 것이 있을까. 특히 벼랑에서 떨어져 본 사람, 그 사람들은 참된 우정의 맛을 알리라.

여기서 어떻게 누에를 길렀을까

　마재에서 누에를 길렀다는 것은 쉽게 상상이 간다. 마재 집 뒤 야산이나 앞 모래밭에서 뽕나무를 기르면 누에치기가 가능하기 때문이다. 또 뽕나무는 생명력과 번식력이 강해서 어디에서나 잘 자란다. 그래서 예부터 뽕나무는 약재와 식품으로 버릴 것이 하나도 없다고 전해 온다. 나는 가끔 다산 부부가 평탄치 않은 삶을 살았으면서도 장수할 수 있었던 이유가 뽕나무를 길렀기 때문이 아닐까 하고 생각한다. 뽕나무의 잎과 열매 등에는 노화와 고혈압 억제 물질을 비롯해서 혈당 저하 물질 등 장수에 필요한 영양소가 다른 어느 식품보다 듬뿍 들어 있고 불포화지방산 함량이 높아 식품으로도 활용 가치가 높기 때문이다.

　그런데 다산이 서울에서 살 때 쌍샘이 있는 창동이나 회현방에서 어떻게 누에를 길렀을지는 상상이 가지 않는다. 누에를 기르려면 상당한 규모의 뽕나무밭과 잠사가 있어야 한다. 남산 아래에 별도로 뽕나무밭을 조성했을까? 그렇다면 모를까 아무리 생각해도 다산이 살던 체천정사様泉精舍와 누산정사樓山精舍에 뽕나무밭은 어울리지 않는다.

성균관 학생 시절 과거 공부를 할 때 다산의 집은 매우 가난했다. 이때 창동 인근에서 살았다. 얼마나 생활이 어려웠던지 굶주리다 못한 계집종이 옆집 밭에 열린 호박을 훔쳐다가 죽을 쑤었고 이것을 안 부인이 펄펄 뛰며 종아리를 때렸다고 한다. 성균관에 있다 며칠 만에 집으로 돌아온 다산이 이 광경을 목격하고 부인을 말렸다.

> 궂은비 열흘 만에 여기저기 길 끊기고
> 성안에도 시골에도 밥 짓는 연기 사라졌네.
> 태학에서 글 읽다 집에 돌아와 보니
> 문 안이 시끌시끌 야단법석.
> 들어 보니 항아리가 텅 빈 지 이미 여러 날 되어
> 호박으로 죽 쑤어 먹고 지냈는데,
> 어린 호박 다 땄으니 이 일을 어찌할꼬
> 늦게 핀 꽃 지지 않아 열매 아직 안 맺었네.
> 이웃집 밭 호박은 크기가 장군만 한데
> 나이 어린 여종이 몰래 가서 훔쳐 왔구나.
> 주인에게 충성하려다 도리어 맞는 야단
> 누가 너에게 훔치랬냐 회초리 꾸중 호되네.
> 어허 죄없는 아이 꾸짖지 마소
> 이 호박 나 먹을 테니 더 이상 말을 마소.
> 밭 주인에게 떳떳이 사실대로 얘기하소

오릉중자於陵仲子(전국시대 제齊나라의 진중자陳仲子) 작은 청렴 내 아니 달갑다네.

나도 장차 때 만나면 청운에 오르겠지만

그게 되지 않으면 금광 찾아 나서야지.

만 권 서적 읽었다고 아내 어찌 배부르랴

밭 두 뙈기만 있어도 계집종 죄 안 지었으리.

　　　　　　　　　　　　　　　　　－「남과탄」南瓜歎(1784년 작)

　　이런 어려움을 부인 홍씨는 어떻게 이겨냈을까. 본가나 친정집 신세를 지기도 하고 누에를 치기도 하면서 묵묵히 다산의 뒷바라지를 했다. 빨리 과거에 합격하여 출세하기를 바라면서. 고귀한 집안의 딸로서, 사대부가에서 누에치기를 한다는 것은 쉬운 일이 아니었다. 그런데 다산은 사대부가 사람들이 놀고먹는 것을 터부시했으니 어쩌면 두 사람은 천생연분이었을지도 모른다.

　　부인 홍씨의 부친(홍화보)은 무과 출신으로 병마절도사를 지냈다. 그는 장수로서 뛰어난 지략과 용맹을 갖추었고, 병법에 밝았으며 승지를 지낼 정도로 문한文翰에도 뛰어난 사람이었다. 대대로 고관대작을 배출한 서울의 명문으로 서울 회현방에 집이 있었다. 다산도 한때는 처갓집 근처에서 살았다.

　　부인 홍씨는 이런 집안에서 외딸로 태어났다. 무인 집안이었으니 몸집이 작은 다산보다 키와 생김생김이 크지 않았을까. 인물이 뛰어난 데다 성격도 똑 부러지고 대쪽 같아 절도가 있었을 것이다. 또한 집안 형편도 다산 쪽보다는 낮지 않았을까. 이런 집안 외딸이 어려울 때 가끔 친정집에 손을 내미는 것이야 그럴 수 있다손 치더라도 직접 누에

치기를 하며 생활을 꾸려간 것을 보면 홍씨는 적극적이고 부지런한 성격이었던 것 같다. "아내는 누에치기를 좋아한다. 비록 서울에 있어도 해마다 견사繭絲를 수확하였다", "삼베 농사 반 년을 해도 갈고 거두기 힘들고, 목화 농사 일 년 내내 가뭄 장마 걱정인데, 무엇보다 누에치기 효과 가장 빠르니, 한 달이면 광주리에 고치가 가득하네"(「원진사蚖珍詞 일곱 수를 지어 아내에게 주다」 중에서)라고 노래한 다산은 부인을 아끼고 자랑스러워했을 것이다.

제발 술을 끊으십시오

고향에서 처자와 살 만도 한데
서울에서 또다시 지루한 생활.
문장은 세속 안목과 맞지 않고
꽃과 버들은 나그네 시름 자아낸다.
먼지 막는 부채를 여러 번 들고
산골로 가는 배를 노상 그리네.
사마상여 그 또한 천박한 사람
제주題柱한 일(사미상여가 기둥에 금의환향의 각오를 적은 고사) 무엇을 구하
    렸던고.

이때 성균관 시험에 세 번째 낙방하고 회현방에 머물러 있었다.
—「지루한 객지 생활」(1781년 작)

시험에 계속 낙방하자 다산은 부귀영화를 얻고자 함이 다 부질없는데 나는 왜 이런 일로 허송세월을 보내고 있는가 하고 푸념했다. 하지만 그렇다고 다른 돌파구가 있는 것도 아니었으니 세속의 안목에 맞춰 계속 노력하는 수밖에. 이를 지켜본 부인이 다산에게 힘내라는 말을 건네자 다산은 "약한 아내에게 도리어 위안 받네"라며 한숨지었다. 이런 세월은 1776년에 결혼한 뒤 1789년 과거에 급제하고도 벼슬살이 초년까지 계속되었다. 18여 년이다. 1794년에 다산은 "천 리 밖에서 양식을 보내 주었고, 초가삼간 더부살이 소릉少陵의 서쪽에서 하노라", "결혼 생활 18년이 하루같이 흘러가 버려, 과거에 급제하여 홍지에 이름 오른 것 후회스럽네"(「윤 좌랑에게 부치다」 중에서)라는 글을 지어 처갓집에서 도움을 받을 뿐 아니라 의식주를 연약한 부인에게 의지해야 했던 자신의 괴로움을 표현하고 있다.

친구와 술을 좋아했던 다산은 버는 돈보다 쓰는 돈이 더 많았다. 벼슬살이하며 명례방에 살 때는 비나 눈이 오는 날이 아니면 손님이 끊이질 않았다. 나중에는 다산이 주도해서 죽란시사 모임까지 집에서 열었다. 채제공은 이 모임에 대한 이야기를 듣고 "아름답도다, 이 모임이여! 내가 젊을 적에 어찌 이러함이 있었으리오"라고 말했으나 정작 다산 부인은 "아, 너무 힘들구나! 남편이여, 언제나 끝날 것인가 이런 생활이"라고 한탄하지 않았을까. 한두 사람이 아니라 많게는 열다섯 명의 친구들이(친구들뿐이었겠는가!) 드나들었으니 그 뒷바라지가 보통일이 아니었을 것이다. 더구나 대부분의 친구들은 남인 시파들로서 가난하고 강직한 사람들, 집권당의 견제를 받으며 질곡의 삶을 산 사람들이었다.

내조를 열심히 했으나 부인 홍씨가 힘들어했던 것만은 분명하다.

다산 생가의 대문

1795년 가을에는 드디어 부인이 술을 끊으라고 채근하기 시작했다. 참다 못해서 튀어나온 말이리라.

"제발 술 좀 끊으세요! 술이 돈을 만듭니까? 벼슬이 올라갑니까?"

"술 없는 세상! 생각만으로도 끔찍하오! 이 답답함을 무엇으로 풀겠소?"

두 사람은 얼마 동안 언쟁을 벌였을까? 언쟁 끝이었을까, 다산은 "술을 끊으라는 아내의 요구에 술을 더 마시고"라며 객기를 부렸다. 다산은 술을 자주 마셔도 실수를 하거나 흐트러지지는 않았던 것 같다. 아마 경제적인 이유 때문에 술을 끊으라고 채근했을 것이다.

어쨌든 부인 홍씨는 서울에 사는 내내 그 많은 손님을 치르며 다산을 뒷바라지했다. 세월이 수상해지자 마재로 내려와서 불안에 떨다가 결국 구속된 남편을 뒷바라지하기 위해 이리저리 뛰어다니며 울부짖었을 것이다. 다산을 죽이려 들었던 사촌 오빠에게도 매달렸을 테고. 실제로 다산이 유배를 떠난 해에 홍씨는 거의 울음으로 세월을 보냈다고 한다. 슬프기보다는 억울해서였다. 이런 날벼락이 없었다. 열심히 올곧게 살았을 뿐인데 군주 한 사람이 바뀌었다고 온 집안이 풍비박산 나다니. 부인은 억울해서 울음을 그칠 수가 없었다. 물론 울고만 있을 수 없는 형편이라 누에 치고 마늘을 뽑으면서 가난과 함께 울었을 것이다.

그러니 다산인들 이런 부인이 그립지 않았겠는가. 다산은 유배지에서 아내에게 시를 써 보내기도 했다. 이를 받아 본 부인 홍씨의 심정이 어땠을까. 더 열심히 누에치기를 하는 수밖에. "안 하는 일이 없어, 올봄에도 누에를 친다고 하네. 뽕 따는 일은 어린 딸 시키고, 잠박蠶箔 치는 일은 아들에게 맡겼다지."(「누에 치는 아내」 중에서) 아들과 어린 딸아이까지 가세해 부지런히 노동을 해야 하니, 부인 홍씨는 더이상 흘릴 눈물도 없이 말랐을 것이다.

다산이 해배되어 고향에 돌아왔을 때도 부인은 누에를 치고 있었다. "누에 친 후 뽕나무 가지 앙상하더니, 여린 뽕잎 새로 돋아 예쁘게 자라나네. 이번에는 힘 다해도 세금으로 바쳐야 하니, 가을 누에 쳐서 한 해를 살아 봐야지."(「여름날 전원의 여러 가지 흥취를 가지고 범양范楊 이가二家의 시체詩體를 모방하여 24수를 짓다」 중에서)

한숨소리에 밤잠을 설치고

요즈음은 부인 홍씨가 더 답답하다. 해배되어 돌아온 지 얼마 지나지 않았을 때는 집을 찾는 손님들을 맞이하고, 여기저기 인사를 다니고, 편지를 주고받고, 큰형님과 선영에도 다녀오고, 이런저런 집안일을 챙기며 바쁘게 지내는 남편 덕분에 오랜만에 집안에 활기가 넘쳤다. 집안이 조용할 때는 강진에서처럼 짓다 만 글을 써서 완간하고, 침묵 속에서도 기대감으로 충만해서 오가는 발자국에 힘이 있었다.

그런데 지금 홍씨는 혹독한 겨울을 보내고 있었다. 갑자기 늘어난 손님들과 그 경비 때문에 봄이 오기도 전에 식량이 떨어져 굶주림에 시달리기 시작했다. 내색하지 않으려 해도 어린 손자들까지 굶주리게 되니 쉬쉬한들 한계가 있었다. 하지만 다산이 안다 한들 뾰족한 수가 있었을까. 이런 때 부인 홍씨의 눈에 불이 나는 일이 벌어졌다. 이른 봄이었다.

물론 홍씨도 아들들에게 들어 이미 홍임 모녀에 대해 알고 있었다. 그래서 다산에게 자신을 잊지 말라고 시집올 때 가지고 온 붉은 치마도 보내지 않았던가. 홍씨는 어려운 때 가난을 이겨내려고 안간힘을 다 쓰고 있었다. 그런데 이는 아랑곳하지 않고 달려드는 딸 홍임을 안고 기뻐하는 다산의 표정을 보니 눈에 불이 일었다. 자식들을 끔찍이 위하는 다산을 이해 못 하는 바는 아니었으나 눈앞에 벌어진 광경을 보고 머리끝까지 화가 치솟는 것은 어쩔 수 없었다. 이 순간에서 빨리 벗어나기 위해 홍씨는 집이 좁아 거처할 곳이 없다는 핑계를 대고 홍임 모녀를 며느리와 시어머니만 살고 있는 약전 형님네로 보내지 않았을까.

살림살이는 어렵고 조정에서는 아무런 소식도 오지 않는데 반갑지 않은 이들까지 들어앉아 살 계획을 하고 쳐들어왔으니 심사가 대단히 뒤틀렸으리라. 이는 약전 형님네도 마찬가지였다. 부인네들은 모여서 홍임 모녀를 내칠 궁리를 하기 시작했다. 그리고 약전의 부인이 나서서 홍임 모와 다산을 설득하지 않았을까.

"모두가 시아재 영감이 조정에 나아가기만 손꼽아 기대하고 있는데 누가 되는 일이 있어야 되겠소? 더구나 사방에서 반대파들이 눈을 번뜩이고 있어요. 홍임 모가 잘 판단해 봐요."

설득도 하고 어르기도 하면서 분위기를 만들어 갔다. 봄이 되어 다산과 큰형이 춘천에 다녀오는 동안 양근楊根의 박생朴生 편에 따라 붙여 홍임 모녀를 강진으로 내쫓았다. 다산은 춘천을 다녀온 후 불같이 화를 냈으나 어쩔 수 없었으리라. 좀 더 확실히 못 박아 두지 못했음을, 자신의 나약함을 한탄했을 것이고 형수님들이 관여한 일이라 크게 뭐라 할 수도 없었을 것이다. 다산은 화를 삭이기 위해 집 뒤에 있는 유산酉山에 올라 어둑어둑해진 뒤에야 돌아오곤 했다. 부인은 슬슬 눈치

윗배알미동. 아래에 인삼밭이 있었던 것으로 추정

를 보며 더 열심히 누에를 기르고 마늘밭을 손보며 다산의 한숨을 하늘에 묻게 만들었다. 홍임 모녀에 대한 문제는 시간이 흐르면서 잊혀 갔다. 그러나 문암장에 있는 농장을 경영하고 누에치기와 원포를 경영해도 다산 가족들은 쉽게 가난에서 벗어나지 못했다.

　　다산의 집안은 대가족이었다. 큰아들과 작은아들 그리고 결혼한 손자 가족 등 직계가족만 해도 그 수가 꽤 많았던 데다 큰형님 댁, 아우 회, 돌아가신 작은형네 가족, 조카, 숙부 등 두릉에 거주하는 방계가족까지 합하면 다산이 보살펴야 할 가족의 수는 엄청났다.

부인 홍씨 살아 이별 죽어 이별

그래서 다산은 가난에서 벗어나기 위해 부지런히 움직였다. 집 주변에 뽕나무를 더 심고 원포를 늘려 갔다. 그것으로도 어렵자 강 건너편 백아곡에다가 인삼밭을 일구었다. 그 결과 1827년, 해배된 지 9년째 되는 해부터 점진적으로 가난에서 벗어나기 시작했다.

삿갓만 한 정자에 '오엽'五葉이란 편액을 했으니

백아곡 어귀 산 옆구리 자리라네.

세 가장귀 다섯 잎새는 본디 신선의 약초라

반드시 천 겹 만 겹의 깊은 산속에 나는 것이지.

현도玄菟와 발해渤海에서는 상등 물화에 충당되고

우예虞芮와 자성慈城에선 이것이 보배 상자이기에,

범의 굴까지 깊이 더듬어 한 뿌리를 얻자고

지금도 되놈들이 마냥 캐러 다닌다오.

(…)

1년 된 삼 뿌리는 잎이 겨우 나오고

3년 된 싹에선 비로소 꽃이 피는데,

규벽圭璧처럼 보배롭게 어린애처럼 보호하니

뜨거운 볕 사나운 비 모두 금물이로세.

근래에는 끼니때마다 고깃국이 올라오고

여름엔 삼베 모시옷에 가을엔 겹옷도 있는데,

꺼림칙한 고기가 바로 이것이 아니랴만

오히려 수저를 대어 탐내어 먹는다오.

이 정자 원래는 수초루守草樓였는데

밤이면 딱따기 울려 도둑을 막았다오.

이름난 선비가 힘차고 아름다운 글씨로 편액을 꾸며 주니
곤궁한 이를 불쌍히 여긴 아름다운 뜻 감사하노라.

ー「오엽정 노래」(1827년 작)

　해배되어 돌아온 지 9년 만에 허리를 펴고 살게 되었다. 기본적인
삶이, 즉 의식주가 충족되지 않을 때 인간은 얼마나 구차해지는가. 출
사하지 못해 미안한 마음이 한구석에 똬리를 틀고 있었는데 이렇듯 여
유가 생기니 아마 다산이 제일 기뻐했으리라. "근년엔 생활의 큰 계책

부인 홍씨 　살아 이별 죽어 이별

이 인삼 심는 데 있어, 금전과의 만남에 연줄이 늘 닿나니, 어찌 조석의 급한 걱정만 해소할 뿐이리오, 자자손손 세업으로 전해도 무방하리라."(「앞의 운자〔「오엽정의 노래」〕를 재차 차운하다」 중에서) 이것저것 모색하다가 가장 수익성 있는 인삼 재배를 시작해 다산의 체면이 섰다. 당시 선비들은 굶어도 앉아서 글만 읽었는데 다산 가족들은 선비 무리에 끼지 못하는 걸 겁낼 겨를도 없이 직접 검푸른 흙을 손수 체질하고 인삼밭을 가꾸었다. 실학자 집안이라 가풍도 다른 것인가. 아마 손자들까지 나서서 들일을 했으리라.

인삼밭에 도둑이 들까 딱따기를 치고 베 짜는 북처럼 오가며 무더운 여름을 신이 나서 보냈다. 친구 윤영희에게 자랑하고 용문산에 사는 친구 조 일인趙逸人에게, 육촌 아우 약건에게, 여동식에게 시를 써서 부쳤다. 그런데 그해(1827) 10월 조정에서 다산을 잊지 않고 있다는 것을 드러내는 사건이 발생했다. 대리청정을 시작한 효명세자는 첫해에 할아버지인 정조가 총애하던 신하들을 찾아 나라를 바꾸려고 했다. 당연히 다산이 첫 번째 인물로 떠올랐다. 하지만 이런 낌새를 눈치 챈 반대파의 윤극배가 '동뢰구언' 冬雷求言(다산이 천주교 신자이며 천주교를 배교하지 않았다고 상소함.)으로 상소해 이를 막아 버렸다.

다산은 그럴수록 초연했다. 아니 초연할 수밖에 없었다. 그래서 변상벽의 〈모계령자도〉母鷄領子圖를 보고 시를 짓고 집에 소장되어 있는 화첩들을 보며 「제가장화첩」題家藏畫帖이란 글을 썼다.

가을이 깊어 가도 정신이 집중되지 않아 글이 써지지 않으니 아우 건에게, 친구 여동식에게 시를 지어 부쳤다. 북경으로 간 여동식이 고국으로 돌아오지 못하고 이국에서 객사하자, 좋은 술로 대접하지 못한 것을 한탄하기도 했다. 밤이 길어지니 친구 생각이라도 해야 했다.

이제 마재도 가난에서 벗어나 허리를 펴고 지내게 된 가운데 1829년이 밝았다. 이제 겨우 살 만해졌는데 그것을 누리지 못하는 사람이 생겼다. 그래서 다산은 더 슬펐다.

1829년 5월 하나밖에 없는 아우 약횡이 죽었다. 불행한 놈. 서자로 태어나 빛도 보지 못하고 가 버리다니. 세상은 참 불공평하다. 약횡은 양반이 아닌 중인 출신 어머니에게서 태어나 서자가 된 채 평생 허리 한번 펴지 못하고 살다 가 버린 것이다. 비록 어머니는 달랐지만 다산을 무척 따른 동생이었다. 그런데다 유배 가 있는 다산 대신 충주 하담의 선영을 돌보고 노모에게 효도한 착한 아우였다. 다산은 슬픔을 가누지 못했다.

하늘은 왜 역사를 뒤로 돌리는가

올해(1830)도 누에치기에 바쁘다. 이때는 온 식구가 매달려 뽕잎을 따 나르고 누에잠을 잘 때마다 시렁의 누에를 늘리는 등 바쁜 나날을 보냈다. 여기에 인삼밭에다 과수원까지 있었으니 봄날의 하루해가 무척 짧았을 것이다.

바쁘게 봄을 보내고 있는데 조정에서 반갑지 않은 연락이 왔다. 5월 5일 다산을 사면시키면서 탕제湯劑의 일로 부호군副護軍에 단부單付(1인 추천으로 버슬에 제수됨)되었다고 다산을 불러들였다. 대리청정하던 효명세자가 위독하자 다산을 부른 것이다. 조선의 희망이라 소문난 효명세자의 병을 고치기 위해선 다산이 필요했다. 고칠 수만 있다면 몸을 던져서라도 고쳐야겠지만 그런 상태였다면 다산을 부르지도 않았을 것이다. 다산은 효명세자가 이미 살아날 가망이 없다는 것을 알고 있었다. 이를 간파한 무리들이 자신을 불렀다는 것도 알고 있었다. 다산이 제조한 약을 먹고 효명세자가 죽는다면 다산은 임금의 죽음에 대한 책임을 져야 했다. 하지만 조정의 명을 따르지 않는다면 그것은 불충죄에 해당했다. 다산은 이 위기를 어떻게 해결했을까. 다산은 필요한 약재를 가져오라고 백 리 길이 넘는 마재 집으로 사람을 보냈다. 이렇게 다산이 시간을 끌고 있는 동안 이미 살아날 가망이 없던 효명세자가 세상을 떠났다. 아까운 인재였던 효명세자를 살릴 수 있었다면 좋았으련만…… 다산은 선왕 정조에게 뭐라고 사죄했을까. 인명은 재천이라, 다산은 조선의 마지막 빛인 효명세자의 죽음을 안타까워하면서도 한편으론 안도의 한숨을 쉬며 정조에게 용서를 빌었을 것이다.

효명세자가 죽자 모든 것이 원점으로 돌아갔다. 임시직이었던 다산의 벼슬도 날아갔다. 다산은 오히려 친구 김이교와 추사의 부친 김노경의 안위가 걱정되었다. 효명세자가 치세하던 4년 동안 측근으로 개혁을 담당했으니 반대파들이 가만있겠는가. 결국 다들 귀양길에 올라야 했고 김조순 일파가 다시 정권을 잡았다. 하늘은 엉뚱한 일을 만들어서 역사를 뒤로 돌린다.

다산은 멍하니 동궁에 앉아 있다가 약원藥院으로 나왔다. 자신의 무력함에 가슴을 쳤다. 손안에 있는 권력이 어떤 것인지 뼈저리게 느껴졌다. 천하를 떨게 하는 권력도 손을 펴면 끝이었다. 자신은 초라한 늙은이로 다시 돌아와 있었다. 뒤숭숭한 궁궐을 빨리 벗어나고 싶었다.

늙어서도 매양 놀이마당으로

다산이 70세가 되었다. 부인 홍씨는 71세, 쏜살같이 빠른 세월에 남은 건 백발뿐. 그리고 시간이 흐를수록 기력이 쇠잔해진다. 봄에는 몸이 불편하여 병석에 누워 지냈다. 그러면서도 집안 아우 약건若鍵의 회갑연을 축하하는 시를 지어 주고, 죽은 일감정一鑑亭 신경현申景玄에 대한 만사도 지었다.

가을 산 쓸쓸하고 저녁 여울 처량도 해라
강가 정자에 홀로 서서 심란한 맘 다잡지 못하는데,
기러기 떼는 줄이 기울었다 다시 발라지고
국화 송이는 터지고도 선뜻 피지 못하누나.
공연히 죽장 짚고 절간을 유람할까 생각하다가
이내 다시 작은 배로 조대釣臺에 떠 볼까도 하지만,
아무리 생각해도 몸이 이미 늙었는지라
짧은 등잔불만 예전대로 책 더미에 비추도다.

　　　　　　　　　　　　　　　－「홀로 서 있다」(1831년 작)

양평에 살면 큰 홍수를 자주 만난다. 가뭄보다는 홍수가 더 많다. 집중호우가 쏟아질 때는 바위들이 굴러다니는 소리에 잠을 설치기도 한다. 이보다 더한 재해를 다산은 자주 만난 것 같다.

1832년 봄, 가뭄이 들었다. 쩍쩍 벌어진 논바닥을 어찌해야 한단 말인가! 다산은 친구들을 만나도 말소리가 적어졌다고 탄식했다. 구름만 오락가락하며 가슴을 태우더니 봄이 지나가자 날씨가 변덕을 부려 장마가 지고 큰 홍수가 났다. "비는 술 마심과 같아 깨었다 다시 취하고, 강물은 절구 공이처럼 낮았다 높았다 하누나. 맑은 바람 그 어느 날에 하늘을 보게 될꼬, 삼농三農을 다 썩히고 초목까지 없애 버렸네." (「오랜 비에 근심을 토로하다」 중에서) 늘 취해 있는 사람이 술 그칠 때가 없는 꼴이라고 하늘을 쳐다보며 푸념했다. 물이 넘칠까 봐 밤잠을 설치며 산기슭으로 피난하는 때도 있었는지 모른다. 늙어서 재해를 당하는 것은 고역이었으리라. 문산 이재의의 일기 기록을 보면 이때 도성 안에도 홍수가 나 물에 잠기고 도성 밖 논밭도 전부 장맛비에 쓸려 갔다고 한다. 그러니 마재 인근의 피해가 상상이 간다. 가뭄과 장마 두 재해로 농사를 다 망쳤으리라.

흉년이 들었어도 추석 명절은 즐거워야 했다. 가뭄과 장마와 홍수에 젊은 사람이나 늙은 사람 모두 긴장을 늦추지 못했다. 늙으면 무료해지나 무료하지 않은 나날들이 계속되어서 조촐한 추석이 더 의미 있게 다가왔다. "술잔만 마시면서 좋은 잔치 맞이하고, 시구는 전혀 없이 이웃집에 모이기도. 슬퍼라, 쇠약하고 병든 몸 밤 뱃놀이 못하여, 달빛 아래 출렁이는 금물결을 구경 못 하네."(「추석에 시골 마을의 풍속을 기록하다」 중에서) 근력은 다만 편히 누울 정도인데 미친 마음은 매양 놀이마당으로 달리고, 간 곳마다 함께하자며 미친 노인을 동정해 준다고 했다. 마음은 훨훨 날지만 몸은 예전과 같지 않았다.

다산은 자신의 나이를 속으로 헤어 본다. 그 모진 풍상을 겪었으면서도 어떻게 이 나이까지 살아왔을까. 스스로 오래 산 것에 의아해하고 잠시 즐거워 웃다가 곧 슬퍼진다. 늙으면 아름다운 달을 보고도 슬퍼지는 것일까. 젊어서도 아름다움은 슬픔을 자아내는데 늙어서야 오죽할까. 매월 열엿샛날 밤에 뜨는 달을 기망旣望이라 한다. 시인 묵객들이 바라보며 감탄하던 달은 보름달이 아니라 이 기망이었다. 다산도 기망을 노래했다. 앞으로 얼마나 이런 달을 더 볼 수 있을까.

해가 기울면 대문을 바라보는 이유

1832년, 날씨가 변덕을 부리는 와중에도 여름과 가을에 두 번씩이나 문산 이재의가 찾아왔다. 무료하게 지낼 다산을 위해 친구들과 함께 왁자지껄 즐거운 소란을 피우며 왔다. 배 안에서 큰소리로 시를 읊으며 옛 다산초당에서처럼 젊은 호기를 부리며. 그는 항상 즐거움을 가득 담아 온다.

> 다음 날 순풍을 만나 돛 하나 달고 곧장 열상列上으로 갔다. 주인옹(정약용), 여러 친구와 더불어 여러 날 질탕하게 놀았다. 마침 영안永安 국구國舅(김조순) 장례에 참석하러 가는 영명도위永明都尉(홍현주)를 만나 또 하루를 유쾌히 놀다가 몸이 약간 불편하여 돌아왔다. 그때 지은 시축이 있다. 10여 일간 장맛비가 내려 도성 안 집은 물에 잠기고, 성 밖의 논밭은 하나도 남김없이 물에 쓸려 갔다. (…) 가을에 주원廚院(사용원) 관리를 따라갔다. 또 뱃길로 가면서 평구平邱 객점에 머물러 묵었다. 그다음 날 저녁 광주廣州 분원分院에 도착하여 유숙했다. 비 때문에 또 하루를 묵고 그다음 날 두릉 노인(정약용)을 방문하고 곧 돌아왔다.
>
> —이재의, 「자찬연보」 중에서

늙으면 그저 외롭다. 더구나 흉년 든 해는 더더욱 그렇다. 젊기는 쉽고 늙기는 힘들기 때문이다. 그런 점도 알아서 이재의는 친구와 조카까지 데려와 질탕 어울려 놀고 갔다. 사옹원 관리와 함께 분원에 갔으면 그곳에서 좋은 백자 몇 점을 얻어 오지 않았을까. 이재의는 백자를 보고 친구를 먼저 생각하는 그런 사람이었다. 그래서 다시 친구에게로 달려가지 않았을까.

그런 이재의의 얼굴을 1833년부터 볼 수가 없었다. 해배되어 마재로 오고 나서 거의 매해 들르던 사람이었다. 북한강 여행도 함께 갔고, 1824년 가을에도, 다음 해 봄에도 다산을 찾아왔다. 1828년에는 설날을 한 달도 남겨 두지 않은 동지섣달에 찾아와 홍씨가 솜씨 자랑한 만두를 먹으며 장구 장단에 맞춰 소리를 하기도 했다. 그랬던 이재의가 오지 않으니 이제나저제나 대문만 바라볼 수밖에. 다산은 매양 해가 저물면 그대 오길 기다린다고 했다.

오가는 사람 번다한 종횡의 길을 거쳐
세속 밖의 맑은 풍채 이곳에 와 주었네.
한대漢代 송대宋代의 차이는 시비를 가려야 하고
소옹邵雍(송나라 학자로 주역에 정통했다.) 우번虞翻(삼국시대 오吳나라의 학자
  로 주역에 정통했다.)의 득실도 마음에 잊지 않았네.
깊은 산 눈 덮인 나무는 창을 환히 마주하고
고요한 밤 등잔불은 글자를 밝게 비추도다.
늙은 아내의 만두 솜씨 세상 입맛에 맞으니
응당 자타갱紫駝羹(밤색 털을 가진 낙타의 고기로 끓인 국. 이 고기가 대단히 맛
  이 좋다고 한다.)보다 많이 못하진 않을 걸세.

쇠한 나이라 배와 말을 바람같이 못 달려

자식들이 앞서 가야 내가 이에 따라간다오.

붓 담그니 가벼운 구름 못에서 생겨나고

창문 여니 희미한 달빛 거문고 판에 비추네.

평이해진 시의 격조는 장애를 열어젖혔고

경서 얘기 차치해라 군더더길 잘라 버렸지.

그대가 한강 남쪽 정자에 와 머문 것은

얼마 남지 않은 목숨 헤어짐이 섭섭해서라.

　　　—「12월 3일 문산이 방문하다. 3일 뒤 밤에 만두를 놓고 장구로 흥을 돋우다」(1828년 작)

　　3년 동안 이재의의 얼굴을 보지 못하자 대문을 바라보며 그를 기다리던 다산의 눈이 불룩 나왔을 것이다. 이재의는 1833년에 누님과 숙부, 친구 송명희宋命熙 그리고 외종제를 잃었다. 다음 해에는 질녀가 죽었고 막내사위 정 서방, 아들 황아黃阿, 질부의 상을 당했다. 이로 인한 슬픔 때문에 평산과 태백산성, 해주, 기린역 등을 여행했다. 1835년에는 맏아들이 파면되었고 그해 여름에는 인척인 우의정 박종훈이 귀양을 갔고, 대를 이을 손자와 며느리가 갑자기 죽었다. 이러니 다산을 찾을 겨를이 없었던 것이다. 다산이 세상을 뜬 그해(1836)에도 봄에 며느리, 맏아들, 넷째 아우가 죽음을 맞았다. 이재의는 "1년에 세 번이나 참상을 맞이하니 이 무슨 팔자인가!"라고 탄식했다. 그 충격이 컸던지 이재의가 그렇게 좋아하던 여행의 횟수는 급격히 줄었다. 낙천적인 사람인지라 우울증에 걸리지 않은 것만도 다행이었다. 한 해에 두 번씩도 들르던 이재의가 4년 동안이나 얼굴을 보이지 않으니 다산의 상심 또한 컸다.

말없이 늙어 스스로 의아했네

다산은 칠십대에 들어선 1831년과 1832년에 가장 많은 시를 지었다. 그리고 다음 해인 1833년(72세)에 4편 31수의 시를 쓰고 3년간 시를 짓지 않다가 운명하기 사흘 전, 결혼 60년을 회상한 최후의 시 「회근시」回졸詩를 지었다.

1832년에 지은 시에는 쓸쓸함과 이별, 죽음에 대한 내용이 많았다. 가뭄과 홍수로 인해 흉년이 들었기 때문이었을까. 농사를 짓다가도 시도 때도 없이 가마 메는 노역을 당하는 백성들의 고통을 노래한 「가마꾼의 탄식」(肩輿歎: 다른 사람이 지은 시를 다산이 고쳤다.)을 제외하면 모두가 늙음과 그 슬픔을 노래한 것이다. 죽음이 가까워 오고 있음을 알았던 것일까. 다산은 노인이 된 슬픔을 반어와 풍자로 형상화한 「늙은이의 한 가지 유쾌한 일」(老人一快事)이라는 시를 지었다. 노인이 된 즐거움이라고 표현하고 있으나 내용을 뜯어보면 더할 수 없는 슬픔이 느껴진다.

어쨌든 이 시는 마음과는 달리 어찌할 수 없는 신체의 노화에 대한 슬픔과 때를 잘못 만나 탄식하던 세상도 이제는 운명이려니 하고 받아들이며 이런저런 남의 눈치 안 보고 자신의 철학대로 살아가는 늙은이의 삶을 재미있게 담고 있다. 왜 마음이나 정신은 몸의 상위에 있으면서 늙은 몸의 지배를 받아야만 하는가. 지배에서 벗어나기 위해서는 긍정적으로 변할 수밖에 없다고 생각했는지 모른다. '머리 빠져 대머리가 된 것', '치아가 몽땅 빠져 없어진 것', '눈이 어두워진 것', '귀 먹어 소리가 안 들리는 것', '붓 가는 대로 미친 말을 쓰는 것', '하수下手를 찾아내 바둑을 두는 것', 이것이 늙은 천재의 마지막 돌파구였는지 모른다.

　　늙은이의 한 가지 유쾌한 일은
　　때로 벗들과 바둑 두는 일이라오.
　　반드시 가장 하수와 대국을 하고
　　강한 상대는 기필코 피하노니,
　　힘들지 않은 일을 하다 보면
　　얼마든지 남은 힘이 있기 때문일세.
　　도를 닦자면 어진 스승을 구하고
　　산술算術을 배우자면 역술曆術에 능통한 이에게 가야 하네.
　　실속 있고 유익한 일은 성취하는 게 타당하나
　　한가하고 즐거운 놀이는 한적함이 귀하다오.
　　무엇하러 고통스레 강적을 마주하여
　　스스로 곤액을 당한단 말인가.
　　한편으론 다른 생각을 가지어
　　오히려 상대에게 패하지 않고,
　　항상 안일로써 괴로움을 상대하니
　　순조롭기만 하고 거슬림이 없어라.
　　자못 괴이해라 세상 사람들은
　　그 자취가 어그러지고 편벽하여,
　　덕에 있어선 낮고 아첨함을 좋아해
　　어리석은 자를 상객으로 앉히고,
　　놀이에 있어선 제 힘을 못 헤아려
　　국수와 서로 대국하기를 생각하네.

이것으로 소일 하나 하면 그만이지
정진한들 끝내 어디에 유익하랴.

—「늙은이의 한 가지 유쾌한 일」중 제6수 '바둑'(1832년 작)

질곡의 삶을 산 다산이 늙어서 해탈한 듯, 인생사를 풍자한 글이다. 젊어서 자신을 알지 못하고 덤벼들지 않은 자 있었을까. 유유자적하며 여유롭게 즐기기만 한 자 있었을까. 세상사 모든 일이 계산대로만 되었던가. 정직하고 바른 사람만 만날 수 있었던가. 오직 한길로만 잡념 없이 매진하는 사람이 있었던가. 이 여섯 수의 시에서 다산이 해배된 뒤 18년 동안 어떤 생각을 하며 지냈는지 알 수 있다.

공자의 나이를 곧 따라가누나

올해(1833)까지 2년 연속 흉년이 들었다. 겨울에 백 일 동안 눈이 오지 않아서 바람이 모래 먼지를 몰아다가 보리 싹을 덮었다. 그 결과 오이 덩굴처럼 이삭이 누워 백성들은 일제히 하늘만 원망했다. 다산 또한 같았을 것이다. 늙어 가는 것도 힘든데 흉년까지 겹치니 말년의 하늘이 원망스러웠을 것이다. 어디에다 무슨 말을 해야 할까, 이미 속내를 이야기할 친구들은 다 떠나고, 혼자 외로움을 달래야 하니 죽음을 잊고자 하는 힘도 없어졌구나.

흉년은 엉뚱한 일로 사람들을 괴롭힌다. 나루터 땔나무 상점에 산더미처럼 쌓아 놓은 40만 전어치 땔나무가 횃불 하나에 타 버리고 양

반까지 가세한 도적 떼가 들끓었다. 모처럼 허리를 펴고 살 만해진 다
산의 가족들은 인삼밭과 과수원을 지키는 데 온 가족이 매달리지 않았
을까. 말라가는 작물들을 살리기 위해 한강물을 길어 올리기도 했을
것이다. 이런 부산함 속에서 몸을 움직여 돕지도 못하고 인삼밭을 일
굴 때처럼 잔소리도 하지 못한 채 걱정만 해야 하는 다산의 타들어 가
는 마음이 읽힌다. 어쨌든 이런 걱정거리가 있어 시를 지을 수 있다는
것만으로도 위안이 되었을 것이다.

　　이런 와중에 기쁜 소식이 있었다. 둘째 아들 학유의 차남 대번大樊

이 태어났다. 부인 홍씨가 가장 좋아하지 않았을까. 효부로 소문난 심씨가 죽고 나서 재취한 학유의 부인에게서 늦게라도 아들들이 계속 태어나니 효부의 복이라며 즐거워했다.

무덥고 힘든 여름 이학규가 왔다. 흉년으로 어수선하긴 했지만 이제 주위에 남은 친구라곤 그밖에 없었으니 더욱 반갑지 않았을까. 24년이라는 긴 유배 기간을 이겨낸 이학규였으니 이런 흉년이야 아무것도 아니라고 자위하며 서로를 위로하였을 것이다.

가을에도 이학규가 찾아왔다. 매우 가난한 생활을 이어 가고 있던 그라 여유 있는 다산에게 신세를 지기 위해 왔는지도 모른다. 생활에 여유가 없으면 즐거움도 갖기 어렵다. 가난해도 즐거울 수 있다면 아주 특출한 사람이었을 텐데 이학규는 그렇게까지는 되지 못했던 것 같다. 갈 곳이 없는 그가 흉년 든 해에 두 번씩이나 찾아왔다면 다산에게 따뜻함을 구하기 위해서였을 것이다. 차갑게 외면하는 세상에서 자신을 따뜻하게 맞아 줄 곳이 그리웠으리라.

주렴 밖에서 떠들썩하게 웃는 소리 들리어
포복절도할 일이 있는 듯하기에,
천천히 일어나 아이 불러 그 곡절 물어 보니
일없이 우연히 서로 즐겨 웃었다고만 하네.

치롱痴聾(어리석고 귀먹은 사람)의 본분은 번거로움을 경계함이라
백사百事를 모른 체하다 우연히 한번 꾸짖는데,
스스로는 정신이 총명하여 아무 잘못 없건마는
모두가 날 노망했다 하는 걸 어찌하리오.

(…)

세월로 치면 우뚝한 형봉을 마주한 것 같고
기후로는 이제 물이 꽁꽁 언 때를 만났는데,
푸른 그늘 문창 아래 등잔불도 흐릿하여라
바삐바삐 공자의 나이를 곧 따라가누나.

─「매우 혼몽함을 스스로 조롱하여 절구 5수를 읊다」 중에서(1833년 작)

이즈음 다산의 나이는 72세였는데, 너무 늙었다고 자탄하고 있다. 듣지 않고 어리석은 체한 것은 번거로움을 경계하기 위함인데 많은 일을 모른 체하다 한번 관여한 것을 가지고 모두가 자신을 노망했다고 한다. 다산은 이제 몸이 다 늙었으니 갈 날이 멀지 않았다고 읊고 있다.

1833년 가을과 겨울, 강진 유배 시절 완성했던 『아방강역고』 10권에 2권분을 보완해 12권으로 마무리하는 등 그동안 쓰다 만 저서들을 정리하고 써 둔 시나 서간문들을 추리며 보냈다. 힘들어하면서도 책만 펴면 기운이 솟는 듯 몰두했다. 도와주는 제자들이 없으니 아들 학유가 와서 거들었다.

1834년, 작년에 이어 다산은 책상 앞을 떠날 줄 모른다. 늙어서 몸이 말을 듣지 않아 힘들어하면서도 마지막으로 부족하다고 생각되는 책들을 보완하고 있었다. 『상서고훈』尙書古訓과 『상서지원록』尙書知遠錄을 개수하여 모두 21권으로 합편하고, 강진 시절 매색梅賾의 잘못된 이론을 논박한 『매씨서평』 9권과 제가의 주장을 모은 『고훈수략』古訓蒐略, 제가의 설을 비교하여 자신의 의견을 붙인 『지원록』 3부작을 엮었다. 강진 시절 참고 자료가 적어 누락된 것이 많았고 논조가 자못 격렬하

였으므로 이웃의 학자들과 교류하며 새로운 책을 접하고 의견을 수렴하여 전면적으로 보완하고 산삭했다. 가을에는 『매씨서평』을 10권으로 개수하여 완성했다. 원래 저술은 보완이나 산삭이 더 힘들다. 부인 홍씨는 힘들어하는 다산을 보며 걱정했을 것이다. 쓸데없는 정력 낭비라고 푸념하면서도 계속 첨삭하며 그동안 지은 책을 수정하고 있으니. 이렇게 2년 동안 무리해서 보완 작업을 하며 겨울을 맞이했다. 그런데 조정에서 급히 들라는 명이 왔다.

천근만근 무거운 몸을 이끌고 다산은 조정으로 향했다. 음력으로

1834년 11월 12일, 초겨울이라 한강물이 얼지 않아 다행이었다. 부인과 아들들은 73세의 노구로 먼 길을 떠나는 다산이 걱정스러웠다. 큰아들 학연과 손자 대림이 따라나섰다. 아마 부축을 받아 배에 오르지 않았을까. 서울행 배에 몸을 싣고 차가운 바람을 피해 앉아서 다산은 생각했다. 순조의 환후는 어느 정도일까? 내게 사람을 살려내는 신통술이라도 있는 것일까?

'이번에도 절망적인 상태에서 나를 부른 것이겠지.'

효명세자처럼 이미 가망이 없는 상태일 거야. 이것저것 생각하다

보니 오랜만에 보는 경강이 눈에 들어오지 않았다. 급히 서둘러 홍화문에 도착했다. 말도 타지 못하는 노인이었으니 아무리 서둘러도 시간이 걸렸을 것이다. 홍화문에서 다산 일행은 순조가 승하했다는 말을 들었다. 다산은 긴장이 풀어지자 피곤이 엄습해 옴을 느꼈다. 가슴을 쓸어내렸다. 이때도 다산이 지어 올린 약을 들고 순조가 승하했다면 무슨 봉변을 당할지 알 수 없는 일이었다. 반대파들이 자신을 엮어 내려고 마음만 먹는다면 무슨 일인들 못 하겠는가. 늙어 쪼글쪼글해진 몸에서도 식은땀이 흘렀다. 찬바람이 식은땀을 부추겨 한기가 엄습했다. 겨우 예를 갖추고 두모포로 향했다. 많이도 드나들었던 아름다운 두모포도 눈에 들어오지 않았다.

이 세상도 나를 잊어야 하거늘

저술과 한양행으로 몸을 무리해서인지 1835년은 거의 병치레로 세월을 보낸 것 같다. 자료를 살펴보면 다산은 이해 시를 짓지 못했다. 다른 활동도 없었다. 아마 거의 부인 홍씨의 간호를 받으며 누워 지내지 않았을까.

작년에 일부 서적들은 고치고 첨삭하여 정리했지만 아직도 마무리해야 할 책들이 많이 남아 있었다. 『비어고』와 『아방강역고』는 전체 내용만 간추려 놓은 정도였고 『경세유표』도 더 다듬어야 했다. 성신은 멀쩡한데 몸은 말을 듣지 않고 끊어졌다 이어지며 자꾸 옛일들만 떠오른다. 아직도 후회스런 일들이 가슴속에 많이 남아 있는 모양이다. 하루

하루가 간다. 가끔 마누라가 손자 자랑을 늘어놓는다.

"학유 애비의 둘째 놈은 꼭 당신을 닮았어! 어쩌면 그 고집까지도 말이요."

"그놈 말하는 게 이 할미 빰친다니까. 셋째 놈은 벌써 그 총명함이 보여요! 손자에다 증손자까지 당신 닮은 애들이 태어나니 즐겁지 않아요?"

듣는 둥 마는 둥 금방 지쳐서 눕고 만다. 이른 봄 2월 이학규가 죽었다는 소식이 왔다. 그러나 몸과 마음의 기력이 다하고 이곳저곳 아프다 보니 슬픔도 느끼지 못했다. 기어들어 가는 소리로 중얼거릴 뿐.

"쯧쯧 그가 가다니! 그 불쌍한 사람이……. 그래서 두 번씩이나 날 찾아왔구먼!"

그러던 어느 날 부인의 부축을 받으며 일어나 밖을 보니 소내가 생경해 보였다. 다산은 새삼스레 마재 주변을 살펴봤다. 태어나서 칠십 평생 살아온 이 아름다운 곳을 두고 가야 하다니……. 슬픔이 몰려왔다. 이젠 죽음에 대한 공포도 사라진 지 오래다. 생각 자체가 힘들기 때문이었다. 늙으면 잡초와 조약돌 하나 아름답지 않은 것이 없는데 하물며 이 아름다운 강마을이야. 찬란한 햇빛에 반짝이는 강물을 바라보며 생각에 잠겼다.

나의 집은 초천苕川의 시골인데, 물은 활 몇 바탕 거리만 가면 길어 올 수 있으나, 땔감은 10리 밖에서 해 오며, 오곡五穀은 특별히 많이 심는 것은 없고 풍속은 이익만을 숭상하고 있으니 대체로 낙원이라고는 할 수가 없다. 취할 점은 오직 강산江山의 뛰어난 경치뿐이다. 그러나 사대부가 땅을 차지하여 대대로 전하는 것은 마치 상고시대 제후가 그 나라를 소유함과 같은 것이니, 만일 옮겨 다니며 남에게 붙어살아서 크게 떨치지 못하면 이는 나라를 잃은 자와 같은 것이다. 이것이 바로 내가 미련을 버리지 못하고 머뭇거리면서 초천을 떠나지 못하는 이유이다.

―「택리지를 읽고 나서」 중에서

다산은 한강물에 낚싯대를 던져 놓고 이곳을 떠나지 못한 이유를 생각했는지 모른다. 지금까지 조심스럽게 주위를 살피고 머뭇거리며 75년 가까이 마재에서 살았다. 벼슬살이와 귀양살이 할 때를 제외하곤 거의 이곳에 있었으니 평생을 함께한 것이나 마찬가지다. 아름답고 자신의 훈기가 곳곳에 스며 있는 이곳, 이제 이곳도 후손들에게 물려주고 이별할 날이 얼마 남지 않았다.

다산은 자신의 생명이 얼마 남지 않음을 알았을까?『주역』을 깨친 몇 안 되는 사람이었으니 잘 알지 않았을까. 자신의 영면 장소와 장례에 대한 내용까지 장남 학연에게 받아 적게 하고는 이승의 일을 모두 끝냈다.

홀가분한 몸과 마음으로 1836년을 맞았다. 마지막 설 명절, 다른 때 같았으면 여기저기서 다산을 찾았겠으나 올해는 손자와 증손자들의 세배도 받지 않았다. 집안에 병석에 누운 사람이 있으면 세배를 하지 않는다는 옛 풍습 때문이었다. 그리고 마재에 달이 밝아 오며 정월 보름날이 왔다. 다산이 누워 있는 것과 상관없이 마재는 예년처럼 떠들썩했다. 유난히 불을 좋아하는 사람들이라 늙은이와 어린애 할 것 없이 시끌벅적했다. 그리고 달빛과 불꽃의 아름다움이 마재를 누볐다. 다산은 방안에 누워 창문으로 들어온 대보름달을 보고 불꽃놀이하는 증손자들의 모습도 보았다.

이렇게 정월대보름이 지난 후 회혼식 준비로 집안이 바삐 돌아갔다. 멀리서 인척과 친지, 제자 들이 몰려들었다. 다시 못 볼 것 같던 제자 황상도 천 리 길을 마다 않고 왔다. 눈물을 훔치며 그동안의 서운함을 지우고 지필묵과 운서 등 이별의 정표를 제자에게 쥐어 주었다. 이렇게 다산은 사라져 가는 기력을 끌어모아 이승에서의 인연을 하나하나 정리해 가고 있었다.

1836년 2월 19일 저녁, 촛불이 가물가물하다. 마치 다산의 생명처럼 바람이 조금만 불어도 꺼질 기세다. 잔치를 준비하는 사람들의 표정 속에 불안함이 숨어 있었다. 아들들과 며느리들이 문안을 왔다 가고 이제 두 부부만 촛불 아래 고개를 맞대고 있었다. 주변 사람들은 그동안 자신의 의지대로 살아온 다산이니 회혼 잔치 또한 무사히 지낼 것이라 생각했다. 그 기대에 부응하듯이 가쁜 숨을 몰아쉬며 다산이 일어나 앉았다. 부인 홍씨는 사흘 후 회혼식 날 아침 남편이 자신을 버리리라고는 상상도 하지 못했다. 지금까지의 삶으로 볼 때 그렇게 쉽게 갈 사람이 아니었다. 불편한 몸을 일으켜 부인과 가느다란 불빛 아래 마주 앉았다. 다산과 부인의 눈에 고인 눈물이 불빛에 반짝였다. 육십 년 세월을 함께한 부인과 잠시 헤어짐이 섭섭했을까. 붓을 들어 떨리는 손으로 간신히 시를 썼다. 그래도 부인 홍씨는 마지막이라고 생각하지 않았다. 시를 쓴 다산은 부인의 손을 꼭 잡았다. 마치 다시는 놓지 않을 것처럼.

60년 풍상의 바퀴 눈 깜짝할 새 굴러 왔지만
복사꽃 화사한 봄빛은 신혼 때와 같네.

살아 이별 죽어 이별이 늙음을 재촉하나

슬픔 짧고 즐거움 길었으니 임금님 은혜겠지.

오늘밤 뜻 맞는 대화가 새삼 즐겁고

그 옛날 붉은 치마엔 먹 흔적이 남아 있네.

나눠졌다 다시 합해진 내 모습 같은

술잔 누 개 남겨 두었다 자손에게 물려주려네.

　　　　　　　　　　　　ー「회근시」回졸詩(1836년 작)

단행본

가평군사편찬위원회 편,『가평군지』, 가평군사편찬위원회, 2006.

강원대박물관 편,『화천의 역사와 문화유적』, 강원대학교 박물관, 1996.

강진군 편,『강진군마을사』, 전일실업, 2001.

경기도박물관 편,『한강』, 경기출판사, 2002.

고동환 저,『조선시대 서울도시사』, 태학사, 2007.

광주문화원 편,『광주와 실학』, 경인M&B, 2005.

구학서 저,『이야기 세계사』, 청아출판사, 2006.

김병기 외 저,『한국사의 천재들』, 생각의 나무, 2006.

김상홍 저,『다산 문학의 재조명』, 단국대학교 출판부, 2003.

_____,『다산 정약용 문학연구』, 단국대학교 출판부, 1985.

김선태 저,『강진문화기행』, 작가, 2006.

김언호 저,『다산의 경학세계』, 한길사, 2002.

김영상 저,『서울 600년』, 한국일보 출판부, 1989.

김재홍 · 송연 저,『옛길을 가다』, 한얼미디어, 2005.

다산학술문화재단 편,『다산학』, 전통과 현대, 2005. 6. 12.

_____,『다산학』, 전통과 현대, 2006. 6. 12.

_____,『다산학』, 전통과 현대, 2007. 6. 12.

_____,『다산학』, 전통과 현대, 2008. 6. 12.

동부신문 편집부 저,『토박이가 들려주는 송파이야기』, (주)동부신문, 2005.

문순태 저,『다산 정약용』, 큰산, 2003.

_____,『유배지』, 어문각, 1983.

민족문화추진회 편,『다산문선』, 솔출판사, 1997.

_____,『다산시문집』 1,2,3,8,9,10, 솔출판사, 1996.

박무영 역, 『뜬세상의 아름다움』, 태학사, 2001.

박석무 역, 『다산산문선』, 창작과 비평사, 1985.

박석무 저, 『다산기행』, 한길사, 1988.

_____, 『다산 정약용 유배지에서 만나다』, 한길사, 2003.

_____, 『새벽녘 초당에서 온 편지』, 문학수첩, 2006.

_____, 『풀어쓰는 다산 이야기』, 문학수첩, 2005.

박석무 · 정해렴 편역주, 『다산논설선집』, 현대실학사, 1996.

_____, 『다산문학선집』, 현대실학사, 1996.

_____, 『다산시정선』 상, 현대실학사, 2001.

_____, 『다산시정선』 하, 현대실학사, 2001.

박주익 저, 『e-아름다운 강진』, 강진문화원, 2004.

박혜숙 역, 『다산의 마음—정약용 산문 선집』, 돌베개, 2008.

서울특별시 편, 『한강사』, 삼화인쇄, 1985.

손정목 저, 『조선시대 도시사회연구』, 일지사, 1997.

시바 료타로 · 도널드 킨 공저, 『일본인과 일본문화』, 을유문화사, 1993.

신안문화원 편, 『운곡잡저』, 두김, 2004.

실시학사 경학연구회 편, 『다산과 대산, 연천의 경학논쟁』, 한길사, 2000.

_____, 『다산과 문산의 인성논쟁』, 한길사, 1996.

_____, 『다산과 석천의 경학논쟁』, 한길사, 2000.

심경호 저, 『다산과 춘천』, 강원대학교 출판부, 1995.

양광식 역, 『강진과 다산』, 강진문헌연구회, 1997.

_____, 『다산말씀』, 강진문헌연구회, 1996.

_____, 『다산초당 관련시』, 강진문헌연구회, 2002.

양광식 저, 『정수사』, 강진군, 2007.

양광식 편역, 『다산과 차』, 강진문사고전연구소, 2007.

_____, 『동문매반가』, 강진문사고전연구소, 2003.

_____, 『만덕산 백련사』, 강진문사고전연구소, 2006.

_____, 『보정산방과 이학래가』, 강진문사고전연구소, 2004.

양평문화원 편, 『조선왕조실록 양평, 지평 초록』, 양평인쇄소, 1998.

_____, 『한국사속의 양평사』, 경인일보사, 1998.

앞쪽 사진: 다산이 강진에 있을 때 자주 찾았던 월고지 나루

유홍준 저, 『김정희』, 학고재, 2006.

윤동환 저, 『다산 정약용』, 다산기념사업회, 1997.

윤성근 저, 『윤선도 작품선』, 형설출판사, 1977.

윤승현 저, 『고산 윤선도 연구』, 홍익재, 1999.

이덕일 저, 『사도세자의 고백』, 휴머니스트, 2004.

_____, 『정약용과 그 형제들』, 김영사, 2004.

이사벨라 버드 비숍 저, 『한국과 그 이웃나라들』, 국립중앙도서관, 1994.

이상각 저, 『이산 정조대왕』, 추수밭, 2007.

이선무 저, 『조선시대 당쟁사』, 아름다운날, 2007.

이용휴 외 저, 『나를 돌려다오』, 태학사, 2006.

이이화 저, 『문벌정치가 나라를 흔든다』, 한길사, 2003.

이종묵 저, 『조선의 문화공간』, 휴머니스트, 2006.

이종찬 역, 『함인록』, 일지사, 1995.

이학규 저, 『아침은 언제 오는가』, 태학사, 2006.

이한우 저, 『정조, 조선의 혼이지다』, 해냄출판사, 2007.

임부연 저, 『실학에 길을 묻다』, 김영사, 2007.

임해봉 저, 『다성 초의선사와 대둔사의 다맥』, 예문서원, 2001.

임형택 저, 『실사구시의 한국학』, (주)창작과 비평사, 2000.

정민 저, 『다산선생 지식경영법』, 김영사, 2006.

_____, 『다산어록청상』, 푸르메, 2007.

정운채 저, 『윤선도』, 건국대학교 출판부, 1995.

정해렴 편역주, 『다산서간정선』, 현대실학사, 2002.

정해주 역주, 『아방강역고』, 현대실학사, 2001.

주희춘 저, 『치의 소리』, 강진신문사, 2005.

최종고 저, 『괴테와 다산, 통하다』, 추수밭, 2007.

최지녀 역, 『다산의 풍경─정약용 시 선집』, 돌베개, 2008.

한국고문서학회 편, 『의식주, 살아있는 조선의 풍경』, 역사비평사, 2006.

한국문화유산답사회 편저, 『답사여행의 길잡이』 7,9, 돌베개, 1997.

한국역사연구회 편저, 『조선시대 사람들은 어떻게 살았을까』, 청년사, 2005.

한림대박물관 편, 『화음동정사지』, 한림대학교 박물관, 2004.

한무숙 저, 『만남』 1,2, 을유문화사, 2005.

허경진 역, 『매천야록』, 서해문집, 2006.

현행복 역, 『탐라직방설』, 각, 2008.

홍윤기 저, 『메이지유신 대해부』, 인북스, 2003.

화악산인 저, 『가평군역사이야기』, 가평군 향토문화연구회, 2004.

논문

권태욱, 「『악서고존』에서 다산 율론의 음악학적 고찰」, 강진군 다산학세미나 자료, 2007.

박무영, 「다산의 초기 산문에 대하여」, 강진군 다산학세미나 자료, 2007.

이태호, 「조선후기 '카메라 옵스큐라'로 초상화를 그렸다」, 강진군 다산학세미나 자료, 2007.

임영배, 신남수, 「강진의 정주 공간」, 호남문화연구 제12집, 호남문화원, 1963.

정동오, 「강진지방에 있어서의 조선시대의 원림」, 호남문화연구 제12집, 호남문화원, 1963.

정민, 「다산과 혜장의 교유와 두 개의 『견월첩』」, 『한국학논집』 제43집, 한양대 한국학연구소, 2008. 5, 129~156면.

____, 「다산과 황상」, 『문헌과해석』 36호, 문헌과해석사, 2006년 가을호, 11~26면.

____, 「다산의 초당 경영과 공간 구성」, 『문헌과해석』 39호, 문헌과해석사, 2007년 여름호, 13~32면.

____, 「초의에게 준 다산의 당부」, 『문헌과해석』 41호, 문헌과해석사, 2007년 가을호, 49~69면.

____, 「새로 찾은 다산의 산거잡영 24수」, 『문헌과해석』 42호, 2008년 봄호, 11~28쪽.

____, 「다산의 선문답」, 『문헌과해석』 45호, 2008년 겨울호, 11~25쪽.

학술 보고서

이화여자대학교, 「동아세아 은자들의 미의식과 곡운구곡」, 한일미술연구회 국제 심포지움, 1999.

이화여자대학교, 「학회보고서」, 한일미술연구회 국제 심포지움, 1999.

후반생 36년, 다산이 걸었던 길

강진 지역

신원리(전남 강진군 성전면, 누릿재를 넘어오는 길) — 월남리 — 백운동 계곡 — 월남사 — 무의사 — 경포대(녹차밭) — 월출산 정상 — 석제원(성전면 소재지)

구상마을(작천면) — 의마총(말무덤) — 용정마을 — 전라병영성 — 수인산성 — 동삼인마을 — 황곡마을(조팽년 탄생지)

서성마을(강진읍) — 역리(성요셉여고) — 남당포 — 적두촌 — 청조루 터 — 목리(또는 학림) — 파지대(영파리) — 동문 매반가 — 동문 안 샘 — 고성암 — 읍성터 — 보은산 우이봉 — 금곡사(쌍암) — 금사봉

계량진(해창) — 백련사 — 귤동 — 다산초당 — 만덕산 — 고사골 — 대석문 — 합장암터 — 소석문 — 항촌(윤광택가, 윤창모가, 다산 딸 묘) — 용혈, 용혈사지 — 덕용산 — 월하리 농소(조석루 등) — 수양리 — 우복동(신전면 운주동) — 주작산

귤동마을 앞 갈대밭 — 신부둑 — 농어바위 — 월고지 — 용산마을 — 괴바위암 — 녹우당(해남군) — 대둔사 — 북암 — 진불암 — 만일암 — 대둔산

장포 옥채재(칠량면) — 중흥 가리재 — 명주리 불용사, 수청사 터 — 용문마을 — 항동마을 — 백적산(황상 유적지) — 정수사 — 원포 봉수대 — 묘당도 관왕묘(고금도) — 상왕봉(완도)

두릉 지역

두릉 다산 생가(남양주시 조안면 능내리) — 유산(철마산) — 정학유가 — 남자주 — 윗배알미동 — 아래배알미동 — 검단산 — 이석리(석호정이 있던 곳) — 분원 — 사마리(사촌, 현 신익희 생가가 있는 곳) — 천진암 터 — 백운봉(용문산) — 용문사

두물머리 — 월계 — 신원리(현계 여동식이 살던 곳) — 사천사(현 옥천 사나사 입구 일대) 양근나루터(갈산) — 앙덕리 — 파사성 — 이포나루터 — 여주나루터 — 신륵사 — 흥원창터(법천사) — 목계나루— 하담

북한강 입구 — 수종사 — 운길산 — 벽계 입구(문암장이 있던 곳) — 벽계구곡 — 미원서원(가평군 설악면) — 관천리 — 금대리나루 — 남이섬 — 소양정 — 청평사 — 문암서원(춘천댐 내) — 원평(말고개) — 외창 — 곡운구곡(화천군 사북면) — 사창 — 화음동 정사(사내면 사창리)